普通高等教育“十四五”规划教材

物流运输管理实务

李海峰　王　媛　主编

北　京
冶　金　工　业　出　版　社
2025

内容简介

本书根据国内外现代物流运输的发展变化，系统地介绍了物流运输的基础知识，物流运输市场，公路、铁路、水路、航空、管道等主要的运输方式，以及特种货物运输、集装箱运输和多式联运等运输组织方式，此外还重点阐述了物流运输决策管理和物流运输成本管理等技术方法。

本书涵盖了物流运输管理的各个重要模块，可作为高等院校物流管理专业及其他相关专业的教学用书，也可供从事物流工作的相关人员学习和参考。

图书在版编目(CIP)数据

物流运输管理实务／李海峰，王媛主编．—北京：冶金工业出版社，2021.1（2025.1 重印）

普通高等教育“十四五”规划教材

ISBN 978-7-5024-8692-1

Ⅰ.①物… Ⅱ.①李… ②王… Ⅲ.①物流—货物运输—管理—高等学校—教材 Ⅳ.①F252

中国版本图书馆 CIP 数据核字(2021)第 016102 号

物流运输管理实务

出版发行 冶金工业出版社　**电　话** (010)64027926
地　址 北京市东城区嵩祝院北巷 39 号　**邮　编** 100009
网　址 www.mip1953.com　**电子信箱** service@mip1953.com

责任编辑 俞跃春 刘林烨　美术编辑 吕欣童　版式设计 禹 蕊
责任校对 卿文春　责任印制 窦 唯
北京虎彩文化传播有限公司印刷
2021 年 1 月第 1 版，2025 年 1 月第 2 次印刷
787mm×1092mm 1/16；14.75 印张；356 千字；229 页
定价 49.00 元

投稿电话 (010)64027932　投稿信箱 tougao@cnmip.com.cn
营销中心电话 (010)64044283
冶金工业出版社天猫旗舰店 yjgycbs.tmall.com
（本书如有印装质量问题，本社营销中心负责退换）

前　　言

随着世界经济和科学技术的迅速发展，物流运输服务已渗透到人们生活的方方面面。尤其是“互联网+物流”的出现，从技术、设备、商业模式等诸多方面改变了传统物流运输业的运作方式和效率水平。随着信息技术水平的不断更新和应用，公路、铁路、水路、航空和管道这五种运输方式也在逐渐改变传统运输业务的运作模式和管理方式，寻求突破并且不断壮大其运输规模。

运输这个古老的行业，在历史的长河中是不断发展、不断变革的，发展变革正是其强劲的生命力所在。未来物流运输市场只会更加激烈，在有效降低运输成本，提高运输效率的同时，能提供更加完善周到的运输服务，则是物流运输行业需要面临的任务和挑战，这就对我国物流人才的教育和培养提出了更高的要求。

本书结合当前物流运输行业的发展特点，对现代物流运输管理进行了系统的介绍，力图使学习者全面掌握并运用物流运输管理知识分析研究有关问题。本书体例新颖、内容全面，涵盖了物流运输管理的各个重要模块。其结构主要包括绪论、物流运输市场、公路货物运输、铁路货物运输、水路货物运输、航空货物运输、管道运输和特种货物运输、集装箱运输和多式联运、物流运输决策管理、物流运输成本管理。本书的显著特点是注重与实际应用的结合，以经典性、创新性的案例对学生加以引导。更有“小贴士”“相关链接”等模块，激发学生的阅读兴趣，拓展教学的深度和广度。

本书由大连交通大学李海峰、江西机电职业技术学院王媛担任主编。在编写过程中，编者借鉴和参考了相关书籍和资料，得到了许多同仁的关心和支持，在此一并表示感谢。

由于编者水平有限，书中不妥之处，恳请读者批评指正。

编　者

2020 年 8 月

目　　录

第一章　绪 论

XULUN

【学习目标】

（1）掌握物流运输的相关概念及其功能和分类；

（2）理解运输系统的概念及其构成要素；

（3）掌握物流运输管理的原理与内容；

（4）了解我国物流运输的发展趋势。

引导案例

现代丝绸之路

丝绸之路是我国西汉张骞（公元前164年~前114年）出使亚洲中、西部地区开辟的以长安（今陕西西安）为起点，经关中平原、河西走廊、塔里木盆地，到锡尔河与乌浒河之间的中亚河中地区、大伊朗，并联结地中海各国的陆上通道。丝绸之路起始于古代中国，是连接亚洲、非洲和欧洲的古代陆上商业贸易路线。丝绸之路是一条东方与西方之间进行经济、政治、文化交流的主要道路。它最初的作用是运输中国古代出产的丝绸、瓷器等商品。

当今我国提出的“一带一路”倡议是“丝绸之路经济带”（the Silk Road Economic Belt）和“21世纪海上丝绸之路”的简称。“一带一路”是合作发展的理念和倡议，旨在借用古代“丝绸之路”的历史符号，主动地发展与沿线国家的经济合作伙伴关系。其中，基础设施互联互通是一带一路建设的优先领域。

交通基础设施建设是基础设施互联互通的关键。优先打通缺失路段，畅通瓶颈路段，配套完善道路安全防护设施和交通管理设施设备，提升道路通达水平。推进建立统一的全程运输协调机制，促进国际通关、换装、多式联运有机衔接，逐步形成兼容规范的运输规则，实现国际运输便利化。推动口岸基础设施建设，畅通陆水联运通道，推进港口合作建设，增加海上航线和班次，加强海上物流信息化合作。拓展建立民航全面合作的平台和机制，加快提升航空基础设施水平。

（资料来源：http：//baike. baidu. com/）

讨论：建设现代丝绸之路对我国经济发展的作用。

第一节 物流运输概述

一、物流运输相关概念及特点

（一）物流的定义

物流是为满足客户需求，面对商品、服务及相关信息从原产地到消费地的高效流动和储存进行的计划、实施与控制过程。狭义地讲，物流是产品从生产地到消费地的物理性转移活动，由包装、装卸、运输、保管、信息处理等活动组成。

（二）运输的定义

运输是指借助公共运输线路及其设施和运输工具来实现人员与物品空间位移的一种经济活动和社会活动。运输系统是指由运输设施、路线、设备、工具和人力组成的具有从事运输活动能力的系统。运输是国民经济运行的基础，是物流最基本的功能和关键性的活动，被马克思称为采掘业、农业和加工工业之外的“第四物质生产部门”。搞好物流运输管理对降低企业成本、提高企业竞争力有着特别重要的意义。

（三）物流运输的定义及特点

在《物流术语》中，运输的定义为：用专用运输设备将物品从一个地点向另一地点运送，其中包括集货、分配、搬运、中转、装入、卸下、分散等一系列操作。物流运输即指物流范畴中的运输。

相较于一般运输，物流运输的特点，主要表现在以下几个方面：

（1）运输对象不同。一般运输的对象包括人员与物品，而物流运输的对象只包括物品。人员的运输称为客运，物品的运输称为货运。也就是说，一般运输包括货运和客运，而物流运输只包括货运。

（2）工作范围不同。一般运输主要指流通领域的运输，而物流运输不仅包括流通领域的运输，还包括生产领域的运输。流通领域的运输主要是将物质产品从生产领域向消费领域在空间位置上进行的物理性转移活动，如将电视机从生产企业仓库运送到零售企业仓库。生产领域的运输一般在生产企业内部进行，因此又称厂内运输，如生产企业机器零部件分厂到成品分厂的运输。物流运输与一般运输之间的关系如图 1-1 所示。

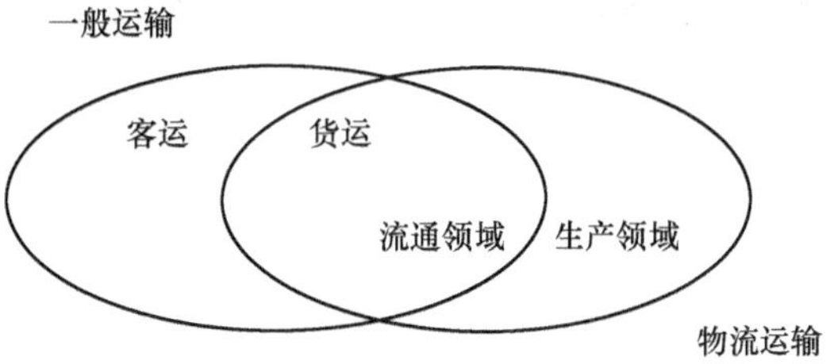

图 1-1　物流运输与一般运输之间的关系

（3）运输工具不同。一般运输使用的工具包括客运车辆和货运车辆，如公交汽车和卡车；物流运输使用的是货运车辆，特别是在生产企业内部的运输，一般使用较为特殊的车辆，如叉车、托盘车等。

相关链接

根据对运输、装卸和储存的环境和技术要求，货物可以分为成件物品、液态物品、散碎物品、危险物品、易腐物品、超长超重物品等大类。根据重量和体积的比例不同，货物可以分为重货（重质货物）和轻货（也叫轻浮货物、泡货、抛货、轻泡货）。如果货物重而体积小者为重货，如钢铁、矿石等；如果体积大而货物轻者为轻货，如棉花、塑料制品等。但是不同运输方式对于重货和轻货的划分标准有所不同。一般来说，轻货的划分标准为：汽车小于 $333kg/m^3$、铁路小于 $500kg/m^3$、水运小于 $1000kg/m^3$、航空小于 $166.7kg/m^3$ 或大于 $6000kg/cm^3$。

二、物流运输的功能

在物流管理过程中，运输主要发挥两大功能，其分别为物品移动和短时储存。

（一）物品移动

运输的主要功能就是物品的有效移动，将物品从原来所处的地点转移到规定的地点，实现了解物品跨越一定时间的空间位移。无论产品处于什么样的形式，是原材料、零部件、配件、在制品或产品，还是在流通中的商品，运输都是必不可少的。物流运输通过改变物品的地点与位置创造价值，这就是物流运输的空间效用；物流运输还能使物品在需要的时间内到达目的地，这是物流运输的时间效用。物品转移是顾客的最基本要求，是运输的最基本功能和目的。

（二）短时储存

对产品进行临时储存是一个特殊的运输功能。虽然利用运输工具作为货物的储存场所的费用可能很昂贵，但如果考虑装卸成本、储存功能的限制，那么从成本或完成任务的角度看，又往往是合理的。一般下列情况下可以考虑利用短时储存功能：一是在运输中物品需要临时储存起来，而卸货和装货及在仓库中的费用可能会高于存储在运输工具中的费用；二是在仓库库容有限时，货物无处可卸；三是当交付的货物处在转移中，而原定的装运目的地被改变。

三、物流运输的分类

（一）按运输方式分类

1. 公路运输

公路运输是指主要使用汽车或其他运输工具（如拖拉机、畜力车等）在公路上载运货物的一种运输方式。公路运输主要承担近距离、小批量的货运以及水运，铁路运输难以到达地区的长途、大批量货运。

公路运输主要优点包括：

（1）灵活性强；公路建设周期短，投资较低，易于因地制宜。

（2）对收到站设施要求不高，可以采取“门到门”的运输形式，即从发货者门口直接到收货者门口，而不需转运或反复装卸搬运。

公路运输也可作为其他方式的衔接手段。公路运输的经济量程，一般在 200 千米以内。

2. 铁路运输

铁路运输是指使用铁路列车载运货物的一种运输方式。铁路运输主要承担长距离、大数量的货运，在没有水运条件的地区，几乎所有大批量货物都依靠铁路运输。铁路运输与公路运输共同组成陆路运输。

铁路运输优点包括：

（1）速度快。

（2）运输不太受自然条件限制。

（3）载运量大，运输成本较低。

主要缺点包括：

（1）灵活性差，只能在固定线路上实现运输。

（2）需要与其他运输手段配合和衔接。

铁路运输经济里程一般在200千米以上。

3. 水路运输

水路运输是指使用船舶或其他航运工具，在江河、湖泊、海洋上载运货物的一种运输方式。水路运输主要承担大数量、长距离的运输。在内河及沿海，水运也常作为小型运输工具使用，担任补充及衔接大批量干线运输的任务。

水运的主要优点包括：

（1）成本低。

（2）能进行大批量、远距离的运输。

水路运输的主要缺点包括：

（1）运输速度慢。

（2）受港口、水位、季节、气候影响较大，因而时有中断运输的现象出现。

4. 航空运输

航空运输是指使用飞机或其他航空器载运货物的一种运输方式。由于航空运输的单位成本很高，因此适合运载的货物主要有两类：一类是价值高、运费承担能力很强的货物，如贵重设备的零部件、高档产品等；另一类是紧急需要的物资，如救灾抢险物资等。航空运输的主要优点是速度快，不受地形的限制，在火车、汽车都达不到的地区也可依靠航空运输。

5. 管道运输

管道运输是指利用管道输送气体、液体和粉状固体的一种运输方式，目前已成为陆上油、气运输的主要运输方式。管道运输的主要优点是：由于采用密封设备，在运输过程中可避免散失、丢失等损失，也不存在其他运输设施本身在运输过程中消耗动力所形成的无效运输问题，适合于运输量大且连续不断运送的物资。

（二）按运输线路的性质分类

1. 干线运输

干线运输是利用铁路和公路的骨干线路、大型船舶的固定航线、枢纽机场的定期航线进行的长距离、大批量的运输方式。干线运输速度较同种工具的其他运输速度更快，成本也较低。干线运输是物流运输的主体。

2. 支线运输

支线运输是与干线相接的分支线路上的运输。支线运输是干线运输与收、发货地点之间的补充性运输方式，路程较短，运输量相对较小。支线的建设水平往往低于干线，我国的三级铁路和四级公路的货物运输都属于支线运输。

3. 二次运输

二次运输是一种补充性的运输方式，是指干线、支线运输到站后，站与客户仓库或指定接货地点之间的运输。由于二次运输是单个单位的需要，所以运量也较小。

4. 厂内运输

厂内运输是指在企业范围内，直接为生产过程服务的运输，一般在车间与车间之间、车间与仓库之间进行。小企业中的这种运输以及大企业车间内部、仓库内部的运输一般称为“搬运”。

（三）按运输的协作程度分类

1. 一般运输

一般运输是孤立地采用某一种运输工具或同类运输工具而不与其他运输工具形成有机协作关系的运输，如单纯的航空运输、火车运输等。

2. 联合运输

联合运输简称联运，是使用同一运送凭证，由不同运输方式或不同运输企业进行有机衔接运输货物，利用每种运输手段的优势充分发挥不同运输工具效率的一种运输形式，如铁海联运、公铁联运、公海联运等。

3. 多式联运

多式联运是联合运输的一种现代形式。一般的联合运输，规模较小，而在国内大范围物流领域，往往需要反复地使用多种运输手段进行运输。在这种情况下，进行复杂的运输方式衔接，并具有联合运输优势的称为多式联运。其主要采用集装箱运输；同时，在集装箱内的货物又大量采用托盘，使运输中的装卸更为方便、高效。

（四）按运输的作用分类

1. 集货运输

集货运输是将分散的货物汇集集中的运输形式。一般是短距离、小批量的运输。由于货物集中后才能利用干线运输形式进行远距离及大批量运输，因此集货运输是干线运输的一种补充形式。

2. 配送运输

配送运输是将节点中已按客户要求配好的货物分送到各个客户的运输形式。一般是短距离、小批量的运输。

（五）按运输连续性分类

1. 直达运输

直达运输是指货物由发运地到接收地中途不需要换载或在储存场所停滞的运输。因中途不需要换载、装上卸下、贮存停滞，所以具有运输时间省、周期短、运费低等特点。

2. 中转运输

中转运输是指货物由发运地到接收地中途经过一次以上换载或落地储存停滞的运输。中转运输是连接干线、支线运输的桥梁和纽带，主要特点是化整为零、集零为整、方便用户等。

四、物流运输的地位与作用

物流形成了包含运输、储存、包装、装卸、搬运等功能的完整体系，但是运输系统在整个物流活动中始终居于核心地位。运输在物流系统中的地位主要表现在以下几个方面：

（一）运输在物流系统中的地位

1. 运输是构成物流网络的基础

物流系统是一个网络结构系统。系统中的运输、配送活动使物品在位置空间中发生位移的活动，称为线路活动；其他物流活动是在物流节点（物流配送中心或车站码头）上进行的，称为节点活动。线路活动和节点活动共同构成物流网络。从网络结构上看，如果没有运输或配送这类线路活动，网络节点将成为孤立的点，网络结构也就不复存在。由此看来，运输在物流网络的构成中是一个重要的基础条件，没有这个条件，网络就不能构成，或者变得没有意义。

小贴士

广义的运输包含所有物品的移动，一般分为狭义运输和配送。狭义运输是指从生产地向消费地的移动和从生产地向物流网点的移动，通常是一种长途运输。配送是指从物流网点到用户的短距离、小批量的运输活动。

2. 运输是物流系统功能要素的核心

一般来说，物流系统具有创造物品的空间效用、时间效用和部分形质效用三大功能，而运输承担了改变空间状态的主要任务，运输再配以搬运、配送等活动，就能圆满完成改变空间状态的全部任务。而且运输在物流过程中还影响着物流的其他环节，比如运输状况直接影响库存储备量的大小。因此，在物流系统的三大效用功能要素中，运输功能的主导地位日益显著，从而成为物流系统最为核心的功能要素。

3. 运输合理化是实现物流合理化的关键

物流合理化是指在各物流子系统合理化的基础上形成的最优物流系统总体功能，即系统以尽可能低的成本创造更多的空间效用、时间效用和形质效用。或者从物流承担的主体来讲，即以最低的成本为用户提供更多、更优质的物流服务。由于运输功能是其他各功能的基础与核心，只有运输合理化，才能使物流系统结构更加合理、结构功能增强、系统的总体功能更优。例如：快速运输使单位物品的运输费用降低、储存成本减少、物品的使用价值提高；通过运输路线的优化，使运输行程减少、节约运力、降低运输成本。运输行程减少，也能起到与运输速度提高对物流系统优化相同的作用。

因此，搞好运输工作，既可以节约物流时间成本，又可以降低物流费用成本。尤其在物流企业的生产过程中，要想实现降低物流成本以提高物流效益，或物流成本一定时提高物流服务水平的目的，则需要完善与发展物流运输。

（二）物流运输在社会经济中的作用

物流运输是维系社会生产和人民生活正常进行，促进国民经济发展的必备条件和基础保证。运输在社会经济中的作用主要表现在以下几个方面。

1. 运输是联系国民经济各部门的纽带

运输是社会物质生产的必要条件之一，是国民经济的基础。物流运输可以说是生产过程的直接组成部分，连接着生产过程中的各个环节。运输也是加速社会再生产和促进社会再生产连续不断进行的前提条件。

2. 物流运输是城市发展、繁荣的重要因素

社会发展的历史证明，城市的形成与政治的需要同商品生产与交换、交通便利紧密结合在一起。交通便利地一般也是商品的集散地，因市场需要通常成为商品的生产地，而商品生产和商品交换集中地最后则发展成为城市。

3. 物流运输是推动经济发展的重要力量

运输与国民经济各个环节息息相关。物流运输对社会的促进作用是双重的：一方面，物流运输通过不断扩大人与物空间位移的规模来刺激流通，使自己成为现代社会生存的基础；另一方面，物流运输又通过本身的巨大需求，刺激其他部门的生产扩大，推动工业、经济和科技的进步。目前，我国运输成本约占国民经济总成本的20%，而发达国家仅为8%。也就是说，仅从运输来看，我们还有近12%这样一个空间需要去努力。

4. 物流运输促进资源的合理分配

运输可以创造空间效用。空间效用的含义是：同种物品由于空间场所不同，其使用价值的实现程度也不同，其效益的实现也不同。利用运输就可以把物资运送到空间效用最高的地区，从而获得最大的利益。在宏观上运输也起到了资源配置的作用，能实现资源的优化配置。

5. 物流运输有利于降低和稳定物价

商品的定价是以产品成本加上运输费用为基础的。运输费用的降低为商品价格的降低创造了空间，运输的供求稳定也为商品价格的稳定提供了条件。

小思考

(1) 运输与物流运输的差别有哪些？

(2) 按运输方式划分，物流运输可以分为哪几类？分别简述其特点。

第二节 物流运输系统的含义及构成

一、物流运输系统的含义

无论是运输企业还是制造、贸易企业，要实现货物的运输，都必须依赖一套运输系统来完成。运输系统就是在一定的时间和空间内，由运输过程所需的基础设施、运输工具和运输参与者等若干动态要素相互作用、相互依赖和相互制约所构成的具有特定运输功能的有机整体，该系统也是物流系统的核心子系统。

二、物流运输系统的组成

物流运输系统也称为物流运输体系，是由路网系统、运输工具、运输参与者、信息系统等组成的庞大复杂的动态系统。

（一）路网系统

路网系统是指由运输线路（公路、铁路、航线和管道）、运输场站（港、站、枢纽）等固定设施组成的整体。它是运输工具得以运行、装卸机械能够进行作业的基础设施，是构成物流运输系统的最重要的要素。从功能来看，运输线路直接为运输对象的运送服务，而运输场站则是间接地为运输对象的运送服务。

1. 运输线路

铁路和公路为陆上运输线路，需承受运输工具及其装载物或人的重量，并主要或部分地引导运输工具的行进方向；航线分为水运航线和航空航线，主要起引导运输工具定位定向行驶的作用，不必承受来自运输工具及其装载物或人的重量，船舶等浮动器和飞机等航空器及其装载物或人的重量由水和空气的浮力来支撑；管道是一种相对特殊的运输线路，由于其严密的封闭性，既充当了运输工具，又起到了引导货物流动的作用。

【提示】良好的线路应具备安全可靠、建造及维护费用低、便于迅速通行及运转、不受自然气候及地理条件影响、使用寿命长、距离短等特点。

2. 运输场站

运输场站是指处于运输线路上的节点，是货物的集散地、各种运输工具的衔接点、运输业务办理和运输工具作业的场所，是运输企业对运输工具进行保养、修理的技术基础，是交通运输网络的重要组成部分，主要有港口、铁路车站、汽车站（场）、航空港和管道站等。良好的场站应具备地点适中、设备优良齐全、交通便利、自然气候条件良好、场地宽大等条件。运输节点是物流节点中的一种类型，属于转运型节点，货物在运输节点上停滞的时间较短。

（二）运输工具

运输工具是指在运输线路上用于载重货物并使其发生位移的各种设备装置，它们是物流运输能够进行的基础设备。运输工具根据从事运送活动的独立程度可以分为三类：一是仅提供动力，不具有装载货物容器的运输工具，如铁路机车、牵引车、拖船等；二是没有动力，但具有装载货物容器的从动运输工具，如车皮、挂车、驳船等；三是既提供动力，又具有装载货物容器的独立运输工具，如轮船、汽车、飞机等。

管道运输的动力装置设备与载货容器的组合较为特殊，载货容器为干管，动力装置设备为泵（热）站。设备总是固定在特定的空间内，虽然不像其他运输工具那样可以凭借自身的移动带动货物移动，但是可将其视为运输工具。

（三）运输参与者

运输活动必须由不同运输参与者共同参与才能进行：

（1）货主。在法律上，运输服务需求者被称为发货人（托运人）、收货人，他们统称为货主。货主是货物的所有者，有时托运人和收货人是同一主体，有时是非同一主体。货主希望在规定的时间内，在无丢失损坏且能方便获取货物运输信息的条件下，花最少的费用将货物从托运地转移到指定的收货地。

（2）运输生产经营组织（承运人）。运输生产经营组织是指直接进行运输生产与经营活动的组织和机构，主要包括汽车运输企业、船舶运输企业、航空公司、铁路局（集团公司)、个体运输户等。在法律上，作为运输服务供给者的运输企业被称为承运人，即运输活动的承担者。承运人是受托运人或收货人的委托，按托运人的意愿以最低的成本完成托运人委托的运输任务，同时获得运输收入。有时为了同不拥有运输工具但却以承运人身份开展运输经营的契约承运人或无船承运人相区别，这类承运人也称为实际承运人。

(3) 货运代理人。货运代理人是指根据用户要求，并为获得代理费用而招揽货物、组织运输和配送的人。货运代理人只负责把来自各用户手中的小批量货物进行合理组织，装运整合成大批量装载，然后利用承运人进行运输；送达目的地后，再把该大批量装载货物拆分成原来的小批量送往收货人。货运代理人的主要优势在于因大批量装载可以实现较低的费率面从中获取收益。货运代理人属非作业中间商，通常称为无船承运人。

(4) 运输经纪人。运输经纪人是指替托运人、收货人和承运人协调运输安排的中间商，协调的内容包括装运装载、费率谈判、结账和跟踪管理等。经纪人也称作业中间商，一般情况下，运输经纪人和货运代理人的功能和作用是相同的。

(5) 运输行政管理组织（政府)。运输行政管理组织是指作为一国政府的各级运输主管部门及其授权的管理机构，为了实现国家经济发展的总目标，履行政府行政职能，对交通运输业的经济活动所进行的规划、协调、监督和服务工作的主体。政府期望形成稳定而有效率的运输环境，促使经济持续增长，使产品有效地转移到各地市场，并以合理的成本获得产品。为此，政府部门相比一般企业更多地干预承运人的活动。这种干预往往采取规章制度、政策促进、拥有承运人资格等形式。政府通过限制承运人所能服务的市场或确定他们所能收取的价格来规范他们的行为；通过支持研究开发或提供诸如公路、航空交通控制系统之类的通行权来促进承运人发展。

(6) 公众。作为直接参与者的公众一般会关注物流运输的可达性、费用和效果，而没有直接参与的公众也关心环境和安全问题。随着公众环保意识的增强，消费者不仅要求最大限度地降低成本，而且密切关注环境和安全标准有关的交易代价。尽管目前在降低污染和消费安全方面已有了重大进展，但空气污染等产生的影响仍是运输业面临的一个重大问题。

（四）信息系统

信息系统是指操纵运输系统运转过程中与一切活动相关的信息的收集、传递和流动的系统，它由软件与硬件两大部分构成。信息系统是由与物流发生有关的宏观管理层、行业管理层、物流企业参与者的信息系统通过通信网络平台联成的大网络体系。通过交通口岸公共信息系统可以将海陆空、加工贸易、流通、海关、检验检疫、海事、税务、银行等物流链上的各相关企业和单位有机地连接起来，可以提供诸如物流服务信息、商品综合信息、路况信息、车辆实时信息、交通管理信息、交通状况信息、关贸信息、商检信息、港口综合信息、机场综合信息、铁路综合信息、船舶交通信息等各类信息。信息系统能够连接、调动、运筹、协调、指挥其他各要素，以实现物流运输系统的目的。因此，信息系统也是连接物流运输系统各要素的神经网络。

三、我国运输结构存在的问题及优化思路

（一）存在的主要问题

我国运输结构主要存在以下问题：

（1）铁路发展滞后，铁路运输比重不断下降，运输能力远不能适应经济社会发展的需要。目前，在我国经济社会发展的条件下，铁路运输运力的增长不能满足铁路运输运量的绝对量增长。因此，应该在一定程度上鼓励发展成本相对较低的铁路运输。

（2）公路运输不合理。2019 年公路货运量占我国货运量达 73%，占比比重仍保持较高水平。虽然公路运输发展较快，但是公路运输也承担了大量不宜由公路承担的任务，无法突出公路运输的经济、技术优势。

（3）水运、轨道交通发展缓慢。对水运特别是内河水运资源的开发利用不够，内河运输优势没有得到充分发挥；对轨道运输的发展认识不足，轨道交通发展缓慢。

（4）交通运输管理体制滞后。交通运输管理体制没能得到长足的发展，各种运输方式分部门管理，缺乏有力的协调管理机制，综合交通发展缓慢。

（二）我国运输结构的优化思路

物流运输系统结构是指物流运输的组成要素及其各要素之间的组成方式和相互关系。运输结构涉及运输业的宏观控制，关乎运输发展的全局优劣。运输结构的优化必须符合运输经济规律和运输科学技术的客观要求，平衡和协调运输业内部各种运输方式之间、运输业同国民经济之间的各种关系，注意在空间上陆、水、空相结合，在时间上长、中、短期相结合，能充分发挥各种运输方式的现有和潜在能力，从而形成运输大系统的整体优势。

1. 运输结构优化的原则

运输结构优化的原则包括：

（1）运输结构的优化要适应产业结构的需求。由于不同的产业结构会导致不同的运输需求，因此应当根据不同的产业结构来优化运输结构。当产业结构是以资源密集型为主时，运输结构必须考虑运量大、规模大，在运输过程中价值目标成本低，对运输方式的选择要求就是重载化和大型化；当产业结构是以资金密集型为主时，运输结构必须考虑运量小、批量小、速度快，对运输方式的选择要求就是小型化、灵活化和快捷化。

（2）运输结构的优化要适应人民生活水平的需求。应根据人民生活的实际需求，组建专业运输企业，发展舒适型、豪华型和快速型运输工具以及客、货运输线。

（3）运输结构的优化要适应实际的需求。由于各种运输方式都有自己的技术经济特点以及各自的优势和劣势，因此，应当根据各地自然地理条件、地区经济特点，因地制宜、扬长避短，使运输结构最大限度地满足实际的需求。

（4）运输结构的优化要适应经济效益和社会效益的需求。运输结构优化的最终目标就是争取以最少的投入取得最大的效益。

2. 运输结构的优化思路

运输结构的优化思路包括：

（1）与时俱进适应社会主义市场经济的要求。要树立适应社会主义市场经济的现代企业制度的改革观念和合理运输结构观念，建立健全有关我国合理运输结构的政策和法规，以指导我国运输业朝着正确的方向发展。

（2）应注重先进的经济增长方式。要着重将运输业的经济增长方式由粗放型向集约型转变，建立正确合理的投资政策。一方面要关注运输业投资与国民经济总投资的比例关系，强调运输先行，避免运输业投资偏低；另一方面要关注运输业内部的投资比例，集中力量加强基础设施的建设，实现生产力要素的合理配置，提高运输业的劳动生产率。

（3）设立综合管理体制。要设立统一、集中的运输业综合管理体制，避免重叠、繁多的运输管理部门自成体系，各行其是，彼此之间应该加强协作和配合，使我国的运输结构做到统一决策、统一规划和统一管理。

（4）建立和保持合理的运价体系。运价的制定要适应市场经济的发展需求，应有一个科学合理的测算依据，避免运价过分集中管理，建立合理的运输差价和比价关系，最终形成合理的运价体系。

第三节　物流运输管理的原理与内容

一、物流运输管理的原理

运输的一些基本原理是指导运输管理和运营的基本理论，主要包括规模经济原理、距离经济原理和效益悖反原理。

（一）规模经济原理

规模经济是指随着运输工具装运量的增加，货物每单位重量的运输成本就会被降低，如图 1-2 所示。这是因为，转移一票货物的有关固定费用可以按整票货物的重量分摊，因而一票货物越重，就越能“摊薄”成本，由此使每单位重量的成本更低。与货物转移相关的固定费用包括接受运输订单的行政管理费、定位运输工具装卸的时间、开票以及设备费用等，这些费用几乎不随装运的数量而变化。另外，批量大，还可以获得运价折扣，使单位货物的运输成本下降。批量经济使得货物的批量运输显得更为合理。

小贴士

既然单位重量货物的运输成本与运载工具的一次装载量有关，那么在运载工具容积一定的情况下，货物密度也会影响运输成本，密度低的货物可能无法达到运载工具的额定载重量，这样单位重量货物的运输成本就高。解决低密度货物运输成本高的方法是通过配装来增加货物密度。

（二）距离经济原理

物流运输距离经济是指每单位距离的运输成本随距离的增加而减少，如图 1-3 所示。距离经济的合理性类似于规模经济，尤其体现在运输装卸费用上的分摊。例如，800 千米的一次装运成本要低于 200 千米的 4 次装运。运输距离也可以分摊运输工具装卸所发生的固定费用，距离越长，平均每千米支付的总费用就越低。

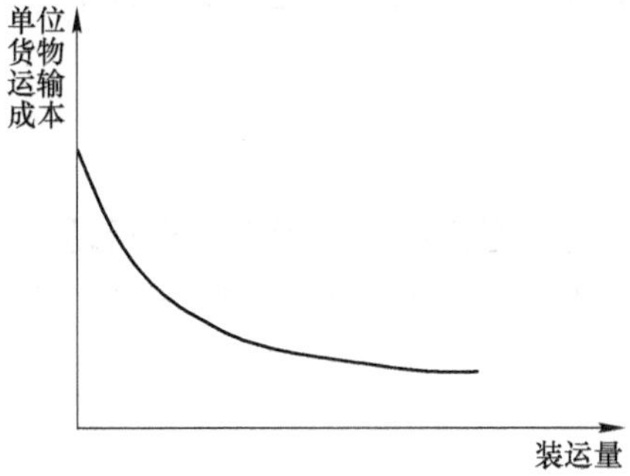

图 1-2 单位货物运输成本与装运量的关系

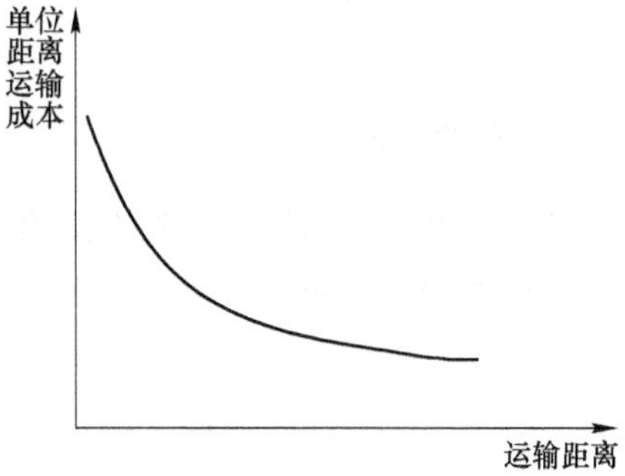

图 1-3 单位距离运输成本与运输距离的关系

在评估各种运输决策方案或营运业务时，规模经济和距离经济原理是重点考虑的因素，目的是使装运的批量和距离最大化，同时满足客户的服务期望。

（三）效益悖反（背反）原理

效益悖反亦即二律悖反，是物流领域中很常见的、很普遍的现象。物流效益悖反是指物流的若干功能要素（运输、保管、装卸搬运、包装、流通加工、配送、物流信息处理）之间存在着损益的矛盾，即某一个功能要素的优化和利益发生的同时，必然会带来另一个或另几个功能要素的利益损失，反之也如此。运输与物流其他功能要素乃至运输服务水平之间的效益悖反矛盾非常突出，例如，要降低库存成本，就要设法减少库存量，但这样就会频繁补充库存，必然要增加运输次数与运输距离，从而无形中增加了运输费用。

二、物流运输生产过程

物流运输生产过程有广义与狭义之分。狭义的运输生产过程是指利用线路、运输工具等技术设备，将货物从供应地装载后运送到需求地并卸货的运行过程，也称基本运输过程；广义的运输过程是指从准备货物开始，直到将货物送达目的地、卸货，完成一切相关手续的全部运输活动。

根据各项活动在货物运输中作用的不同，可将运输全过程分为运输准备过程、基本运输过程、辅助运输过程三个组成部分。现以公路运输为例说明这三个过程之间的相互关系。

（一）运输准备过程

运输准备过程是指运输货物前所进行的全部准备工作过程，包括一些需要提前较长时间进行的准备工作和一些经常性的准备工作。前者主要包括运输调查与运量预测、开辟运营线路、配置运力、制订运输生产计划等活动；后者主要包括组织货源、办理承运业务等。

（二）基本运输过程

基本运输过程是指狭义的运输过程，包括起运地点的货物装载、运输线路上的车辆负载运行、到达目的地后的货物卸车三个主要环节。在这一过程中，还涉及运输工具的调度作业。

（三）辅助运输过程

辅助运输过程是指为保证基本运输过程正常进行所必需的各种辅助生产活动，主要包括车辆保养维修、场站事务管理、运输劳动组织、必要的运行材料（例如燃料、轮胎等）的供应等。

三、物流运输管理的主要内容

物流运输组织与管理是对物流运输生产活动和经营活动的管理，其涉及的内容既包括对运输工具、装卸工具等设备本身的组织与管理工作，也包括对运输市场及货物的组织与管理工作。

根据物流运输系统中企业类型及作用的不同，运输组织与管理的侧重点也会有所不同。就运输企业而言，其运输组织与管理的主要内容有以下几方面：

（1）制定物流运输生产计划。物流运输生产计划也就是货运生产计划，主要涉及货物运量计划、运输车辆利用计划（即运力计划）、运输车辆作业计划等。它是制订运输企业其他计划（例如设备维修更新计划、物资供应计划、成本计划、财务计划等）的依据和基础，也是整个运输组织与管理的基础性工作。

（2）运输业务组织和运输工具运送组织。运输业务组织是对货运生产、经营过程中有关运输服务交易及业务进行的组织与管理，其目的是对企业所拥有的各种资源进行协调和最佳配置，贯穿整个货物运输生产过程。运输业务组织与管理包括的范围很广，主要有运输合同及谈判、运输市场营销及客户关系管理、运输成本分析及定价、运营组织方式、运输业务流程管理等。

运输工具运送组织，包括铁路行车工作组织、公路车辆行车组织、船舶运行组织、飞机飞行组织，主要是为了完成货物运输任务，通过编制和执行运输工具运送作业计划，力求运输工具在时间、速度、行程、载重量、动力等方面有良好的利用程度，以最佳的运输线路和运行方式来组织载运工具的运行。

（3）运输调度管理。货物运输生产活动具有流动、分散、作业环节多等特点，且时间上有连续性要求。为保证各环节协调进行，有必要成立一个统一的组织机构来监督、管理整个运输生产过程及相关部门和环节，进行运输调度管理。由此可见，运输调度管理就是指企业调度部门为保证货物运输作业计划的实现而进行的一系列检查、督促、沟通、协调、指挥和部署工作的总称。

第四节 现代物流运输的发展趋势

一、现代物流运输的特征

（一）系统化

物流运输不是运输、保管等活动的简单叠加，而是通过彼此的内在联系，在共同目的下形成的一个系统，其构成系统的功能要素之间存在着相互作用的关系。在考虑物流最优化的时候，必须从系统的角度出发，通过物流功能的最佳组合实现物流运输整体的最优化目标。局部的最优化并不代表物流系统整体的最优化，树立系统化观念是搞好物流运输管理、开展物流运输活动的重要基础。

（二）信息化

物流运输可以理解为物资的物理性流通与信息流通的结合。信息在实现物流系统化、实现物流作业一体化方面发挥着重要作用。传统物流的各个功能要素之间缺乏有机的联系，对物流活动的控制属于事后控制；物流运输通过信息将各项物流功能活动有机结合在一起，通过对信息的实时把握控制物流系统按照预定的目标运行。准确地掌握信息，如库存信息、需求信息，可以减少非效率、非增值的物流活动，提高物流效率和物流服务的可靠性。

（三）设施现代化

现代物流运输活动中，广泛使用现代化的运输、仓储、装卸搬运、包装以及流通加工设施，运输设施的大型化、高速化、专用化，装卸搬运机械的自动化，包装的单元化、模块化，仓库的立体化、自动化以及信息处理以及传输的计算机化、电子化、网络化等，为物流运输发展提供了坚实的物质保证。

（四）服务多样化

物流运输的一个重要特点是根据自己的优势从事一定的补充性加工活动，使服务多样化。虽然物流运输仅仅是从事商品的完善、补充、增加性质的加工活动，但这种活动必然会提高劳动对象的附加价值。加工附加价值原本是指通过生产、制造或组装过程实现对商品的增值，这并非物流的本来职能，但有时物流也可以创造加工附加价值。虽然在创造加工附加价值方面物流不是主要责任者，其所创造的价值也不能与时间价值和空间价值相比拟，但这是现代物流有别于传统物流的重要特征。例如，运输业借助分装和产品搭配组合等活动，根据自己的优势从事完善、补充、增加性质的物流加工活动，改变装运规模和包装特点，使不同的原料按照技术要求改变产品形态，产生了加工效用，也就增加了产品价值。

（五）服务柔性化

随着需求的多样化、个性化，物流运输需求呈现小批量、多品种、高频次的特点。订货周期变短、时间性增强，物流需求的不确定性提高。因此，物流服务柔性化就是要以顾客的运输需求为中心，对顾客的需求作出快速反应，及时调整物流作业，同时可以有效地控制物流运输成本。

二、我国物流运输发展的现状

随着我国经济实力的增强和人民生活的改善，交通运输量稳步增长。在运输量稳步增长的同时，运输结构逐步改善。铁路运输在各种运输方式中比重逐步下降，其他运输方式运输能力快速提高，公路、水运和民航的潜力得到发挥，减轻了铁路运输的压力。总体上看，我国交通基础设施总量仍然不足，运输大通道能力紧张；相当一部分地区交通运输设施落后，技术装备水平与国际先进水平相比仍有较大差距；运输系统整体效率和服务质量不高，改革整体滞后，交通运输还不能充分满足经济社会快速发展的需要。主要表现在以下几方面：

(1) 综合运输大通道能力不足。综合运输大通道缺少必要的能力储备，运输刚性很强，满足需要的服务水平低，承受需求波动的弹性较小，运输能力明显不适应市场需求，对国民经济和社会发展的保障能力十分脆弱。煤炭、石油、粮食、集装箱、钢铁、水泥、“三农”物资等货运量大幅度增加，使原本运能紧张的综合运输大通道的供求矛盾再度加剧。尤其是承担跨区物资调运任务的主力铁路运输能力不足的矛盾非常突出，货运请求车满足率仅约 1/3，进而也影响到港口大宗物资的集、疏、运，导致港口供求矛盾突出。

(2) 综合交通网络规模不稳定。目前，我国的交通运输网规模虽然世界领先，但规模与布局还不稳定。2018 年，我国的公路总里程 485 万千米、铁路营业里程 13.1 万千米，双双位居世界第二位；中国高速公路 14.3 万千米，位居世界第一位。我国全社会客货运输量多年位居世界第一位。现有交通运输网络规模与我国的人口、国土和经济总量的世界地位基本匹配，但与欧美发达国家相比，在供需适应、规模稳定、布局合理方面还存在较大差距。运输服务的供给能力要满足经济社会对资源（物资和劳动力）时空配置的要求，即交通运输供给能力与经济社会发展产生的运输需求基本平衡。目前我国交通运输供给能力与需求已经总体适应，但随着国民经济的发展，交通运输需求保持较高增速，对交通运输网络规模与布局的要求也在继续增加。如果交通运输网络规模发展速度落后，就会有可能影响经济社会发展。

(3) 各种运输方式衔接配合差。长期以来，各种运输方式只注重自身运输作业场所的建设，而对综合运输枢纽的规划和建设重视不够，枢纽设施配置不合理，各种运输工具及其与城市交通结合不好，货物运输不方便、不畅通，甚至一边扩大枢纽建设规模，一边交通拥堵加剧，影响综合运输体系效率的提高。在很多地区和大城市，各种交通方式之间的衔接问题，已成为阻碍交通运输发展的主要瓶颈之一。各种场站没有合理的规划和统一布局，相互间的衔接不能实现快速、高效。无论是客流还是货流，交通方式的衔接问题都是影响运行效率的主要因素，制约了综合交通运输体系效率的发挥，导致资源的浪费和效率的低下。

(4) 物流运输市场发展很不平衡。各运输方式所构成的运输市场发展不平衡，即道路运输市场和水路运输市场发展较快，航空运输市场次之，铁路运输市场由于管理体制的制约进展迟缓，管道运输亦然；各个地区之间的发展不平衡。一般来说，在经济发达地区和经济体制改革的先导区，由于运输需求旺盛，运输市场的建设起步较早，市场机制发育的程度和水平较高，因此运输市场的建设走在了全国前列。而在经济落后以及体制改革滞后的地区，物流运输市场发展则相对落后。

相关链接

> 菜鸟曾与阿里公益基金、中华环保基金会成立菜鸟绿色联盟公益基金，圆通、中通、申通、韵达、百世、天天六家快递公司是重要出资方。2017 年 4 月 21 日，阿里巴巴宣布将在全国的办公园区使用绿色包裹，在阿里小邮局寄快递时，将统一使用 100% 可生物降解的快递袋，首批杭州和北京已经替换完成。2020 年 5 月 23 日，由菜鸟牵头，阿里巴巴各核心板块在北京聚首，启动阿里巴巴绿色物流 2020 计划，即阿里巴巴集团内各核心业务板块（菜鸟网络、零售通、淘宝、天猫、盒马、闲鱼、饿了么）到 2020 年所要实现的绿色物流发展计划。同时，菜鸟网络总裁万霖宣布菜鸟将升级品牌 Logo，将绿色循环标志引入其中，呼吁社会共同关注绿色发展。
>
> 结合政府出台的《全国仓储配送与包装绿色发展指引》《推进快递业绿色包装工作实施方案》等政策的引导，政府、商家、物流企业、平台和消费者多方联动，将会促进物流及运输的绿色化发展。

三、物流运输转变的必要性

随着现代物流重要性的日益显现，现代物流给运输带来的巨大变革和促进正受到我国运输界的广泛关注和重视，人们已经把物流看作是我国交通运输业融入世界交通经济发展的新契机和交通运输业新的经济增长点。同时，当代运输业在经过了相对独立的发展阶段和综合运输发展阶段以后，也已经瞄准了现代物流的发展方向，在生产经营方式上积极迈向高级阶段。

迄今为止，运输业的收益主要来自运输企业为客户提供运输服务所产生的附加值。然而，随着社会运输量的迅速增长，运输企业数量的增多，单位企业运输收益却在迅速下降。运输业想要摆脱这一局面的唯一出路就是创造超越客户需求的附加价值，而目前客户的要求已从单纯的运输服务发展到全程服务。这就是说，对于运输企业来说，未来市场占有率的大小，其关键在于对现代物流的组织与控制。

现代物流作为国际运输业发展的必然趋势，是运输领域的又一次革命。我国交通运输业必须迅速顺应这一变化，调整经营战略，适应市场需要，这具有十分重要的战略意义。现代物流这一新的课题所展现出的广阔前景为我国运输业向高质量跃进提供了新的机遇。与此同时，如何抓住这一机遇，赢得市场，是摆在我们面前的一项重大的挑战。为此，我国的交通运输业必及时调整经营策略，融入现代物流这一领域，为客户提供高质量的综合性物流服务。

四、现代物流运输的发展对策

（一）充分利用现有资源

传统运输企业开展物流运输服务在很大程度上就是一个资源优化配置的过程，因此要实现这种转变，首先必须认清现有的资源优势。传统运输企业向现代物流转变中具有以下优势：

（1）有基础设施优势。拥有较多的仓库，有变现资产的有利条件，控制着大量的物流基础设施和专用设备。

（2）有多年运输、仓储实践和服务的宝贵经验。

（3）一些大型的运输企业有相当规模的网络优势和客户资源。

这些有利条件为企业开展专业化、社会化物流活动提供了有利的前提条件。传统运输企业要充分利用这些有利资源实施有效的整合，加快转变过程。

（二）经营项目和规模上的调整

现代物流服务项目内容广泛，涉及采购、装卸、搬运、仓储、运输、流通加工、配送、销售、信息处理等诸多环节。传统运输企业要丰富企业的经营管理功能，改变以往提供单一仓储、运输服务状况，将服务向两端延伸。主要扩展的功能可以根据所服务客户的需要和自有资源优势来决定，可以有配送功能、库存控制功能、采购功能、流通加工功能、数据采集功能等。这些附加服务的利润会高于传统的单一功能，向客户提供高层次的物流服务。在经营规模上，应向大型化方向发展，这是因为物流运输一个很大的特点就是规模效益，这就要求传统运输企业在向现代物流转变过程中需进行资源的有效整合，采取兼并、合资、联盟、合作等多种方式整合社会物流资源，从而形成少数大型、特大型集团企业，集中力量和资金，采用现代的科学技术和管理手段，提高服务质量，满足社会要求，抵御风险，领导行业，参与国际竞争。

（三）树立以客户为中心的服务理念

要使传统运输企业发展成物流运输企业，首先要考虑服务问题。物流企业的实质是提供服务，在转变过程中，必须树立客户服务观念，以用户为中心，将满足用户的需要作为企业生存和发展的宗旨。客户希望通过物流企业的服务来降低自己的成本，形成竞争力。物流企业应运用技术、信息和规模效益达到客户的要求。随着竞争的加剧，谁能为客户提供优质、低成本的服务，谁就可能在竞争中胜出。在转变过程中，树立“以客户为中心”的指导思想，不断完善物流技术，服务客户。

（四）吸引资金，改进设施设备

传统运输企业在向现代物流企业转变过程中，拥有设备和设施的优势。但是这些设备设施大多老化，不足以满足高效物流的要求。企业需要引进资金，有步骤、有计划地购置或改善设备和设施。运输企业可以通过多种渠道筹集资金，如银行贷款、融资租赁等，还可采取通过与国外企业合资来改善设备设施。国外物流企业在信息技术、管理水平、人才等方面可以弥补运输企业在这方面的不足。与国外物流企业合资，不仅能解决资金问题，而且能快地掌握现代物流的经营理念、运作方式和管理方法，使传统运输企业向现代物流快速迈进。

（五）用科技带动转变快速发展

现代物流运输不仅是一个资金密集型产业，而且还是一个知识密集型产业。物流运输率的提高、物流运输成本的节省、管理的优化，无不与科技的带动有关。

小思考

（1）举例说明企业运输管理中的效益悖反现象。

（2）简述物流运输系统的构成要素，试分析各要素之间的相互关系。

（3）结合自己上网查找资料，试分析我国物流运输发展还存在哪些问题，对这些问题又该从哪些方面考虑对策？

案例分析

蒙牛合理选择运输方式

物流运输是乳品企业的重大挑战之一。蒙牛目前的触角已经伸向全国各个角落，其产品远销到中国香港、中国澳门地区，甚至还出口到东南亚。蒙牛如何突破配送的瓶颈，把产自大草原的奶送到更广阔的市场呢？巴氏奶和酸奶的货架期非常短，巴氏奶仅10天，酸奶也不过21天左右。为了能在最短的时间内、有效的存储条件下，以最低的成本将牛奶送到商店、超市的货架上，蒙牛采取了以下措施。

一、缩短运输半径

对于酸奶这样的低温产品，由于其保质日期较短，加上消费者对新鲜度的要求很高，蒙牛要保证在2~3天内送到销售终端。为了保证产品及时送达，蒙牛尽量缩短运输半径。在成立初期，蒙牛主打常温液态奶，因此奶源基地和工厂基本上都集中在内蒙古。当蒙牛的产品线扩张到酸奶后，蒙牛的生产布局也逐渐向黄河沿线以及长江沿线伸展，使牛奶产地尽量接近市场，以保证低温产品快速送达卖场、超市。

二、合理选择运输方式

目前，蒙牛的产品的运输方式主要有两种：汽车和火车集装箱。蒙牛在保证产品质量的原则下，尽量选择费用较低的运输方式。

对于路途较远的低温产品运输，为了保证产品能够快速地送达消费者手中，保证产品的质量，蒙牛往往采用成本较高的汽车运输。例如，北京销往广州等地的低温产品，全部走汽运，虽然汽运成本较铁运成本高出很多，但在时间上能有保证。为了更好地了解汽车运行的状况，蒙牛还在一些运输车上装上了GPS。

而像利乐包、利乐砖这种保质期比较长的产品，则尽量依靠内蒙古的工厂供应，产品远离市场的长途运输问题就依靠火车集装箱来解决，这样更能节省费用。在火车集装箱运输方面，蒙牛与中铁集装箱运输公司开创了牛奶集装箱“五定”班列这一铁路运输的新模式，即“定点、定线、定时间、定价格、定编组”。

三、全程冷链保障

低温奶产品必须全过程都保持2~6℃，这样才能保证产品的质量。蒙牛牛奶在“奶牛—奶站—奶罐车—工厂”这一运行序列中，采用低温、封闭式的运输。“蒙牛”的冷藏运输系统保证将刚挤下来的原奶在6个小时内送到生产车间，确保牛奶新鲜的口味和丰富的营养。出厂后，在运输过程中，蒙牛牛奶则采用冷藏车保障低温运输。蒙牛在其每个小店、零售店、批发店等零售终端投放了冰柜，以保证低温产品的质量。

四、使每一笔单子做大

物流成本控制是乳品企业成本控制中一个非常重要的环节。蒙牛减少物流费用的方法是尽量使每一笔单子变大，形成规模后，在运输的各个环节上就都能得到优惠。比如，利乐包产品走的铁路每年运送货物达到一定量后，在配箱等方面可以得到很好的折扣。

（资料来源：顾东晓、章蕾主编：《物流学概论》，清华大学出版社2012年版，第117页）

案例思考题：

（1）蒙牛是如何根据不同品种的奶制品安排相应的运输方式的？

（2）蒙牛的奶制品在物流运输模式和运输环节方面体现了哪些物流运输原理？

（3）蒙牛在产品经营中选择的合理运输方式对现代物流运输企业有什么启示？

第二章　物流运输市场

WULIU YUNSHU SHICHANG

【学习目标】

（1）掌握物流运输市场的含义、类别及特征；
（2）理解物流运输市场供给和需求之间的关系；
（3）掌握物流运输的需求弹性和供给弹性；
（4）掌握物流运输需求预测的方法；
（5）了解物流运输市场价格形式与价格制定依据。

引导案例

韩航运巨头陨落

近几年来，全球经济萎靡不振，航运企业也面临运力过剩、运费/租金下降等发展困境，长期入不敷出的状态致使许多船企债台高筑，生活在水深火热之中，船东、航运公司、船厂等破产事件不绝于耳。

韩进海运曾是韩国第一大班轮公司和龙头企业在全球排名第八。2016 年 8 月，受 54 亿美元债务的拖累，加上债权人不愿给予更多的支持，穷困潦倒的韩进海运向法院申请破产保护。2017 年 2 月被法院宣布破产。

（资料来源：袁伯友主编：《物流运输组织与管理》，电子工业出版社 2018 版，第 40 页）

讨论：韩进海运的破产事件对物流运输市场管理有何启示？

第一节 物流运输市场概述

一、物流运输市场的含义及构成

（一）物流运输市场的含义

运输市场的诞生晚于运输活动的出现，当运输劳务成为商品之后，并随之出现了专门从事客运和货运的运输者时，运输市场才具备了产生的条件和基础。

运输市场有狭义和广义之分。狭义的运输市场是指运输需求方（旅客和货主）、运输供货方（运输业者）及运输代理者进行运输交易的场所。广义的运输市场是整个市场体系的一部分，是指运输参与各方在交易中所产生的经济活动和经济关系的总和，即运输市场不仅是运输劳务交换的场所。广义的运输市场不仅包括运输产品的生产者和消费者之间、运输供给和运输需求之间、运输部门和其他部门之间的经济关系，而且包括运输市场结构、运输市场机制、运输市场调节和管理以及企业在运输市场的经营等。本节主要讨论广义的运输市场，其包括如下三方面的含义。

（1）运输市场是运输产品或服务交换的场所。这里所说的运输市场是一个地理概念，通常被看作是一个交易场所，运输需求方和运输供给方在该场所内发生交换行为。

（2）运输市场是运输产品供求关系的总和。这个角度下的运输市场是由不同的运输产品、劳务、资金、技术、信息等供给和需求构成。这一概念强调的是买方、卖方力量的结合，买方市场、卖方市场就反映了这一概念下供求力量的对比结果。

（3）运输市场是在一定条件下对运输产品或服务的需求（现实需求和潜在需求）的总和。在分析运输市场的大小时，需要着重考察运输需求群体所带来的市场容量，所以市场往往是由具有现实需求和潜在需求的消费者组成的。

（二）物流运输市场的构成

运输市场是多层次、多因素的集合体，构成运输市场的参与者主要包括以下四个方面：

（1）运输需求者。运输需求者包括向市场购买运输产品的各种企业、军队、政府、居民等，即运输市场的买方、运输产品的消费者。运输需求主体参与运输市场活动，其目的主要有两个：一是通过运输劳务获得运输效用；二是追求经济性，即用较少的费用获得运输效用的满足。

（2）运输供给者。运输供给者包括提供劳务的单位和当事人，即各种运输方式的运输业者和运输业者的行业组织。运输供给主体以提供运输劳务，来获得相应的经济效益为目标。

（3）运输中介。运输中介是指为运输需求和供给牵线搭桥，提供各种与运输相关的服务的货运代理公司、经纪人、信息咨询公司等。作为独立的市场经济组织，运输中间商依靠对供需双方的服务来参与运输市场活动，同样以追求自身经济效益为目标。

（4）政府及其他机构。政府主要包括政府有关机构和各级交通运输管理部门，它们代表国家及公众的利益，对运输市场进行监督、管理和调控。政府不是市场运行的行为主体，并不参与市场主体的决策过程，主要通过行政、法律手段，制定运输市场运行的一般准则，以此来规范和约束运输市场主体的行为，使运输市场有序运行。

二、物流运输市场的分类

在运输市场体系中，按照不同的分类标准，可以对物流运输市场进行多种分类。

（一）按市场供求状况划分

1. 买方运输市场

买方运输市场也称为货方市场，其基本特点是：

（1）运输供给大于需求。

（2）运输供给方竞争激烈。

（3）买方掌握着市场的主动权，成为市场运行的主导力量。

买方市场对运输需求者有利，运输企业之间往往为寻找销路而展开激烈竞争。竞争主要通过两种途径：价格竞争与非价格竞争。其中，非价格竞争是以质量竞争（包括服务竞争）为核心，运输供给方竞争的结果是运输需求方得益。

2. 卖方运输市场

卖方运输市场也称为车方市场或运方市场，其基本特点是：

（1）运输供给小于运输需求。

（2）运输需求方竞争激烈。

（3）运输供给者掌握市场的主动权，成为市场运行的主导力量。

卖方市场对运输供给方有利，但运输业者容易出现不良经济行为，如缺乏竞争意识、忽视技术进步、借机牟取利益等，因而这种市场状态结构对运输业乃至整个国民经济的发展都是不利的。我国铁路货运市场供小于求，基本属于卖方市场。

3. 均势运输市场

均势运输市场是指运输市场上买卖双方的力量对比旗鼓相当、处于均势状态的市场，这是一种比较完善的市场状态。在这种市场状态下，运输供给与需求大体平衡，价格也相对平稳，双方均无明显优势和劣势，运输业的发展和国民经济的发展均处于平稳状态，因而这也是一种理想的市场结构。

（二）按运输市场的空间结构划分

1. 区域性的地方运输市场

区域性的地方运输市场是指以区域为活动空间的运输市场，包括城市运输市场、城间运输市场、农村运输市场、城乡运输市场，以及南方市场、北方市场等。区域性的地方运输市场通常以大大小小的经济区为主，在地域分工和生产专业化的基础上逐步形成，并循序渐进地发展和扩大。

2. 全国统一的运输市场

全国统一的运输市场是以整个国家领土、领空、领海为活动空间的运输市场，包括各个地区、各种运输方式在内的统一的运输市场。它是以市场经济的充分发展为基础，在区域运输市场充分发展的前提下得以形成。全国统一的运输市场由铁路运输市场、公路运输市场、水路运输市场、航空运输市场和管道运输市场组成。

3. 国际运输市场

国际运输市场是指不仅以本国，而且还以其他国家为活动空间的运输市场。它是随着国际间的商品交换及经济社会文化交流的增加而逐步形成的，是国际分工、世界经济的发展和经济生活国际化的必然结果，也是市场经济发展的客观要求和必然趋势。

（三）按运输市场的时间结构划分

1. 运输现货交易市场

运输现货交易是指运输市场上出售运输劳务与货币转移是同时进行的，因而也称为即期交易。广义的现货交易也包括远期交易，供求双方只签订运输合同，约定在一定时期内按合同条款履行义务并进行交割。如果现货交易是通过签订运输合同进行的，那么运输劳务必须在规定的时间内完成，买卖双方只有在相互同意的情况下才能够修改或取消所签订的合同。

2. 运输期货交易市场

运输期货交易市场是指从事买卖标准化的运输期货交易合同的市场。运输期货交易是在交易所通过签订标准化的运输期货交易合同而成交的。运输期货交易不仅可以先签订期货交易合同，再在某一特定时间交割，而且能“买空卖空”和根据交易人的需要自由买卖(增加、减少)。

（四）按运输市场的竞争结构划分

1. 完全竞争运输市场

完全竞争运输市场又称为纯粹竞争市场，其特征是：

（1）运输供给者和需求者对运输市场价格均不能产生影响，双方只能接受市场价格，而市场价格的高低完全取决于供求关系。

（2）运输企业进入或退出市场比较容易。

（3）这种市场没有政府的干涉。

由于没有差异化，市场竞争激烈，运输供给者只能获得正常利润。在现实中，这种理想模式是不存在的，近似具备这种市场条件的是发达国家的跨州（省）公路货运市场以及海运中的不定期船市场。

2. 垄断竞争运输市场

这类运输市场是一种介于完全竞争和完全垄断之间且近于前者的市场结构。由于运输企业进入市场容易、运输企业相对较多、运输劳务替代性大，因此市场竞争激烈，运输供给者也只能获得正常利润。在垄断竞争运输市场上，竞争不仅表现为价格竞争，也表现为非价格竞争，一些运输供给者集中经营某一细分市场，以优异的方式满足顾客需求并赚取利润。为了提高市场占有率，各运输供给者都十分重视运输质量与运输服务等特色，同时广告宣传等促销工作也成为运输企业市场营销活动的重点。从总体上讲，市场体系中的公路运输市场、国内航运市场与这类市场类似。

3. 寡头垄断的运输市场

寡头垄断的运输市场是介于完全竞争和完全垄断之间且近于后者的一种市场结构，可以分为完全寡头垄断市场和差别寡头垄断市场。完全寡头垄断是由少数几家运输供给者控制市场，向市场提供相同的或差别不大的运输劳务，控制着市场绝大部分的运力，整个市场的运价由这些运输供给者垄断。由于运输劳务不具有差异性，因此获取竞争优势的唯一方法就是降低成本。差别寡头垄断是由少数几家有部分差别的运输劳务供给者组成。每个供给者运输劳务差别主要表现在运输质量、运输服务等方面，寻求在这些主要特征的某一方面领先，以期引起顾客对这一特性的兴趣。

4. 完全垄断运输市场

完全垄断运输市场又称独占运输市场。这种市场主要表现为某个国家或地区的运输市场上只存在一家运输供应者，市场上运输劳务的唯一供应商对运价具有相当程度的控制权，不存在或基本不存在竞争。这种垄断的产生可能是由于管制法令、许可证、规模经济或其他原因的结果。由于运输市场放开，现实中已没有完全垄断运输市场，近似具备这种市场条件的如中国铁路总公司专营的铁路货运市场。

相关链接

一般来说，凡是能够支持或者进行物流服务供需信息的交互或交换的网站，均可称为物流信息服务平台。平台一般能够提供各类物流资讯，包括在线提供车源、货源、运输专线、公路，铁路、水运、空运等运输信息，甚至能够提供网上物流招标、物流投标、物流外包、园区仓储招商、物流设备、物流管理、物流人才招聘、物流论文、物流知识、物流培训、物流联盟等物流信息服务。这实际上就形成了网络物流（运输）市场。我国一些政府部门、物流行业组织及物流企业利用互联网，建立了物流信息服务平台，如“全国物流信息网”（参见 http：//www.56888.net/）。

三、物流运输市场的特征

物流运输市场的特征包括：

（1）运输市场具有较强的空间性和时间性。不同国家和地区在社会、经济、文化、科技等方面的发展水平不同，运输需求和供给情况往往存在很大差异。同一区域的运输需求和供给在不同的年份或季节也存在着数量、内容、结构等方面的差异。同样，对于一家工商企业或运输企业来说，运输业务的状况在不同时间差异也很大。

（2）运输市场是典型的服务性市场，所以它也具有一般服务性市场的基本特征，比如：

1）运输产品不可感知性。运输产品本身无形无质，人们无法触摸或用肉眼感知其存在，消费者只有通过货物位移、运输时间、运输成本，以及运输满意度才能感觉到。

2）运输产品生产、消费的同步性，即不可分离性。物流企业利用运输工具将物品运送到客户指定地点，运输产品的生产过程、消费过程是融合在一起的，生产与消费同时开始，同时结束。

3）不可贮藏性。运输产品没有实物形态，在生产过程中同时被消费掉。另外，如果运输产品不能及时出售，也不会像工业产品那样积压，而是带来机会损失和设施设备及人员等方面资源的浪费。

4）缺乏所有权。运输产品的消费过程没有像实物产品那样发生所有权的转移。

（3）运输需求市场上存在较多的联合产品。运输企业在提供运输服务时，往往利用同一运输工具为多家客户装运货物，如发往同一路线的货运汽车，为沿途多家客户运送不同的货物，这样就形成了联合产品。

（4）个别运输市场的进入存在困难。由于历史、政策、技术或者巨大初期投资等原因，某些运输市场（如航空、铁路等）存在较高的进入壁垒，容易形成垄断的行业。

（5）运输产品价值构成较为特殊。一般商品的价值由转移价值（劳动对象、劳动工具和燃料等物化劳动的消耗价值）和新创造的价值（活劳动消耗的价值）两大部分组成。运输产品的转移价值不包括劳动对象的消耗，只包括劳动工具和燃料等运行材料的消耗，所以这也使得运输产品与一般商品的成本构成不同。

小思考

（1）运输市场的结构有哪些类型？

（2）物流运输市场有哪些特征？

（3）分析说明下列运输市场属于何种运输市场：

1）海运中的不定期船市场；

2）我国铁路运输市场；

3）我国沿海、内河运输市场；

4）公路运输市场；

5）海运中的班轮运输市场；

6）快速货运市场；

7）集装箱运输市场；

8）超限货运市场。

第二节　物流运输市场需求

一、物流运输需求的概念及特点

（一）物流运输需求的概念

运输需求是在一定时期内和一定的价格水平下，社会经济生活在货物空间位移方面提出的具有支付能力的需要。因此，运输需求应具备两个条件：一是有购买运输服务的欲望或要求；二是具有购买能力。在经济活动中，还存在一种潜在运输需求，即有购买愿望但没有支付能力，或者没有显露出来被发现的需要。比如一些交通不便的山区，盛产的水果等无法运出山外，但一旦当地修建好了通往外界的公路，使水果得以外送，潜在运输需求也就变成了现实需求。

运输需求通常包括以下六个要素：

（1）对象。对象是指运输货物的品种与旅客的东西。

（2）流量。流量是指运输的需求量。

（3）流向。流向是指货物或旅客发生空间位移时的空间走势，表明客货流的产生地与消费地。

（4）运程。运程是指运输距离，即货物或旅客进行空间位移的起始地到终点的距离。

（5）运速。运速是指货物或旅客的运送速度。

（6）运输价格。运输价格是指运输单位重量或体积的货物或每位旅客的运输费用。

（二）物流运输需求的特点

物流运输需求的特点包括：

（1）广泛性。运输需求的广泛性主要体现在它是一种普遍性需求，任何社会活动都不可能脱离运输业而独立存在。

（2）派生性。运输需求是商品需求衍生出来的，相较于商品需要这种本源需求，运输需求是一种派生需求或引致需求。

（3）多样性。运输业几乎承运涉及所有物品种类的货物，在质量、体积、形状、性质、包装上千差万别，对运输条件的要求也各不相同，这就要求运输服务提供各种性质的运输工具和采取不同的技术措施。

（4）个别需求的异质性。就整个市场而言，对运输总体的需求是由性质不同、要求各异的个别需求构成的。在运输过程中必须采取相应的措施，才能适应这些个别需求。它们在经济方面的要求也各不相同，有的要求运价低廉、有的要求运送速度快。因此，掌握和研究这些需求的异质性，才能细化运输市场、搞好运输市场的经营。

（5）不平衡性。运输需求的不平衡性具体表现在时间和空间上的不平衡。在时间上，社会经济及工业经济的发展具有一定的波动性，如大多数产品在生产和消费上都具有季节性特征；在空间上，资源分布、生产力布局、经济发展状况、运输网络分布等方面存在差别，致使不同地区的运输需求差异很大，如中原地区农产品丰富、东北地区盛产木材，所以外运的需求量就很大。

（6）部分可替代性。这里的替代性是指满足运输需求的方式上的替代性。在现实运输中，同一运输需求有时可以通过不同运输方式满足。例如，旅客或货物在两地间的运输，完全可以通过公路、铁路、水路、航空等运输方式的不同选择，最终达到目的，也可以通过不同运输企业完成。这种运输需求的替代性也是导致运输市场竞争的主要原因。

（7）总体需求的规律性。不同货物的运输要求虽然千差万别，但总体来说，还是有一定规律性的，如货流的规律性、市场需求变化的规律性等。所以对运输企业来说，不但要掌握和研究个别需求的异质性，同时也要研究总体需求的规律性。

二、物流运输需求的影响因素

（一）经济发展水平

由于货物运输需求是派生需求，因此其大小还取决于经济发展水平。例如，西方发达国家工业化初期，开采业和原材料对大宗、散装货物的需求急剧增加；到机械加工工业发展时期，原材料运输继续增长，但增长速度已不如前一期，而运输需求开始多样化，对运输速度和运输质量方面的要求有所提高；进入精加工工业时期，经济增长对原材料的依赖明显减少，运输需求在数量方面的增长速度放慢，但在方便、及时、低损耗等运输质量方面的需求越来越高。

（二）国民经济产业结构和产品结构

首先，生产不同产品会引起不同的厂外运量（包括原材料、附件、能源、半成品和产成品等），比如：生产 1 吨棉纱引起 2.5~3 吨的厂外运量，生产 1 吨水泥 4~5 吨，生产 1 吨钢 7~8 吨。其次，不同产品利用某种运输方式的产运系数（即产品的运输量与其总产量的比值）是不同的，比如，煤炭和基础原材料工业对铁路的依赖比较大，其他产品则可能更多地利用别的运输方式。再次，不同的产业构成，在运输需求的量与质上的要求也是不同的。如果用单位 GDP 所产生的货物周转量来表示货运强度，那么重工业的货运强度大于轻工业，轻工业的货运强度大于服务业，随着产业结构层次的提高，货运强度将逐步下降。

（三）运输网的布局与运输能力

运输网的布局和运输能力直接影响货源的吸引范围和运输需求的适应程度。例如：国际航空线路的开辟，为鲜活易腐货物的国际运输需求提供了质量保证；地处优越的交通地理位置，高质量、高效率的运输网络不仅能满足本地区的运输需求，还可以吸引过境货物、中转货物。中国香港、新加坡是名列世界前茅的集装箱大港，其特点是半数以上的集装箱吞吐量来自其他港的中转箱。由此可见，完善、合理的运输网布局，方便、快捷、高质量的运输能力无疑会大大刺激运输需求；而滞后的运输网络与运输能力则会抑制运输需求。

（四）市场价格的变动

运输价格和运输商品的市场价格变动，也会引起运输需求的变动。一般来说，运价下降时，运输需求上升；运价上涨时，短期内需求会受到一定抑制。同时，两地市场商品价格差别增大，会刺激该商品在两地间的运输需求；而商品价格差别缩小，则会减少其运输需求。另外，燃油、运输工具等价格变动会引起运价的变动，从而也将导致运输需求的变动。

（五）国家经济政策和经济体制

当产品交流和物资分配体制从计划经济体制转向市场经济体制时，运输需求的市场调节比重增大，货物流通的范围扩大，频率增强。一些过去诸如“不合理运输”或“违反流向”的观念在发生转变。因此，国家或政府运用政策对流通领域的宏观调控，是影响和调控货运需求的有力工具。

（六）人口增长与分布

人口增长与分布的变化对货运需求也有很大影响。人口增长快必然会引起粮食、油料、副食品、日用工业消费品等供应的增加，从而引起对运输需求的增加；大量人口流入城市必然引起城市消费能力的增加，从而引起大量的粮食、副食品及日用工业消费品等运往城市，货运需求增加。

三、运输需求弹性分析

运输需求弹性反映运输需求变动相对于运输服务价格及其他相关经济变量变化的敏感程度。运输需求弹性包括运输需求的价格弹性、服务弹性、收入弹性、交叉弹性、派生弹性等。

（一）运输需求的价格弹性

1. 运输需求弹性表达式

运输需求的价格弹性反映运输需求量对价格变化的敏感程度。其表达式为：

$$E_P = \frac{\Delta Q_d / Q_d}{\Delta P / P} \tag{2-1}$$

式中　E_P——运输需求价格弹性；

Q_d——运输需求量；

P——运输价格；

ΔQ_d——运输需求量的变化量；

ΔP——运输价格的变化量。

值得注意的是，在同一条运输需求曲线上，不同点的价格弹性是不同的。一般运输需求量变化与运价变化成反比，价格弹性计算结果为负值，实际往往取其绝对值。运输需求弹性一般有以下五种情况：

（1）$E_P>1$ 表示运输需求富有弹性，需求量变动幅度大于价格变动幅度。

（2）$E_P<1$ 表示运输需求缺乏弹性，需求量变动幅度小于价格变动幅度。

（3）$E_P=1$ 表示运输需求是单位弹性，说明需求量变动幅度与价格变动幅度相同。

（4）$E_P=0$ 表示运输需求无弹性，在图上表现为一条竖直的直线，表示价格无论如何变化，需求量都不变。

（5）$E_P=\infty$ 表示运输需求完全富有弹性，在图上表现为一条水平的直线，表示对于某一价格水平，有无数个需要求量与之对应。价格的微小变动都将引起需求量极大的变化。

【例 2-1】 已知运输需求函数为 $Q_d=500-100P$，计算价格 2~4 元的需求价格弧弹性。

【解】 由已知得，

$$P_1=2,\ Q_1=500-200=300;\ P_2=4,\ Q_2=100$$

$$E_P=(-\Delta Q/\Delta P)(P_1/Q_1)=(200/2)\times(2/300)$$

$$=2/3$$

2. 影响因素

影响运输需求价格弹性的因素主要有：

（1）运输需求的可替代性。如果运输服务的替代性越大，当价格变动时，消费者更容易去消费替代品，因而弹性越大；反之替代性越弱，弹性越小。

（2）货物的价值。一般情况下，当运输价格发生变化时，高价值货物运输需求弹性较小，而低价货物的反应会更加敏感，运输需求的价格弹性较大。

（3）货物运量的大小。一般来说，货物运输量大，其运输需求弹性较小；反之，则运输需求弹性较大。

（4）市场的供求关系。如果运输市场供给大于需求，货主对于运输企业、运输方式、运输路线的选择范围就会变大，运输需求量变化相对于运输价格的变化更加明显，所以运输需求的价格弹性大；反之，则运输需求的价格弹性较小。

【提示】 货物的性质也会影响运输需求弹性，比如，时效性强的货物可选择的运输方式容易受到限制，对价格变动的敏感性要弱一些，因而弹性会小一些。以上价格弹性的影响因素也可以作为其他需求弹性因素分析的参考。

（二）运输需求的服务弹性

由于运输业市场是典型的服务性市场，所以运输需求服务弹性分析也具有重要意义。运输需求的服务弹性反映运输需求量对服务水平变化的敏感程度。其表达式为：

$$E_s=\frac{\Delta Q_d/Q_d}{\Delta S/S} \tag{2-2}$$

式中 E_s——运输需求服务弹性；

Q_d——运输需求量；

S——运输服务水平；

ΔQ_d——运输需求量的变化量；

ΔS——运输服务水平的变化量。

运输需求服务弹性表明，运输服务的水平直接影响企业运输需求量。一般在不考虑其他因素情况下，运输需求量变化与服务水平变化成正比，即服务弹性计算结果往往是正值。

（三）运输需求的交叉弹性

在实际的运输活动中，汽车运输的运价下降，会引起中短途铁路运输需求量的减少，这种情况就需要用到交叉弹性分析。交叉弹性反映一种运输方式、一条运输路线和一家运输企业的运输价格变化引起另一种运输方式、另一条运输路线或另一家运输企业的运输量变化的程度。其表达式为：

$$E_{dxy} = \frac{\Delta Q_x / Q_x}{\Delta P_y / P_y} \tag{2-3}$$

式中　E_{dxy}——运输需求交叉弹性；

Q_x——另一种被替代的运输服务 X 的需求量；

ΔQ_x——另一种被替代的运输服务 X 需求量的变化量；

ΔP_y——一种可替代的运输服务 Y 的价格；

ΔP_y——一种可替代的运输服务 Y 的价格变化量。

运输需求的交叉弹性一般有以下三种情况：

（1）$E_{dxy}>0$ 表示运输服务 X 的价格变动会引起运输服务 Y 的需求同方向变动，说明两种运输服务具有可替代性。

（2）$E_{dxy}<0$ 表示运输服务 X 的价格变动会引起运输服务 Y 的需求反方向变动，说明两种运输服务存在互补性。

（3）$E_{dxy}=0$ 表示运输服务 X 的价格变动对运输服务 Y 的需求没有影响，说明两种运输服务互相独立、互不相关。

（四）运输需求的派生弹性

运输需求派生弹性用来分析运输需求随其本源需求的变化而变化的灵敏程度。运输需求派生弹性分为运输需求生产派生弹性和运输需求商品派生弹性。

运输需求生产派生弹性是指运输需求量对工农业生产水平变化的反应程度，主要应用于宏观运输经济分析。运输需求商品派生弹性是指运输需求量对商品需求变化的反应程度，主要应用于微观运输经济分析，用弹性系数表示为：

$$E_C = \frac{\Delta Q}{\Delta C} \times \frac{C}{Q} \tag{2-4}$$

式中　E_C——运输需求交叉弹性；

Q——商品运输需求量；

ΔQ——商品运输需求量的变化量；

C——商品需求量；

ΔC——商品需求量的变化量。

通过商品派生需求弹性的计算和分析，可以比较不同商品对运费的负担能力，也可以分析运输量相对于商品需求量增大或减小的原因。例如，如果 E_C 是正数，可能商品的需求量转化为企业货运的需求量，如果大于 1，说明自己还增加了其他商品的货运量；反之，如果小于 1，说明增加的商品需求量没有形成本企业的货运量，流失了客户。如果是负数，说明自己的货运量反向减少，不但增加的商品需求量没有抓住，反而流失了原来的货运量。

四、物流运输需求预测的方法

物流运输需求预测的方法很多，可以归结为定性预测和定量预测两大类。针对相同的预测对象，采取不同的方法预测，其结果可能会有所不同。因此，在进行运量预测时要根据不同预测对象的特性，灵活运用各种预测方法。

（一）定性预测方法

1. 经验判断法

经验判断法也称为主观估计预测法，是指以一部分熟悉业务、具有经验和综合分析能力的人所做出的判断为基础来进行预测的一种方法。该方法具有程序比较简单、省时省力的优点。经验判断预测的方法也有很多，最常用的有经理人员判断法、专家意见法等。

2. 运输市场调查法

运输市场调查法是指通过一定的方法征求购买运输产品的顾客的意见，了解顾客的购买意向和心理动机，从而对运输需求情况进行收集、记录整理和分析，在此基础上进行运量预测的方法。运输市场调查法一般采用抽样调查，既可以利用口头询问方式，也可以利用书面询问方式。市场调查法在使用时也会受到许多限制，其费用通常比较高。调查的顾客越多，所花的时间与费用也就越多。而且，在许多情况下，不少顾客不愿意暴露自己的购买意向，如果不给予充分合作，或者调查对象没有足够的能力清楚准确地表达自己的意愿，预测结果的可靠性就会受到较大影响。

（二）定量预测方法

常用的定量预测方法主要有基于时间序列的预测方法和基于影响因素的预测方法。

1. 基于时间序列的预测方法

时间序列预测方法的基本依据是：在一定时间内，经济发展规律的延续性往往使运量预测对象的变化呈现很强的趋势性，因此可以根据预测对象的历史态势推测未来的发展趋势。这类方法的优点是需要的数据信息量较小，预测方法简便易行，只要在所研究的时间序列上预测对象没有大的波动，则预测效果较好。缺点是以时间作为综合因素，无法反映预测对象的实际影响因素，尤其是经济政策和发展速度调整等外部因素变化所引起的运输需求变化，更是无从反映。运用时间序列方法进行预测的关键是预测期内的预测变量变化趋势的识别与拟合，常用的方法有移动平均法、指数平滑法和自回归分析法等。下面重点介绍移动平均法。

移动平均法是以假定预测值同预测期相邻的若干观察期数据有密切关系为基础，将观察期的数据由远而近按一定跨越期进行平均，随着观察期的推移，按既定跨越期的观察期数据也向前移动，逐一求得移动平均值，并以最接近预测期的移动平均值作为确定预测值的依据。移动平均法常用的方法包括：

（1）一次移动平均法。一次移动平均法中的移动平均值计算公式为：

$$M_t^{[1]}=\frac{x_t+x_{t-1}+x_{t-2}+\cdots+x_{t-n+1}}{n}\quad(t>n)\tag{2-5}$$

式中 $M_t^{[1]}$——第 t 期的一次移动平均值；

x_t——t 期的实际发生值；

n——移动平均期数，即每次移动平均所包含的实际发生值的个数。

应用一次移动平均法进行预测，本期的移动平均值就是下一期的预测值，即：

$$F_{t+1} = M_t^{[1]} \tag{2-6}$$

（2）二次移动平均法。二次移动平均法是在一次移动平均的基础上再进行一次移动平均，二次移动平均值的计算公式为：

$$M_t^{[2]} = \frac{M_t^{[1]} + M_{t-1}^{[1]} + M_{t-2}^{[1]} + \cdots + M_{t-n+1}^{[1]}}{n} \quad (t > n) \tag{2-7}$$

式中 $M_t^{[2]}$——第 t 期的二次移动平均值。

使用二次移动平均法进行预测，主要是找出预测对象的线性趋势。因此，需要根据移动平均值找出线性趋势预测方程。该方程的表达式为：

$$F_{t+T} = a_t + b_t T \tag{2-8}$$

式中 F_{t+T}——第 $t+T$ 期的预测值；

T——距离第 t 期的期数；

a_t，b_t——预测模型系数，其计算公式为：

$$a_t = 2M_t^{[1]} - M_t^{[2]} \tag{2-9}$$

$$b_t = \frac{2}{n-1}(M_t^{[1]} - M_t^{[2]}) \tag{2-10}$$

根据一次和二次移动平均值求出 a_t 和 b_t，之后就可利用所建立的方程进行预测。

小贴士

移动平均法借助移动平均值来修正序列数据的不规则变动，以反映长期变动的趋势，可以消除历史资料中随机因素的影响。采用移动平均法进行预测时，移动平均期数 n 的选择将影响到预测结果的精度，如果 n 取得大，移动平均值对数列起伏变动的敏感性差，反映新水平的时间化预测值容易滞后于未来的发展趋势；如果 n 取得小，其灵敏度高，但对随机因素反应灵敏，也容易导致预测失误。一般情况下，当历史资料较多时，n 可以取大些；当时间序列有明显的周期性波动时，n 应与其周期一致，以消除周期性波动的影响。（通常 n 取 2~12。）

2. 基于影响因素的预测方法

基于影响因素预测方法的基本出发点是经济变量间的相互依存性，通过对历史数据的详细分析，揭示出预测对象与相关经济变量之间的数量关系，据此预测对象的未来值。这类方法对数据信息充分完备的未来值的选择带有预测性，因而影响预测的准确性。

常用的方法有直接归纳法、递增率法、乘车系数法、产值系数法、产运系数法、产销平衡法、比重法、弹性系数法、回归预测法等。下面着重介绍回归预测法。

回归预测法是通过找出预测对象和影响预测对象的各种因素之间的统计规律性，建立相应的回归方程进行预测的方法。回归预测法能具体分析预测对象的主要影响因素，并能对模型的合理性和预测的可信度进行统计检验，是比较科学的预测方法。但是，回归预测法需要的历史和现实资料比较多，资料的获取比较困难。同时，回归预测法反映预测对象与相关因素的关系仍是静态的。回归预测法按影响因素的多少分为一元回归和多元回归，按回归方程性质的不同分为：

（1）一元线性回归。如果影响预测对象的主要因素只有一个，并且这个因素对预测对象的影响为线性关系时，可建立如下回归模型：

$$\hat{y}_i = a + bx_i \tag{2-11}$$

式中　$\hat{y}_i$——第 i 期的预测值；

x_i——影响因素在第 i 期的值；

a，b——回归系数。

根据最小二乘法，a 和 b 的计算公式为：

$$a = \bar{y} - b\bar{x} \tag{2-12}$$

$$b = \frac{\sum_{i=1}^{n} x_i y_i - \bar{x}\sum_{i=1}^{n} y_i}{\sum_{i=1}^{n} x_i^2 - \bar{x}\sum_{i=1}^{n} y_i} \tag{2-13}$$

式中　y_i——第 i 期的实际值。

$\bar{y}$ 和 $\bar{x}$ 可按如下公式计算：

$$\bar{y} = \frac{1}{n}\sum_{i=1}^{n} y_i \tag{2-14}$$

$$\bar{x} = \frac{1}{n}\sum_{i=1}^{n} x_i \tag{2-15}$$

根据历史数据建立一元线性回归模型后，还需要对所建立的模型进行检验。模型的合理性和影响因素对预测对象 y 的影响的显著性，可分别用相关系数 r 及可决系数来进行检验。r 表示 x 与 y 之间线性相关的密切程度。其计算公式为：

$$r = \frac{\sum_{i=1}^{n} (x_i - \bar{x})(y_i - \bar{y})}{\sqrt{\sum_{i=1}^{n} (x_i - \bar{x})(y_i - \bar{y})^2}} \tag{2-16}$$

当 $|r| \to 1$ 时，说明影响因素 x 与预测对象 y 之间具有较明显的线性关系，可用一元线性回归法进行预测。当 $|r_2| \to 1$ 时，说明 x 对 y 的影响显著，可选用 x 作为自变量。回归标准差 S 的计算公式为：

$$S = \sqrt{\frac{\sum_{i=1}^{n} (y_i - \hat{y}_i)^2}{n-k}} \tag{2-17}$$

式中，$n-k$ 为自由度。回归标准差的大小，可以用回归标准差与 y 的平均值的商来判定，即用 $\frac{S}{y}$ 来判定，其值一般小于 10%~15%。

（2）二元线性回归。如果影响预测对象 y 发展变化的主要因素不是只有一个，而是有两个，即 x_1 和 x_2。如果这两个影响因素同时对预测对象起作用，都是线性相关的关系，就可利用二元线性回归来进行预测。其回归模型为：

$$\hat{y} = a + b_1x_1 + b_2x_2 \tag{2-18}$$

利用最小二乘法可以求得 3 个标准方程式，以确定待定系数 a、b_1 和 b_2 的值。其标准方程式分别为：

$$\sum y = na + b_1\sum x_1 + b_2\sum x_2 \tag{2-19}$$

$$\sum yx_1 = a\sum x_1 + b_1\sum x_1^2 + b_2\sum x_1x_2 \tag{2-20}$$

$$\sum yx_2 = a\sum x_2 + b_2\sum x_2^2 + b_1\sum x_1x_2 \tag{2-21}$$

解方程组，可求出 a、b_1 和 b_2 的值，这样就可利用回归模型进行预测。

第三节　物流运输市场供给

一、物流运输供给的含义与特点

（一）物流运输供给的含义

物流运输供给是指在一定时期内和一定价格下，运输的提供者愿意并且能够提供的运输服务的数量。运输市场供给有两个需要同时具备的条件：一是供给者具有出售这种运输产品的愿望；二是供给者必须有提供运输产品的能力。

运输供给从范围上可分为个别供给、局部供给和总供给三种。个别供给是指特定的运输生产者所能提供的运输产品或服务；局部供给是指某个地区的运输生产者所能提供的运输产品或服务，或者是某种运输方式所能提供的运输产品或服务；总供给是从全社会、整个国民经济角度来考察的运输供给，它是千千万万个运输生产者从不同角度、不同地区、不同运输方式所提供的个别供给和局部供给的总和。

一家运输公司向当地提供运输服务，会涉及多方面的内容，包括：

（1）运输供给能力。

（2）运输方式。

（3）运输布局，即运输基础设施在空间的分布、运输工具和设备的配备状况。

（4）运输经济管理体制，包括为指导运输业发展而建立的运输所有制结构、运输企业制度、运输资源配置方式，以及相应的宏观调节机构、政策和法规等。

任何一种运输供给都是这几个方面相互衔接与配合、共同作用的结果。

（二）物流运输供给的特点

物流运输供给有以下特点：

（1）不可贮藏性。运输业不能采取产品贮备的形式，只能采取运输能力贮备的形式来适应运输市场变化。这就需要超前投资运输设施和设备，容易让运输业面临因市场供过于求而产生风险的局面。

（2）整体性。由于运输供给涉及许多方面，所以任何一种运输供给都需要运输设施与设备、运输网络的衔接与配合，甚至包括公路、铁路、水运、航空线路等运输线路与车站、港口、机场等节点的统一规划和协作。

（3）不平衡性。除了运输需求不平衡性带来的时间、空间上供给的波动性之外，运输供给的不平衡性还表现在运输方向上。例如，矿区矿石的外运需求非常大，而矿区生产及生活资料的反向运输需求相对很小；同时，因运输车辆的特殊性致使回程运输需求几乎为零，这都使得运输供给出现不平衡。这种不平衡使得运力浪费，运输成本上升。

（4）公共性。一般来说，道路、铁路、车站、机场等基础设施都是社会基础设施的一部分，并且也是为整个国家和地区服务的。因此，作为一项公共事业，运输的基础设施大多是由政府投资并为大众服务的。

（5）部分可替代性。在一定条件的限制下，不同运输方式可以相互替代。

（6）巨大的外部性。运输对于政治、经济、社会和军事等都具有重要意义，这些是运输供给带来的正外部性。与此同时，大气污染、水和土地污染，以及交通拥挤、安全问题等给运输供给带来负外部性。

【提示】与物流运输需求类似，物流运输供给也会受到来自政治、法律政策、经济、价格、科学技术等各方面因素的影响。值得注意的一点，在价格方面，运输供给与运输需求恰恰相反。一般运输价格上升，运输供给量就会相应增加，反之则减少。这种情况也被称为运输供给定理。

二、运输供给弹性分析

（一）运输供给价格弹性表达式

供给价格弹性与需求的价格弹性相对称，反映某一运输供给对于运价变化的敏感程度，其表达式为：

$$E_s = \frac{\Delta Q_s / Q_s}{\Delta P / P} \tag{2-22}$$

式中　E_s——运输供给弹性；

Q_s——运输供给量；

P——运输价格；

ΔQ_s——运输供给量的变化量；

ΔP——运价的变化量。

根据式（2-22），运输供给的价格弹性为正值。值得注意的是，同一条运输供给曲线上不同点的价格弹性是不同的。运输供给价格弹性一般有以下五种情况：

（1）$E_s>1$ 表示运输供给曲线富于弹性。

（2）$E_s<1$ 表示运输供给曲线缺乏弹性。

（3）$E_s=1$ 表示运输供给是单位弹性。

（4）$E_s=0$ 表示运输供给无弹性。在图像上表现为一条垂直的供给曲线，表示无论价格如何变动，供给量都保持不变。

（5）$E_s=\infty$ 表示运输供给完全富于弹性。在图像上表现为一条水平的供给曲线，表示对于某一给定的价格，供给者愿意提供任意数量的产品或服务。而只要价格稍有变化（使变化量是无穷小)，供给量也会骤降至零。

【例 2-2】 已知某产品的需求函数为 $Q_d=60-2P$，供给函数为 $Q_s=-30+3P$。求均衡点的需求弹性和供给弹性。

【解】 由供求均衡条件 $Q_d=Q_s$ 可知，$60-2P=-30+3P$

解出均衡点，得 $P=18$

代入 $Q_d=Q_s=24$

根据需求点弹性定义得出

$$E_d=P/Q_d\cdot dQ_d/dP=18/24\times(-2)=-3/2$$

同理，根据供给点弹性定义得出

$$E_s=P/Q_s\cdot dQ_s/dP=18/24\times 3=9/4$$

(二) 运输供给价格弹性的影响因素

运输供给价格弹性的影响因素包括：

(1) 运输供给的各要素适应运输需求范围大小。如果运输设施、运输工具，以及劳动力等要素适应运输需求的范围大，则供给弹性大，反之供给弹性就小。例如，对于某一运输市场来说，普通货车适运货物范围广，便于灵活调配，供给价格弹性大；而冷藏车专用性强，难以在不同运输市场间转移，因此供给价格弹性较小。

(2) 运力调整的难易程度。通常情况下，若能够较快增加或减少运力的运输方式，其供给价格弹性较大；反之，若难以增加或减少运力的运输方式，对价格变动的反应不敏感，其供给价格弹性较小。例如，定期船市场和不定期船市场相比，定期船市场难以调整运力，供给价格弹性较小；后者较为灵活，供给价格弹性较大。

(3) 运输成本增加幅度的大小。一般情况下，如果一种运输供给增加使得运输成本增加较多，则其供给价格弹性较小，反之供给价格弹性较大。例如，利用超载增加运力和购置新车增加运力比较，如果前者因支付罚款等费用增加运输成本小于后者增加的成本，那么运输者会更多地选择前者，所以前者供给价格弹性较大，而后者则供给价格弹性较小。

(三) 运输供给的交叉价格弹性

运输供给交叉价格弹性反映某种运输服务价格的变动引起的另一种运输服务供给变动的程度，其表达式为：

$$E_{sxy}=\frac{\Delta Q_x/Q_x}{\Delta P_y/P_y} \tag{2-23}$$

式中 E_{sxy}——运输供给交叉弹性；

Q_x——另一种被替代的运输服务 X 的供给量；

ΔQ_x——另一种被替代的运输服务 X 供给量的变化量；

P_y——一种可替代的运输服务 Y 的价格；

ΔP_y——一种可替代的运输服务 Y 的价格变化量。

一般地，运输供给交叉价格弹性与需求交叉价格弹性符号相反。$E_{sxy}>0$，表示运输供给具有可替代性；$E_{sxy}<0$，表示两种运输供给存在互补性；$E_{sxy}=0$，表示两种运输供给互相独立。

三、物流运输供给与需求之间的关系

从整体来说，物流运输市场供给和需求是相互依存、互为前提的。一方面，运输需求引起运输供给。一个地区制造业发达，有大量的原材料和产品等货物需要运输，必然会吸引众多运输企业与制造企业合作以提供运输服务。同时，运输需求的增加会刺激更多的资金投入到运输行业，使之增加更多的基础设施和设备，吸收更多的劳动力，从而促使运输供给量增加。另一方面，运输供给满足运输需求。运输企业通过提供运输服务，可以将工商企业的产品运送到指定地点。同时，随着整个社会运输工具的技术水平提高和数量增加，某一地区运输能力增加，会吸引更多的货物在本地区集散，增加更多的运输需求。所以，在一个完全竞争的市场中，运输供给和需求的变化一般情况下是同向变化的。

从运输需求与供给状况来看，与一般的商品市场类似，物流运输需求与供给仍然存在供大于求和供小于求的现象。运输市场管理政策的存在，能约束运输参与者的行为，有利于运输需求和供给之间的关系趋于动态平衡。我国现行的运输政策可分为法律类运输政策和行政类运输政策两大类。法律类运输政策主要包括公路运输法、水路运输法、铁路运输法、航空运输法、货运代理法和其他法律；行政类运输政策表现为有关运输的各种“意见”“通知”“规划”等，主要包括支持性政策、管制政策和协调政策三个方面。

小思考

(1) 某运输市场需求函数为 $Q_d=500-50P$，供给函数为 $Q_s=-25+25P$，通过计算说明市场均衡价格、均衡产量，以及均衡时的需求价格弹性和供给价格弹性。

(2) 在其他因素影响忽略的情况下，试比较下列不同运输需求价格弹性：

1) 运送800吨水泥与运送10吨洗衣粉；

2) 运送儿童服装与运送体积相同的笔记本电脑。

(3) 经测算，Y运输企业第三季度运输某商品0.4万吨，第四季度是0.45万吨，而当地几家主要商家签订合同购买该商品的量，第三季度是1万吨，第四季度是1.2万吨。计算该企业运输需求的商品派生弹性，并说明此结果对该企业意味着什么。

第四节 物流运输市场定价

一、运输价格的含义与特点

运输价格是指运输产品的价格，即运输产品价值的货币表现，一般简称为运价。运输价格由运输成本和运输盈利（利润和税金）两部分组成。其中，税金是国家财政收入的主要形式和来源，是运输经营者为社会创造的那一部分剩余价值；利润是运输经营者为自己所创造的那一部分价值。在运价和税金一定的条件下，运输成本越低，所获得的利润就越高。运输价格具有以下特点：

(1) 计算单位的复合性。运输价格以货物重量和运输距离结合计算，是一个复合单位。在价格上以元/(吨·千米) 为计价单位。运输价格会随运输距离的变化而存在差距，

不仅运费总额随运距延长而增加，而且在一定距离范围内，不同运距每吨千米的运价单位也不相同。

（2）价格形式的单一性。一般工农业产品都要经过生产和流通两个环节才能最终实现其价格。流通过程的不同造成价格形式的多样性，生产形成其生产者价格，流通到消费者手中形成其消费者价格。而运输产品却不能离开生产过程独立存在，生产和消费是同一过程，因此在大多数情况下，其生产者价格和消费者价格是统一的，运输价格只有消费者价格这一种形式。

（3）种类的多样性。运输价格虽然只有销售价格这一种形式，但种类繁多。比如同样运输，只要运输对象不同，就会发生不同运价。即使同一类运输对象，所采用的运输方式不同，也会发生不同的运价。如果运输对象和运输方式都相同，但运输距离不同，以不同的运价率计算，还会发生不同的运价。不同的运输对象与不同的运输方式及运输距离产生不同的组合，每一种组合都会发生一种运价，从而使运价种类繁多。

（4）价格的区域性。运输成本水平受自然条件的影响大，在不同的地形和气候条件下成本差异较大，必然使运输价格出现较大差异。由于运输产品的不可储存性，因此不同条件下的运输价格不能互相替代，比如，山区、高原的运输价格明显高于平原地区。各地区交通运输管理部门根据本地区的实际情况制定适合本地区的运输价格，致使运输价格具有强烈的区域性。

二、运输价格的形式

由于物资运输采用的运输工具、运输距离、货物品种等不同，货物运价可按不同的标准进行分类。

（一）按适用的范围划分

1. 普通运价

普通运价适用于一般货物的正常运输，是货物运价的基本形式。

2. 特定运价

特定运价是运价的一种辅助形式，以补充普通运价。它是指对某种货物、某种流向、某一相段线路规定的特殊运价。特定运价是根据运价政策考虑制定的，相比普通运价水平升高或降低一定的数量，或改用较低的、较高的运价标准，在某一时间内对某种货物以鼓励或限制。有时也可以单独制定特定运价。

3. 地方运价

地方运价适用于某地区、某一条线路的运价。

4. 国际联运运价

国际联运运价是国际联运出口、进口或过境货物的运价，国内区段按有关规定办理，过境运价根据国际间的有关规定办理。

（二）按货物发送批量、使用的容器划分

1. 整车（批）运价

整车运价是指按整车运送办理的货物所规定的运价，按整车运价号规定的运价率计算

费用。整批运价是指按规定满一定重量可作为一张运单、一批托运的，按整批运价计算。货物按实际重量计算在批吨位以下托运的零星货物，按零担运价号规定的运价率计算收费，货物按实际重量计算。

2. 集装箱运价

集装箱运价是指以集装箱运送货物规定的运价。

（三）按计算方式不同划分

1. 分段里程运价

分段里程运价是指把里程分为若干区段，在不同区段使用不同的运价。铁路和交通部直属运输企业的现行运价就采用这种计算方式。

2. 单一里程运价

单一里程运价是指每千米的运价率不变，在运输全程用一个单一的运价率。在这种情况下，运价的增加与运输距离成正比。

3. 航线里程运价

航线里程运价是指在同一航线上使用同一基本运价，航空运输的现行价就采用这种形式。

三、物流运输价格制定

（一）运输价格的制定依据

1. 运输成本和运输盈利

运输成本是制定运输价格的主要依据，也是制定运输价格的最低临界点。正常情况下，运输企业为能抵偿运输成本而不至于亏本并能扩大再生产，要求运输价格不低于运输成本。运输盈利是指合理的利润和税金，运输企业在制定运输价格时必须考虑盈利水平。

2. 运输产品的供求关系

供求关系是价值规律作用的一种表现，运输供求关系的变化必然会反映到运输价格上来。运输价格高低除取决于运输产品的价值外，还受到运输市场供求的影响。当需求大于供给时，运输价格上升；当需求小于供给时，运输价格下降。供求关系的变化导致运输价格的涨落，而运输价格的涨落也会反过来刺激供求的增减。

3. 运输市场类型

不同的运输市场类型会对运输价格产生不同的影响。运输市场在完全竞争的条件下，同类运输产品质量相同，价格也基本保持在同一水平线上，运输企业和货主都只能是运输价格的接受者；在垄断竞争的条件下，同类运输产品的经营者数量众多，争夺市场的竞争相当激烈，运输企业和货主变成了具有运价决策权的决策者；在寡头垄断的条件下，由一个或少数几个运输企业提供运输产品，运输价格是由几家大企业通过协议或某种默契规定的；在完全垄断的条件下，运输产品由唯一的经营者提供，运输价格不再由市场供求关系决定，运输企业有完全自由的定价权，甚至可以通过垄断价格，获得高额利润。

相关链接

中华人民共和国国家发改委、国家邮政局发布《关于放开部分邮政业务资费有关问题的通知》，将国内特快专递资费等竞争性包裹寄递资费，由政府定价改为实行市场调节价，2015 年 6 月 1 日起执行。邮政企业可以根据市场供求和竞争状况自主确定资费结构、资费标准和计费方式。实现直营制的 EMS 各省市分公司没有定价权，定价由总公司说了算，但为了应对民营快递公司灵活多变的定价变化，各级公司都有不同程度的优惠权，可以根据当地的情况有选择性地打折以保持市场份额。

4. 各种运输方式的竞争

运输消费者可以从安全性、及时性、经济性、服务质量等不同需要出发，在综合运输市场上，在相近的运输条件下，选择自己认为理想的运输方式。各种运输方式的经营者面临着这种选择的竞争，所以运输企业对运输价格的确定有了更为灵活的方式。例如，甲、乙两地之间的旅客运输，可供选择的运输方式有铁路和海运，而铁路硬席卧铺的舒适程度与海运三等舱位相仿，但由于运输速度前者快于后者，因此在一般情况下铁路票价会高于海运。若相反，则会造成铁路运输紧张而海运空闲，这时若海运因运输成本高而无法降价以争取客源，最终只能退出该航线的运输。

5. 国家经济政策

国家对运输业实行的税收政策、信贷政策、投资政策等均会直接或间接地影响运输价格水平。

（二）运输定价的理论

1. 运输价值决定论

运输价值决定论认为，货物运价的形成基础是运输价值，运输价值是凝结在运输服务中的无差别人类劳动，包括物化劳动和活劳动两部分。价值量就是劳动量，劳动量用社会必要劳动时间来表示。该理论认为运价应取决于运输劳务的价值，即运输价值决定运输价格。实际上，运输价值定价就是以全社会的平均生产成本（包括平均利润）为定价的基础，它主要为政府制定基准运价提供理论依据。显然，这是计划经济或实行运价控制条件时的定价依据。

2. 资源配置论

资源配置论认为，运输定价是一种资源配置的方法，不存在所谓的“正确的”价格，只有可以实现预期目标的优化定价策略。从企业角度看，往往要把追求以利润最大化的价格水平作为阶段目标，企业有时会追求以最大市场份额为目标的价格，有时会追求能保证最大销售收入所需的价格；但从全社会角度看，人们更多会要求制定使社会福利或消费者剩余最大化的定价方法，要求定价有利于宏观经济发展，有利于大多数人的利益，有利于社会安定和使用者安全等。资源配置论的理论依据是边际成本定价理论，即在充分竞争的市场中，采用边际成本定价可以达到资源的有效配置。这时，不仅企业能实现利润最大化，而且也能实现社会福利的最大化。正因为如此，边际成本定价理论是 1967 年以来英国公共企业定价的基础。

（三）货物运价的定价规则

相对于客运定价而言，货运定价更为复杂。由于货种、距离、批量以及运输条件的要求不同，因此各种运输方式均制定了简单易行、合理的有关货物运价的规定，如《铁路货物运价规则》《水路货物运输规则》《汽车货物运输规则》《中国民用航空货物国内运输规则》等，各个规则对运费的计算都做了具体规定。

1. 货物运价分号表

由于货物的种类繁多，运输条件和运输成本各不相同，不可能为每一种货物确定一个运价率。为了明确对各种货物应该收取的运费，对有相同性质、特点的货物进行分类，然后把运输条件、运输成本大致相同的划分为一级，构成货物运价分号表，铁路称运价号，水运称运价等级。

2. 货物运价率表

货物运价率是确定运价水平的关键，关系到运输企业的收入和发货单位运输费用的支出，影响到国家的积累和企业的利润。货物运价率是由运价基数、各运价号或等级间的增减比例，整车、零担、集装箱运价的比例等确定的。运价基数又称为基本运价率，是决定总体运价水平的基础。为了对不同运输距离、不同运输对象制定出不同的运价，首先要确定货物起码计算里程，起码计算里程是根据各种运输方式间运量的分配情况确定的。在运价基数、运价率的基础上，按照运输距离递增递减率求出各区段的递差率，再计算各运价号、各里程区段的每吨货物运价率，编制成货物运价率表。

3. 货物运价里程表

货物运价里程表是计算货物运费的重要依据，是说明运送距离的一组文件，即货物从发站至到站间的距离。铁路运价是按最短线路计算的，所以，铁路货物里程表中各站之间的距离是按最短线路的原则制定的。

案例分析

铁路运输定价特征与发展趋势

价格是市场经济的核心问题，市场通过价格机制可以优化资源配置。同时，铁路运价作为基础交通服务价格，又关乎广大民众的出行权和社会福利、关乎乘客的切身利益，为此需要制定合理的铁路运价体系，保障铁路运输的持续健康发展。我国铁路执行的是由发改委制定基价并报国务院批准的一套价格体系。由于铁路运价关乎国计民生，因此铁路运价制定和调整也引入了听证会制度。

一、运价补贴是通行做法

铁路运输的密度经济、范围经济及资产的专用性，决定了铁路运输具有自然垄断特征。在自然垄断下，运输服务由一个厂商提供比两个或多个厂商提供具有更低的成本。对于铁路运输供应方来说，按边际收益等于边际成本定价，可以实现利润最大化或短期亏损最小化，但并不会使社会效益最大化。由于铁路运输与人民群众生活关系密切，不能仅仅追求经济效益，还应注重社会效益，灵活的补贴和定价则可以实现社会效益的最大化。

对铁路客运进行补贴是维持铁路客运充分供给的有效方法，也是当今发达国家的通行做法。例如，美国铁路客运由 Amtrak 公司独家提供，美国政府对其进行补贴；法国将低等级客运看作是基本品，定低价并进行补贴，而将高等级铁路客运交由市场定价；德国则对区域客运进行政府指导价并提供补贴，长途客运则交由市场定价；印度、俄罗斯等国也对部分铁路客运提供补贴。

现阶段，我国政府并未对铁路客运明确提出补贴的原因为：一是过去一段时间我国铁路客运还不具备充分供给的能力，是一种短缺经济状态，铁路客运并未补贴，也未亏损；二是铁道部实际是以总公司身份来安排铁路运营和生产，在集团化公司框架下实现了交叉补贴。

交叉补贴具有一定的合理性。首先，交叉补贴使得统一运价具有可操作性。外围铁路运输成本高于中心区域，若以成本加成定价方法进行定价，则不同区域甚至不同线路的运价都是有差异的，如此繁复的价格形成机制不具有操作性。相比来说，在交叉补贴的前提下进行统一运价则要容易操作得多。其次，外围铁路低于平均成本定价造成对外围铁路的补贴，带动外围地区铁路网的建设和完善，对于促进外围区域市场交易、经济总量增加以及社会福利提升都有积极意义。

二、定价和补贴应体现灵活性

对铁路进行分类并有针对性地进行补贴和实施区别化的定价原则，有利于充分利用现有运输资源。

在我国现阶段，铁路货运仍以大宗货物为主要运输对象。这些物资基本是市场交易行为，应对其进行市场化定价。而客运，尤其是普速客运或小区域客运是一种基本品，对客运定低价可以保证基本社会福利的供给。货运按市场定价，客运定低价意味着在集团化运营模式框架内货运补贴客运模式的选择，这种模式具有充分的现实依据。从我国实际情形来看，适度提高发达区域、繁忙干线的货运价格并不会使实际货运运量减少，即货运的需求弹性小。而现阶段大量客专及高铁的建成和运营使铁路客运的实际运量需求弹性大，根据拉姆齐定价原则，需求弹性小的货运定高价，弹性大的客运定低价，可使社会福利纯损减少。

高速铁路建造成本远高于普速铁路，成本收回周期较长，造成我国高速铁路的巨额债务。同时，由于速度快、间隔时间短，其运能大约是普速铁路的 3~4 倍，空余的供给能力及巨大的固定成本投入，使得高速铁路运输服务的边际成本远低于平均成本，因此即使运价低于平均成本，只要高于边际成本即可回收部分成本。

高速铁路强大供给能力和可替代运输方式的激烈竞争都使客运买方市场特征显现。因此，高速铁路客运更宜采用差别定价、效率定价或营销运价策略。如在运输非高峰期，适度进行价格折扣，以达到增加运输收入、平稳运输供给的目的。实行效率定价还需考察不同季节甚至一周或一天的不同时段特定线路的旅客出行特征，根据客流的变化，有针对性地开发出能适应市场需求变化的运价动态调整体系，既可以充分利用现有运输资源，又增加高铁的价格竞争力。

三、铁路运价改革趋势

纵观世界铁路发展历史，铁路运价曾是规制最严格的领域，也是规制放松最晚的行业。随着汽车、民用航空技术的快速发展，特别是高速公路的大量铺开，运输市场可竞争特征逐渐显著。尤其是重化工业阶段在主要工业化国家逐渐淡出，铁路运输所具有的大批量、长距离运输优势与小批量、多样性、多元化、及时性的市场需求特征开始出现不适应征兆。发达国家先后实行了铁路民营化改革，改革的目的是创设激励机制，引入竞争因素，开发多元化经营，增强企业收益能力。从各国改革效果看，只是在一定程度上实现了上述目标，但铁路企业的资产更加清晰化，市场竞争意识更明确了。与民营化改制相伴的是运输价格规制的放松。

我国铁路运价规制严格，虽然货运价格经过了多次提价，但若要承担补贴客运以及负担每年约六七百亿元的铁路建设基金，则运价水平仍不够高，除非客运明确由政府来补贴。同时，铁路货运中存在基价外收费过多过滥的情形，反而使铁路货运价格竞争力下降。有必要整顿和规范铁路货运收费办法，做到货运价格水平既合理公平又明确公开。我国铁路客运目前仍执行的是1995年基准价格水平，虽然维持客运低价有助于社会福利改善，但过低的客运价格会使补贴负担加重和运输企业效益低下，职工收入水平得不到应有的提高。在运价规制放松的趋势下，铁路运价应更多采用反映需求特征的效率定价等市场定价方法，才能使铁路客、货运既有竞争力，又能保证一定的收益水平，促进铁路运输的可持续发展。

（资料来源：《光明日报》2012年11月27日）

案例思考题：

（1）铁路运输定价的依据有哪些？
（2）试简述铁路运输定价的发展趋势。

第三章　公路货物运输

GONGLU HUOWU YUNSHU

【学习目标】

（1）了解公路货物运输的分类；

（2）理解公路货物运输系统的组成，包括道路、车辆、场站等；

（3）掌握整车货物运输和零担货物运输的概念与特点；

（4）熟悉公路货物运输事故赔偿的规则。

引导案例

全球公路运输巨头：罗宾逊物流

罗宾逊全球货运有限公司成立至今已有100多年的历史。1997年，经过商业模式重构，从劳动密集型企业向技术密集型和资金密集型转变。凭借“轻资产”的模式，建立整合运输商的物流系统，发展成全球最大规模公路运输巨头，拥有全美最大的卡车运输网络。2020年第一季度，罗宾逊物流营业收入为38.05亿美元，同比上涨1.43%。

自有运输车辆以及物流设施较少，日常维护、管理等方面的成本较低。罗宾逊轻资产物流模式运作的核心，是其自建的连接客户和运输商的货运网络信息系统。客户将货运时间、数量发给平台，平台将客户需求组合发给货运企业；然后再将车辆信息、运输线路反馈给平台，平台再将物流解决方案发给客户。

罗宾逊的盈利来自差价。它向客户收取物流费，再付钱给运输商，赚取中间的差价。同样的路线，不同的运输商，所付的运费价格是不同的。罗宾逊设立质量控制部门，跟踪、记录运输商的服务质量，并用计分卡给他们评分，据此给予不同报价。传统的运输商，也愿意利用罗宾逊的系统。他们不想放弃对货车等资产的控制权，也没有能力在货运网络信息平台上投入大量的资本（罗宾逊的平台每年的维护费高达5000万美元），因此合作对双方都有利。生产企业，如瑞典著名的食品加工和包装企业“利乐公司”，利用该平台，可以得到最优化的运输路线和食品保鲜技术，大大节省了利乐对运输系统的资金投入。

罗宾逊也提供有保证的支付服务，主要是用于“整车运营商”与“运输商”之间的交易。整车运营商可以先将应付账存放在罗宾逊的结算系统。等到运输完成后，罗宾逊再将资金转给运输商，并收取手续费。罗宾逊还提供咨询服务，帮助客户设计方案，以节省时间及货运成本。这项服务可以让客户不用通过罗宾逊的系统，就可以直接联系运输商。

（资料来源：根据 http：//www. sohu. com/a/292344223_ 115035 改编）

讨论：罗宾逊物流是如何发展壮大的？

第一节 公路货物运输概述

一、公路货物运输的概念与功能

（一）公路运输的概念

公路运输是指在公共道路上借助一定的运载工具从事旅客或货物运输及其相关业务活动的总称。公路运输是一种机动灵活、简捷方便的运输方式，在短途货物集散运转上，比铁路、航空运输具有更大的优越性，尤其在实现“门到门”的运输中，其重要性更为显著。公路运输是现代运输的主要方式之一，同时也是构成陆上运输的两个基本运输方式之一。它在整个运输领域中占有重要的地位，并发挥着越来越重要的作用。

小贴士

人类的发展进步是从道路开始的。公路运输又称为道路运输，是人类交通发展史中陆路运输最初形成的原始运输方式。在现代交通运输中，公路运输在现代科技的支撑下日益成为发展速度最快、应用范围最广、承担运量最大、发展潜力最大、地位日趋重要的运输方式。

（二）公路货物运输的功能

1. 担负中、短途运输任务

公路运输在运距200千米以内或200千米左右范围运输时综合经济效益最佳。随着高速公路网络的逐步建立和完善，汽车运输从中短途运输逐步发展到短、中、长途运输并举的局面。短途运输，通常运距在50千米以内；中途运输运距为50~200千米。

2. 补充和衔接其他运输方式

其他运输方式一般依赖公路运输来完成两端的运输衔接任务——担负客货集散运输。公路运输既是五大运输体系中重要的组成部分，又是其他运输形式完成运输要求不可缺少的环节。特别是在物流业中，公路运输是实现供应链一体化不可缺少的环节，在综合运输体系中占据了基础性的地位。

3. 独立担负长途直达运输任务

当汽车运输的经济运距超过200千米时，或者其经济运距虽短，但基于国家或地区的政治与经济建设等方面需要，也常由汽车担负长途运输任务，如对边远地区或少数民族地区的长途运输，或因救灾工作的紧急需要而组织的长途运输以及公路超限货物的“门到门”长途直达运输等。

二、公路货物运输的种类

（一）按货物的营运方式划分

1. 整车运输

整车运输是指托运人托运的一批货物在3吨及其以上或虽不足3吨但其性质、体积、形状需要一辆3吨或3吨以上的汽车运输的货物运输，如需要大型汽车或挂车（核定载货吨在4吨及以上的）以及容罐车、冷藏车、保温车等车辆运输的货物运输。

2. 零担运输

零担运输是指托运人托运的一批货物不足3吨的汽车运输业务。其特点是非常适合商品流通中品种繁杂、量小批多、价值较高、时间紧迫、到达站点分散等特殊情况的运输。

3. 集装箱运输

集装箱运输是指将适箱货物装入标准化集装箱，利用汽车进行的货物运输。在我国又把公路集装箱运输分为国内集装箱运输及国际集装箱运输。

4. 包车运输

包车运输是指应托运人的要求，经双方协议，把车辆包给托运人安排使用，并按时间或里程计算运费的业务。

（二）按货物性质及对运输条件的要求划分

1. 普通货物运输

普通货物运输是指通过道路、主要运用汽车运送普通货物的运输。被运输的货物本身的性质普通，在运输、装卸、保管中无特殊要求。

普通货物分为三等：一等普通货物主要是砂、石、渣、土等；二等普通货物主要是日用百货；三等普通货物主要是蔬菜、农产品、水产品等。普通货物在运输、装卸、保管过程中，除一等普通货物要注意防止扬洒外，其他均无特殊要求。

2. 特种货物运输

特种货物运输是指在运输过程中对货物需采取特殊防护措施，才能确保运输安全的货物的运输。特种货物运输又可分为：长、大、笨重货物运输，危险货物运输，贵重货物运输和鲜活易腐货物运输。各类货物运输都有不同的要求和不同的运输方法。

（三）按托运的货物是否保险或保价划分

货物保价运输是按保价货物办理承托运手续，在发生货物赔偿时，按托运人声明的价格及货物损坏程度予以赔偿的货物运输。托运人一张运单托运的货物只能选择保价或不保价。托运人选择货物保价运输时，申报的货物价值不得超过货物本身的实际价值；保价运输为全程保价。分程运输或多个承运人承担运输，保价费由第一程承运人（货运代办人）与后程承运人协商，并在运输合同中注明。

（四）按货物运送速度划分

一般货物的运输即普通速度运输或称慢运。

快件货物的运送速度从货物受理当日的15点起算，运距在300千米内24小时运达，运距在1000千米内48小时运达，运距在2000千米内72小时运达。

特快专运是指按托运人的要求在约定时间内运达。

相关链接

> 公路货物运输的特点包括：
> （1）可以实现“门到门”的直达运输；
> （2）有较快的运送速度；
> （3）机动灵活，适应性强；
> （4）原始投资少，经营简单；
> （5）技术经济性能高，货损货差小；
> （6）载运量小，单位运输成本高；
> （7）安全性较低，对环境污染大。

三、公路货物运输的发展趋势

近年来，我国交通基础设施和运输装备不断改善，为公路运输市场的快速发展创造有利条件。目前，我国公路运输行业正处于快速发展的成长期，在国民经济运行和增长中发挥着日益重要的作用。未来几年，我国公路运输的发展趋势主要表现在以下几个方面。

（一）公路运输需求将继续保持快速增长

近 20 多年来，我国公路基础设施建设迅速发展，公路运输能力大大提高，在国民经济增长和人民生活水平提高方面发挥着越来越重要的作用。但与日益增长的运输需求相比，公路运输仍存在着有效供给不足的问题。随着我国经济的进一步发展，公路运输需求将继续保持快速增长。在公路货运中大宗货物、初级产品所占的份额呈下降趋势，对运输服务质量和服务水平的要求日益提高。

（二）智能运输系统是未来公路运输的发展方向

智能运输系统简称 ITS，是将先进的信息技术、数据通信传输技术、电子控制技术及计算机处理技术等综合运用于整个地面运输管理体系，使人、车、路及环境密切配合、和谐统一，使汽车运行智能化，从而建立一种在大范围内，全方位发挥作用的实时、准确、高效的公路运输综合管理系统。

智能运输系统可提高公路交通安全水平，减少交通堵塞，提高公路网的通行能力，降低汽车运输对环境的污染，提高汽车运输生产率和经济效益。随着智能运输系统技术的发展，电子技术、信息技术、通信技术和系统工程等高科技在公路运输领域将得到广泛应用，物流运输信息管理、运输工具控制技术、运输安全技术等均将产生巨大的效用，从而大幅度提高公路网络的通行能力。

（三）公路运输将与现代物流日益融合

物流业作为一种新的经济运行方式，已成为国民经济的重要服务部门之一。由第三方物流企业组成的新的物流服务行业，是我国经济发展新的生产力。随着公路运输需求水平的逐步提高，公路货运中小批量、多品种、高价值的货物越来越多，在运输的时间性和服务质量方面的要求越来越高。因此，公路运输企业必须提高自身的物流服务水平，以满足日益提高的客户服务的要求。公路运输加速向现代物流发展和融合，不仅是为了面对现有的国内市场的需求，同时更是为了应对经济全球化潮流。在此背景下，近年来一些大型公路运输企业的物流意识迅速增强，一些先进的企业已开始从单纯的客货运公司发展成为能够提供多种物流服务的现代物流公司。

（四）公路货运向快速、长途、重载方向发展

随着区域经济的发展以及公路基础设施和车辆的不断改进，中长距离公路运输需求增加，公路货运向快速、长途、重载方向发展。大吨位、重型专用运输车因高速安全、单位运输成本低而成为我国未来公路运输车辆的主力。专用车产品向重型化、专用功能强、技术含量高的方向发展。厢式运输车、罐式运输车、半挂汽车列车、集装箱专用运输车、大

吨位柴油车及危险品、鲜活、冷藏等专用运输车辆将围绕提高运输效率、降低能耗、确保运输安全大目标发展。

（五）大吨位公路运输将得到加强

近年来，货运呈现向大型化和小型化两端发展、中型车比重下降的趋势。大型车一般是指载重 8 吨以上的重型汽车，小型车一般是指载重 2 吨以下的汽车。大宗货物运输需要大吨位货车，而短途小批量货物运输则需要大量小吨位货车。合理调整车辆构成，提高汽车载重量，是货运企业提高车辆运输效率的有效途径。

在运距大于 120 千米的情况下，载重量为 16 吨以上的汽车与载重量为 4 吨的汽车相比，运输效率提高了 3~4 倍，运输成本可下降 80%~85%，随着运距的增加，大吨位汽车的优越性更加明显。英国研究资料表明，载货汽车总重由 24 吨增加到 32 吨时，在运量不变的情况下，由于运输效率提高，现有车辆数可减少 7%~13%，公路运输也正朝着这个方向发展。

（六）专用运输汽车迅速发展

在公路车辆方面，营运客车重点发展适应高速公路和干线长途运输需要的高速、安全、经济、舒适在大型高档客车、卧铺客车及适合农村使用的普通轻型客车和其他专用客车；营运货车大力发展重型车、汽车列车和轻型车，使重型车和汽车列车迅速成为干线长途运输和大宗货物的主力车型，并努力提高柴油车的比重；同时，重视各种专用车和特种变形车的研制、生产和使用，从而提高运输质量和效益。

高等级公路的发展给汽车运输带来广阔的发展前景，特别是专用车辆朝着大型化、专用化方向发展，如汽车列车、集装箱运输车、大型厢式汽车、大型罐式汽车、大型冷藏汽车、轿车运输等。由于专用车辆具有一些普通型汽车不能比拟的功能，近年来，世界各国都大力发展专用车辆，致力于专用车辆的研究，以扩大汽车使用范围。据统计，美国专用汽车的产量占汽车产量的 58%，专用汽车占中型汽车保有量的 2/3 以上；日本专用车辆的保有量占中型货车的 50%以上；德国对专用车辆的需求量也越来越大，不仅生产工业、农业、林业、食品、市政等专用车辆，还生产宅式汽车、野外生活豪华型专用客车。目前，专用车占整个货车保有量的 70%以上。

综上所述，专用车辆是汽车运输发展的产物，与普通型汽车相比，具有充分发挥汽车运输效率、降低运输成本、缩短装卸货物时间、减少劳动消耗和货物损失，特别是能保持货物的质量和使用价值，有利于各类货物运输的优点。目前我国专用汽车的年产量约占载货汽车总产量的 15%，虽然与发达国家差距还很大，但已成为我国汽车工业不可缺少的重要组成部分。

（七）广泛开展拖挂运输

汽车拖挂运输可以提高载重量、节约燃料、降低成本，已经被广泛采用。汽车列车有两种结构形式，即载货汽车带全挂车和鞍式牵引带半挂车。这两种形式在国外都得到广泛使用，但半挂汽车列车较为普遍，这是因为半挂列车的经济效益较好。德国对总重 38 吨的两种列车所作的对比表明，半挂列车的油耗比全挂列车低 13%，运输成本低 35%。近年来，汽车列车不断向大吨位发展，目前，一车一挂汽车列车总重为32~42吨，一车二挂或三挂以上的汽车列车总重达60吨以上。

四、公路货物运输系统的组成

公路货物运输系统主要由道路、车辆和节点三部分组成。

（一）公路货物运输的道路

1. 道路

道路是供各种车辆（无轨）和行人等通行的工程设施。按其使用特点分为公路、城市道路、林区道路、厂矿道路及乡村道路等。公路是指连接城市、乡村和工矿基地等，主要供汽车行驶且具备一定技术条件和设施的道路。公路是一种线形工程构造物，主要由路基、路面、桥梁、隧道、涵洞等基本构造物和其他辅助构造物及设施组成。

2. 公路的类型

（1）按交通量划分。公路根据使用任务、功能和适应的交通量分为高速公路、一级公路、二级公路、三级公路、四级公路五个等级。公路上设有交通标志、路面标线和路标、交通信号等交通控制设备。其具体等级划分标准见表3-1。

表3-1 公路等级

公路等级	公路使用任务、性质或意义	AADT/辆·天$^{-1}$	标准车
高速公路	一般设计为四车道以上，具有特别重要的政治和经济意义，专供汽车分向、分车道高速行驶，并全部控制出入的干线公路	≥25000	小客车
一级公路	一般设计为四车道，连接重要政治、经济中心，通往重点工矿区、港口、航空港，专供汽车分道行驶，并根据需要控制出入的公路	15000~30000	小客车
二级公路	一般设计为二车道，连接政治、经济中心或大型工矿区、港口、机场等地专供汽车行驶的公路，或运输任务繁忙的城郊公路	3000~75000	中型货车
三级公路	一般设计为二车道，是沟通县以上城市的一般干线公路	1000~4000	中型货车
四级公路	一般设计为一车道或二车道，沟通县、乡、村等的支线公路	≤1500（双车道） ≤200（单车道）	中型货车

注：AADT为标准车的平均日交通量。

（2）按行政等级划分。公路可分为国家公路、省公路、县公路和乡公路（简称为国道、省道、县道、乡道）以及专用公路五个等级。一般把国道和省道称为干线，县道和乡道称为支线。

1）国道是指具有全国性政治、经济意义的主要干线公路，包括重要的国际公路、国防公路，连接首都与各省、自治区、直辖市首府的公路，连接各大经济中心、港站枢纽、商品生产基地和战略要地的公路。国道中跨省的高速公路由交通部批准的专门机构负责修建、养护和管理。

2）省道是指具有全省（自治区、直辖市）政治、经济意义，并由省（自治区、直辖市）公路主管部门负责修建、养护和管理的公路干线。

3）县道是指具有全县（县级市）政治、经济意义，连接县城和县内主要乡（镇）、主要商品生产和集散地的公路，以及不属于国道、省道的县际间公路。县道由县、市公路主管部门负责修建、养护和管理。

4）乡道是指主要为乡（镇）村经济、文化、行政服务的公路，以及不属于县道以上公路的乡与乡之间及乡与外部联络的公路。乡道由乡人民政府负责修建、养护和管理。

5）专用公路是指专供或主要供厂矿、林区、农场、油田、旅游区、军事要地等与外部联系的公路。专用公路由专用单位负责修建、养护和管理，也可委托当地公路部门修建、养护和管理。

（二）公路货物运输车辆

公路运输车辆是指具有独立原动机与载运装置，能自行驱动行驶，专门用于运送旅客或货物的非轨道式车辆。汽车是公路运输最基本的运输工具。公路货物运输车辆按其用途一般可分为载货汽车、专用运输车辆、特种车、牵引车和挂车等。

1. 载货汽车

载重汽车又称为载货汽车，是指专门用于运送货物的汽车。载货汽车按其载重量可分为轻型（3 吨以下）、中型（3~8 吨）和重型（8 吨以上）三种。载货汽车的车身具有多种形式：敞车车身适用于运送各种货物；厢式车身可以提高货物的安全性，多用于运送贵重货物；自卸汽车可以自动卸货，适用于运送散装货物，如煤炭、矿石、沙子等。

2. 专用运输车辆

这是按运输货物的特殊要求设计的，主要包括：

（1）平板车，即挂车无顶也无侧厢板，主要用于运输钢材和集装箱货物；

（2）罐式挂车，主要用于运输流体类货物；

（3）冷藏车，主要用于运输需控制温度的货物；

（4）高栏板车，其车厢底架凹陷或车厢栏板特别高，以增大车厢容积。

3. 特种车

特种车通常是在普通汽车底盘上安装专用的设备或车身，专供特殊用途而制造的汽车，如大件运输车辆。

4. 牵引车和挂车

牵引车也称为拖车，是一种有动力而无装载空间的车辆，是专门用于拖挂或牵引挂车的汽车。挂车有全挂车、半挂车、厢式挂车以及重载挂车等类型。

（三）公路货物运输节点

传统意义上的运输节点是指进行储存、转运等功能活动的场所，主要包括公共仓库、货运港口、公路场站、火车货运站、停车场、维修站等。而现代意义上的运输节点即物流节点，主要包括物流园区、物流基地、物流中心、配送中心、公路货运站场。

1. 物流园区

物流园区是对物流节点进行相对集中建设与发展的，具有经济开发性质的城市物流功能区域。在《物流术语》中的定义是：为了实现物流设施集约化和物流运作共同化，或者出于城市物流设施空间布局合理化的目的而在城市周边等各区域，集中建设的物流设施群与众多物流业者在地域上的物理集结地。

2. 物流基地

物流基地与物流园区含义接近，一般是指具有专业性、综合性物流功能的区域，能够衔接干线、支线运输和市内配送、集散运输的主要物流节点。其规模较大，处理货物的能力较强，具有一定的储存能力和调节功能。

3. 物流中心

物流中心是指从事物流活动且具有完善信息网络的场所或组织（面向快递业、运输业的称分拨中心）。其基本要求是：

（1）主要面向社会提供公共物流服务。

（2）物流功能健全。

（3）集聚辐射范围大。

（4）存储、吞吐能力强，能为转运和多式联运提供物流支持。

（5）为下游配送中心客户提供物流服务。

4. 配送中心

配送中心是指从事配送业务且具有完善信息网络的场所或组织，应基本符合下列要求：

（1）主要为特定的用户服务。

（2）配送功能健全。

（3）辐射范围小。

（4）多品种、小批量、多批次、短周期。

（5）主要为末端客户提供配送服务。

5. 公路货运站场

货运站场是一个交通运输行业的通俗名称，又称为公路货运站、汽车站或汽车场，是进行货物集散、运输、中转、仓储、包装加工、货运中介代理、信息服务等运输组织和服务的场所，是联运服务的枢纽和中心。货运站的主要工作是组织货源、受理托运、理货、编制货车运行作业计划，以及车辆的调度、检查、加油、维修等。货运站主要包括：

（1）整车货运站。整车货运站主要经办大批货物运输，有的也兼营小批货物运输。其主要提供运力和装卸设备，从发货单位的仓库内装车，负责运输过程的货物保管，将货物直接运送到收货人单位的仓库卸车。站场设施较为简单，一般不提供仓储设施，仅配备车辆，以及一定的场地供车辆停放和保管，其作业包括托运、承运、受理业务、结算运费等项工作。

（2）零担货运站。零担货运站是专门办理零担货物运输业务，进行零批货物作业、中转换装、仓储保管的营业场所。它的设施包括站房（托运处、提货处、工作间）、零仓库（货位、操作通道、进出仓门、装卸站台）、露天货棚、装卸场、停车场及生产辅助服务设施（行车人员宿舍、职工食堂、休息室等）。其作业的内容及其程序是受理托运、检货司磅、验收入库、开票收费、装车与卸车、货物交接、货物中转、到达与交付等。

（3）集装箱货运站。集装箱货运站主要承担集装箱的中转运输任务，所以又称为集装箱中转站，是集装箱货物中转、仓储、装卸、运输、一关三检等运输组织的场所。其主要业务和功能包括：

1）承担港口、车站、货主间的集装箱中转运输与门到门运输，实现集装箱整箱堆存交接。

2）办理集装箱拼箱货的拆装箱作业及货物的仓储和向货主的接取送达。

3）进行空、重集装箱的转卸、堆存和集装箱的检查、清洗、消毒、维修等作业，并可以作为船公司或外轮代理部门指定还箱点，进行箱子的调度作业。

4）为货主代办报关、报检、理货及货运代理等业务。

5）为运输车辆和人员提供生产辅助服务，如修车、加油等。

根据集装箱业务性质和功能，公路集装箱中转站的生产设施一般包括站房或综合业务楼（商务作业、生产调度、海关、检疫、理货、商检等）、拆装箱库、集装箱作业区、拆装箱作业区、停车场、动力区、生产辅助设施（修理车间、加油站等）。

(4) 公路货运站场规模。我国目前已颁布实施公路零担和集装箱中转站站级标准，并根据货运站的年货物吞吐量对零担货运站设定了三个级别。货物吞吐量是指在报告期内零担站发出、到达的零担货物数量，包括中转、收到、发送量的总和。

1）一级站。年货物吞吐量在6万吨以上。

2）二级站。年货物吞吐量为2万~6万吨。

3）三级站。年货物吞吐量在2万吨以下。

集装箱中转站的标准为：

1）一级站位于大型海港附近，年运输3万吨标准箱以上的国际集装箱中转站和位于大型河港或陆运交通枢纽附近，年运量相当于2万吨标准箱以上的国内集装箱中转站。

2）二级站位于中型海港或陆运交通枢纽附近，年运输1.6万~3万吨标准箱的国际集装箱中转站和年运量相当于1万~2万吨标准箱的国内集装箱中转站。

3）三级站位于中型海港或陆运交通枢纽附近，年运输0.8万~1.6万吨标准箱的国际集装箱中转站和年运量相当于0.5万~1万吨标准箱的国内集装箱中转站。

4）四级站位于小型海港或陆运交通枢纽附近，年运输0.4万~0.8万吨标准箱的国际集装箱中转站和年运量相当于0.5万~1万吨标准箱的国内集装箱中转站。

【提示】 按货物的品名（种），目前道路运输货物可分为17类21种，即煤炭及制品，石油天然气及制品，金属矿石，钢铁，矿建材料，水泥，木材，非金属矿石，化肥及农药，盐，粮食，机械、设备和电器，化工原料及制品，有色金属，轻工、医药产品，农林牧渔业产品，以及其他货类等。

小思考

(1) 公路货物运输一般分为哪几类，各有什么特点？

(2) 简述公路货物运输系统的构成要点。

第二节　公路整车运输

一、公路整车运输的条件及特点

（一）公路整车运输的条件

托运人一次托运货物在3吨及3吨以上，或虽不足3吨，但其性质、体积、形状需要一辆3吨以上的汽车运输时应按整车办理。为了明确责任，整车运输通常是一车一张货票，同一发货人，同一收货人。某些重量在3吨以下，但不能与其他货物拼装运输，需单独提供车辆办理整车运输。其货物包括：

（1）鲜活货物，如冻肉、冻鱼、鲜鱼，活的牛、羊、猪、兔、蜜蜂等。

（2）需要专车运输的货物，如石油、烧碱等危险货物，粮食、粉剂等散装货物。

（3）不能与其他货物拼装运输的危险品。

（4）易于污染其他货物的不洁货物，如炭黑、皮毛、垃圾等。

（5）不易于计数的散装货物，如煤、焦炭、矿石、矿砂等。

（二）公路整车运输的特点

公路整车运输具有以下特点：

（1）货源相对单一。一般情况下，如果一个托运人运往同一个收货点的货物在3吨以上或体积在15立方米以上，都可以采用整车进行运输。

（2）货运量较大。运输对象主要是大宗货物，货源的构成、流量、流向、装卸地点都比较稳定。

（3）运输过程中出现差错的可能性小。由于是整车运输，途中不进行装卸搬运，货物损坏、丢失的概率大为降低。

（4）运输业务过程较简单。承托双方谈判或协商涉及的内容较少，主要是交接方式、地点及运价等，并且可直接确定。在组织过程中，只要在装货点和卸货点交接清楚即可，有时甚至由驾驶员一个人就可以完成全过程。因此，运输公司较喜欢整车运输业务。

（5）与零担运输相比运费较低。整车运输中，单位货物的运输成本要比零担运输低。

二、公路整车运输组织方法

公路整车运输可以根据货物特点和实际情况，采用双班或多班运输、直达运输或分段运输、拖挂运输等多种组织方法。

（一）双班和多班运输

按照车辆工作的班次划分，运输车辆在一昼夜内工作两个班次就是双班运输，工作两个以上班次就是多班运输。采用双班或多班运输的目的是增加车辆的工作时间，避免司机疲劳驾驶，提高车辆的利用率，降低运输成本。一般情况下，双班运输车辆的利用率比单班运输可提高60%~70%。

双班或多班运输应做好以下几方面的工作：

（1）科学地安排好驾驶员的工作、学习和休息时间，合理选择交接班的地点。

（2）加强技术管理，合理安排好车辆的保修时间，保证有较高的完成率。

（3）合理安排日班与夜班任务，将难运的任务（如零星货物运输及循环运输）安排在日班，好运的任务（如大宗货物运输、往复式的货运）安排在夜班。

（4）加强企业内外的协作与配合；必须贯彻安全第一的方针，注意行车安全。

（二）直达运输和分段运输

公路长途运输行车组织常采用直达运输和分段运输两种方法。

直达运输是指每辆汽车装运货物由起点经过全线直达终点，卸货后再装货或空车返回，即货物中间不换车。其特点是车辆在路线上运行时间较长，因此驾驶员的工作制度可以根据具体情况采取单人驾驶制、双人驾驶制、换班驾驶制等方式。

分段运输是指将货物运输路线全线适当分成若干段（区段），每一区段均有固定的车辆工作；在区段的衔接点，货物由前一个区段的车辆转交给下一个区段的车辆接运，每个区段的车辆不出本区段工作。分段运输需要运输企业有严密的运输计划，对货物、车辆、时间，以及人员做出详细安排，特别是做好各个阶段有效地衔接。为了缩短装卸货交接时间，在条件允许时，也可采取甩挂运输。

（三）拖挂运输

拖挂运输也称为汽车运输列车化，是利用牵引车和挂车组成的汽车列车进行运营的一种运输形式。它有定挂运输和甩挂运输两种形式，定挂运输是指牵引车与挂车不分离，一直作为一个整体进行运输活动；甩挂运输是指载货汽车或牵引车不固定挂车，而是按照一定的运输计划更换挂车运行的形式。甩挂运输既保留了直达运输的优点，又克服了分段运输转运时装卸时间长的缺点，使得车辆载重量和时间利用均能得到充分的发挥，所以甩挂运输是一种高效、先进的运输组织形式，具有良好的经济效益。

三、整车甩挂运输

甩挂运输一般适用于货运量较大、装卸能力不足、装卸时间占汽车列车运行时间比重较大的运输情况。

（一）甩挂运输的适用性

由于货物类型、货源条件和运输组织方式不同，各种运输形式对于甩挂运输适应性各不相同。汽车货物运输类别及甩挂运输适应性见表 3-2。

表 3-2 汽车货物运输类别及甩挂运输适应性

运输类别	货源条件	运输组织方式	甩挂运输适应性
零担货物运输	零散货物（每票货物 3 吨以下），件杂货，包裹类	（1）零担班车集零为整，定班定点定线，固定运输网络；（2）干线适用重型车辆	（1）干线适宜一线多点往复式、环形式甩挂运输模式；（2）支线不适宜甩挂运输
快件货物运输	零散小件、包裹类，限时快递	定班定点定线，固定运输网络，干线支线分级运送，干线适用重型车辆	（1）干线适宜一线多点往复式、环形式甩挂运输模式；（2）支线不适宜甩挂运输
整车货物运输	每票货物 3 吨以上；件杂货、厂对厂原材料运输，厂对商产成品运输，工商企业专用物流	（1）固定货源按定点定线直达或中转运输；（2）临时货源按直达运输；（3）干线适用重型车辆	（1）固定货源适宜点对点距离和长距离往复式、滚装和驮背甩挂模式；（2）其他不适宜

续表 3-2

运输类别	货源条件	运输组织方式	甩挂运输适应性
大宗货物运输	煤炭、矿石、粮食等的港站对厂商、港站对港站运输	(1) 固定货源按定点定线直达或中转运输; (2) 临时货源按直达运输; (3) 干线适用集装箱专用车辆	(1) 固定货源适宜点对点往复式、辐射式甩挂模式; (2) 其他不适宜
集装箱运输	港口、车站及集装箱中转站对厂商运输，港站对港站运输	(1) 固定货源按定点定线直达或中转运输; (2) 临时货源按直达运输; (3) 干线适用集装箱专用车辆	(1) 固定货源适宜点对点往复式、辐射式甩挂模式; (2) 其他不适宜
危险货物运输	危险品厂对厂、厂对商、厂对港站专门运输	(1) 货源固定，定点定线直达或中转运输; (2) 适用危险品专用车辆	(1) 大运量固定货源适宜点对点往复式、辐射式甩挂模式; (2) 其他不适宜甩挂
鲜活货物及冷链运输	鲜活动物、水产品、蔬菜、冷冻食品等厂（产地）对商专门运输	(1) 货源固定，定点定线直达或中转运输; (2) 市场内冷链配送; (3) 适用专用车辆	(1) 干线适宜点对点往复式、辐射式甩挂模式; (2) 其他不适宜
物流配送运输	工商企业成品或零配件配送中心对厂、商专用配送运输	(1) 货源固定，定点定线运输; (2) 适用专用车辆	(1) 干线适宜点对点往复式、辐射式甩挂模式; (2) 支线运输不适宜

资料来源：曲衍国："汽车甩挂运输的货源条件及组织模式"，《物流技术》2012 年第 10 期。

（二）甩挂运输的基本运营模式

甩挂运输的基本运营模式包括：

(1) 一线两点甩挂运输，即牵引车在两个作业点之间作短途往复式甩挂运输。根据货流情况或装卸能力不同，可组织"一线两点，一端甩挂"和"一线两点，两端甩挂"，如图 3-1 所示。图 3-1(a)说明只在收货点甩挂，即牵引车拖着载货挂车从起点 A 出发，至 B 点后卸下挂车，然后挂上空挂车返回至 A 点，待装货后再发车。图 3-1(b)说明发货点和收货点两端甩挂，即牵引车拖着载货挂车从起点 A 出发，至 B 点后卸下挂车，然后挂上载货挂车返回 A 点，接着拖着另一载货挂车发车。

一般情况下，一线两点甩挂运输适用的条件有：货源稳定，货运量较大，装卸货地点比较固定，运输距离较短，中短途整批货物运输或集装箱运输。整批货物的长途运输和短途零散客户的货物运输一般不适宜采用甩挂运输。

(2) 一线多点、沿途甩挂。该运输形式是指汽车列车在始发站，按照卸货作业地点的先后次序，本着"远装前挂、近装后挂"的原则编挂汽车列车；在沿途有货物装卸作业的站点，甩下汽车列车的挂车或挂上预先准备好的挂车，直至运行到终点站；汽车列车在终点站整列卸载后，沿原线路返回，经由原甩挂作业站点时，挂上预先准备好的挂车或甩下挂车，直至运行到始发站，如图 3-2 所示。

这种运输组织方式适用于装货（卸货）地点集中、卸货（装货）地点分散、货源比

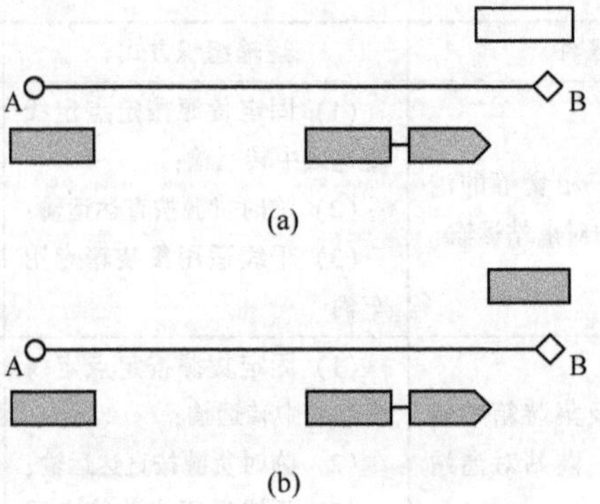

图 3-1　一线两点甩挂运输

（a）一线两点，一端甩挂；（b）一线两点，两端甩挂

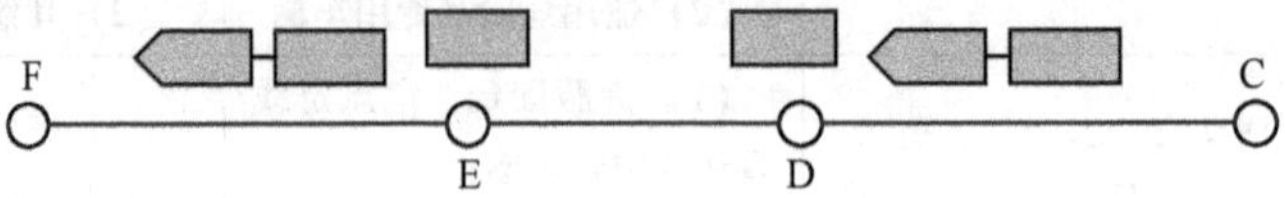

图 3-2　一线多点、沿途甩挂运输

较稳定的运输线路。

（3）驮背/滚装甩挂运输。在汽车与火车运输的联结点，牵引车将载有集装箱的底盘车或挂车直接开上铁路平板车或船舶，停妥摘挂后离去；载运集装箱底盘车或挂车的火车或船舶运行至前方换装点，当地的牵引车开上火车或船舶，挂上集装箱底盘车或挂车，直接运往目的地。这种组织形式如图 3-3 所示，其中铁路运输过程称为驮背运输，海上运输过程称为滚装运输。驮背/滚装甩挂运输适用于汽车与火车或轮船进行的联合运输。

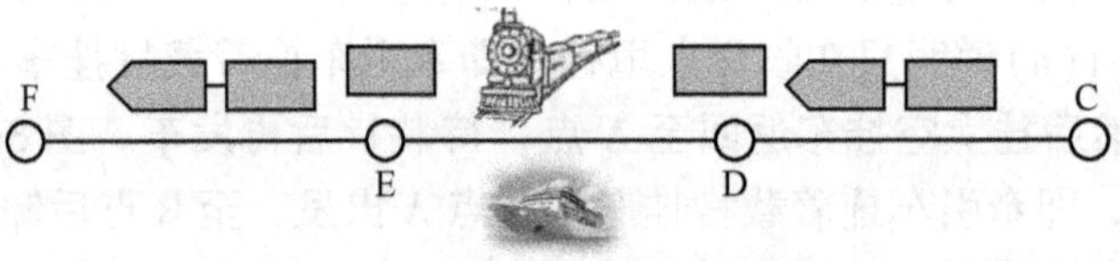

图 3-3　驮背/滚装甩挂运输

（4）循环甩挂运输。在闭合循环回路的各装卸点上，配备一定数量的周转挂车（或集装箱），牵引车每到达一个装卸点甩下所带挂车（或集装箱），然后装（挂）上事先装备好的挂车（集装箱）继续行驶。这种组织方法的实质，就是用循环调度的方法来组织封闭回路上的甩挂作业，如图 3-4 所示。

这种甩挂形式适用于经济发达、总体物流量大的区域，具有“小批量、多品种、高时效、高品质”的特征的货物，特别适合已经具有成熟的运输网络，且网络中的货源条件稳定的公路快速货运行业。

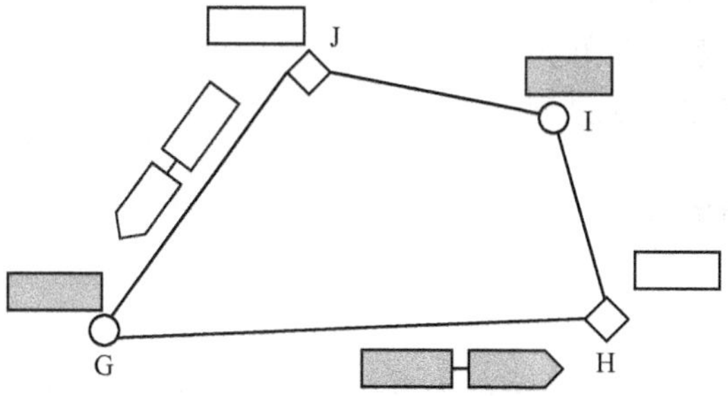

图 3-4　循环甩挂运输

四、整车货物运输过程

整车货物运输过程是指货物从受理托运开始，到交付收货人为止的生产活动。整车货物运输一般不需要中间环节，或中间环节很少，送达时间短，货运集散成本相对较低。它由四个相互关联、相互作用的部分组成，即运输准备过程、基本运输过程、辅助运输过程和运输服务过程。

（一）运输准备过程

运输准备过程又称为运输生产技术准备过程，是货物进行运输之前所做的各项技术性准备工作，包括车型选择、线路选择、装卸设备配置、运输过程的装卸工艺设计等。

（二）基本运输过程

基本运输过程是运输生产过程的主体，是指直接组织货物从起运地至到达地完成其空间位移的生产活动，包括起运站装货、车辆运行、终点站卸货等作业过程。

（三）辅助运输过程

辅助运输过程是指为保证基本运输过程的正常进行所必需的各种辅助性生产活动。辅助运输过程本身不直接构成货物位移的运输活动，它主要包括车辆、装卸设备、承载器具、专用设施的维护、保护与修理作业，以及各种商务事故、行车事故的预防与处理工作和营业收入结算工作等。

（四）运输服务过程

运输服务过程是指服务于基本运输过程和辅助运输过程中的各种服务工作和活动，如各种行车材料、配件的供应，代办货物储存、包装、保险业务等。

构成整车运输生产过程的各个组成部分的划分是相对的，它们之间的关系既表现了一定的相对独立性，又表现了相互关联性。同时，通过运输准备过程、辅助运输过程、运输服务过程活动，可以使基本运输过程与物流过程的各个功能环节有机地协调起来，使得运输过程的服务质量得以提高。

五、整车货物运输业务工作

整车货物运输业务工作可分为发送、途中和到达三个阶段，其主要内容包括：

(1) 货物的托运与承运。

(2) 货物装卸、起票、发车。

(3) 货物运送与到达交付。

(4) 运杂费结算。

(5) 商务事故处理等。

(一) 整车货物运输的发送工作

货物在始发站的各项货运作业统称为发送工作，主要由受理托运、组织装车和核算制票三部分组成。

1. 受理托运

受理托运必须做好货物包装、确定重量和办理单据等作业。

(1) 货物包装。为了保证货物在运输过程中的完好和便于装载，发货人在托运货物之前，应按国家标准、有关规定以及运输工作的需要做好包装工作。车站对发货人托运的货物，应认真检查其包装质量，若发现货物包装不符合要求时，应建议并督促发货人将其货物按有关规定包装，然后再行承运。凡在搬运、装卸、运送或保管过程中需要加以特别注意的货物，托运方除必须改善包装外，还应在每件货物包装物外表明显处贴上货物运输指示标志。

(2) 确定重量。货物的重量不仅是企业统计运输工作量和核算货物运费的依据，更是车辆载重量是否充分利用、行车是否安全和货物是否完好的影响因素。货物重量分为实际重量和计费重量，货物重量必须准确。货物有实重货物与轻浮货物之分。平均每立方米重量不足33.3千克的货物为轻浮货物，否则为实重货物。公路货物运输经营者承运有标准重量的整车实重货物，一般由发货人提出重量或件数，经车站认可后承运。货物重量应包括其包装重量在内。

发货人托运货物时，应向起运地车站办理托运手续，并填写货物托运单（或称运单）作为书面申请。

(3) 核算制票。发货人办理货物运输时，应按规定向车站交纳运杂费，并领取承运凭证——货票。

2. 组织装车

货物装车前必须对车辆进行技术检查和货运检查，以确保其运输安全和货物完好。装车时要注意货物码放，努力改进装载技术，在严格执行货物装载规定的前提下，充分利用车辆的载重量和容积。货物装车后，应严格检查货物的装载情况是否符合规定的技术条件。

相关链接

一、变更、取消的办理

在货物起运前后，如遇特殊原因托运方或承运方需要变更、取消货物的运输时，应及时由承运方和托运方协商处理。

二、变更、取消的规则

根据规定，托运的变更、取消应遵循下述规则：

(1) 承、托双方的任何一方都不得擅自变更、取消运输，如确有特殊原因需要变更、取消运输，须经双方同意。

(2) 托运人在货物起运前可要求变更运输货物的名称、数量、起讫地点、运输时间、收（发）货人，货物起运后仅在可能条件下要求变更到达地点或收货人；承运人可要求变更运输日期、车辆种类和行车路线。

(3) 货物起运前，可办理取消托运；货物起运后，不能再办理取消托运。

(4) 变更、取消运输涉及国家指令性计划的，在达成协议前，应报经下达计划的主管部门核准。

(5) 因变更（或取消）运输而发生的费用，由变更（或取消）方负担；如变更运输的要求是在合同规定期限外提出，还需负担双方已造成的实际损失。

（二）整车货物运输的途中业务工作

货物在运送途中发生的各项货运作业，统称为途中业务工作。途中业务工作主要包括途中货物交接、途中货物整理或换装。

1. 途中货物交接

为了明确责任，货物在运输途中如发生装卸、换装、保管等作业，驾驶员之间、驾驶员与站务员之间，应认真办理交接手续。一般情况下，交接双方可按货车现状及货物装载状态进行。必要时，可按货物件数和重量交接，如果接收方发现有异状，由交出方编制记录备案。

2. 途中货物整理或换装

货物在运输途中如发现有装载偏重、超重，货物洒漏，车辆技术状况不良，货物装载状态有异状，加固材料折断或损坏，货车篷布遮盖不严或捆绑不牢等情况，有可能危及行车安全或货物完好时，应及时采取措施，对货物加以整理或换装，必要时调换车辆，同时登记备案。

（三）整车货物运输的到达业务工作

货物在到达站发生的各项货运作业统称为到达业务工作，主要包括货运票据的交接，货物卸车、保管和交付。

车辆装运货物抵达卸车地点后，收货人或车站货运员应组织卸车。卸车时，对卸下货物的品名、件数、包装和货物状态等应做必要的检查。整车货物一般直接卸在收货人仓库或货场内，并由收货人自理。收货人确认卸下货物无误并在货票上签收，货物即交付完毕，货物在到达地向收货人办完交付手续后，该批货物的全部运输过程才告完成。

六、整车货物运输结算

（一）货物托运单

货物托运单是发货人托运货物的原始依据，也是车站承运货物的原始凭证，它明确规定了承托双方在货物运输过程中的权利、义务和责任。货物托运单载明了托运货物的名称、规格、件数、包装、重量、体积，货物保险价，发、收货人姓名和地址，货物装卸地点，以及与承托双方有关的货运事项。车站接到发货人提出的货物托运单后，应认真审查，确认无误后办理登记。

（二）货票与运杂费结算

发货人办理货物托运时，应按规定向车站交纳运杂费，并领取承运凭证——货票。货票是一种财务性质的票据，根据货物托运单填记。公路货物运输货票内载明了货物装卸地点，发、收货人姓名和地址，货物名称、包装、件数和重量，计费里程和计费重量，运费与杂费等，也是企业统计完成货运量、核算营运收入及计算有关货运工作指标的原始凭证。

始发站在货物托运单和货票上加盖承运日期之时起即算承运，标志着企业对发货人托运的货物开始承担运送义务和责任。整车货物一般直接卸在收货人仓库或货场内，由收货人自理。收货人确认卸下货物无误并在货票上签收，货物即交付完毕。

（三）行车路单的管理

行车路单是整车货物运输营运车辆从事运输生产的凭证，是整车货物运输生产中一项最重要的原始记录，也是企业调度机构代表企业签发给汽车驾驶员进行生产的指令。行车路单除具有工作指令、原始记录的作用外，还在各专业公路货物运输企业之间结算有关费用、免费服务等方面起着“有价证券”的作用。

行车路单价使用程序为：

（1）计划统计部门负责行车路单的印制、发放，对路单所包含的内容进行设计和规定填写要求。

（2）将印制好的行车路单发给各车队统计人员，按车号定量分发给同号单车。

（3）行车路单由车队调度员签发，车辆完成任务回队后，由车队调度员审核，经审核无误的行车路单，才能交车队统计员复核、统计，记入统计台账，计算运输工作量及运行消耗和各项经济技术指标。

此外，行车路单的管理必须坚持做到：

（1）路单必须严格按顺序号使用，要采取有效措施防止空白路单的丢失。

（2）每一运次（或每一工作日）回队后必须将完成运输任务的路单交回，不允许积压、拒交。

（3）行车路单内各项记录必须按要求填准、填全，车队调度员对交回路单的各项记录负初审责任。

（4）必须严格执行企业规定的路单使用程序、管理方法。

小思考

（1）什么是公路整车货物运输，其业务工作流程由哪几部分组成？试述整个流程的要点。

（2）简述甩挂运输的基本经营模式。

第三节　公路零担运输

一、公路零担运输的条件及特点

（一）公路零担运输的条件

托运人一次托运的重量不足 3 吨，又不符合整车托运条件的货物都应按照零担运输办理。某些货物一次托运虽不足 3 吨，但也不能按零担运输来办理，比如鲜活货物、需用专车运输的货物、不能与其他货物拼装运输的危险品、易于污染其他货物的污秽货物、难以计数的散装货物等。

适宜公路零担运输的货物具有明显的特点，即货物数量小、批次多、品种多、包装不一、到站分散、价格较高。且企业经营零担货运需要更多的基本设施，如库房、货棚、货场等，此外还需要有与之配套的装卸、搬运、堆码机具和苫垫设备等。

（二）公路零担运输的特点

零担货物运输形成了自己独有的特点。其主要优点有：

（1）适应性强。公路承运的零担货物具有品种繁多、小批量、多批次、价高贵重、时间紧迫、到站分散等特点，因此，它能满足社会不同层次商品流通的需求，方便大众物资生产和流动的实际需要。

（2）运输安全、迅速、方便。为适应零担货物的运输要求。零担班车一般都有固定的车厢，可承担一定行李、包裹的运输，所装货物不会受到日晒雨淋，体现出安全、迅速、方便的优越性。

（3）机动灵活。零担货物运输可以定线、定期、定点运行，业务人员和托运单位对运输情况都比较清楚，便于沿途各站点组织货源，往返实载率高，经济效益显著。可以做到上门取货、就地托运、送货到家、代办中转、手续简便，能有效缩短货物的送达时间，加速资金周转，对于竞争性、时令性和急需的零星货物运输具有重要意义。

（4）运送方法多样。零担货物可采用专用零担班车、客车捎带等不同的运送方式，组织工作比较灵活、多变。

零担货物运输也有明显的缺点，主要包括：

（1）货源不确定。零担货物运输的货物流量、数量、流向具有不确定性，并且运输需求多为随机发生，难以预测。

（2）计划性差。零担货物难以通过运输合同等方式将其纳入计划管理范围。所以企业需要在货源调查的基础上，灵活地制订货运计划。

（3）组织工作复杂。零担货物运输环节多，作业工艺细致，对货物配载和装载要求也相对较高，所以组织工作较为复杂。

（4）单位运输成本较高。为了适应零担货物运输的要求，货运站要配备一定的仓库、货棚、站台，以及相应的装卸、搬运、堆置的机具和专用厢式车辆。此外，相对于整车货物运输而言，零担货物运输周转环节多，更容易出现货损、货差，赔偿费用较高。由此也导致零担货物运输成本较高。

二、公路零担运输组织形式

公路零担货物运输的组织形式，主要有固定式零担运输（零担班车）和非固定式零担运输两种。

（一）固定式零担运输

固定式零担运输是类似于客运班车的一种运输组织形式，也称为四定运输，即定线路、定班期、定车辆、定时间，通常又称为汽车零担货运班车（简称零担班车）。零担班车一般是以营运范围内零担货物流量、流向及货主的实际要求为基础组织运行的，运输车辆主要以厢式专用车为主。零担班车包括3种营运组织形式，其分别为直达零担班车、中转零担班车和沿途零担班车。

1. 直达零担班车

直达零担班车是指在起运站将多个托运人托运的同一到站且可以配载的零担货物同车装运，直接送达目的地的一种零担班车（见图3-5）。这种形式可加快零担货物的送达速度，避免中转换装作业，可确保货物完好并节省中转费用，但它容易受到货源数量、货流及行政区域的限制。

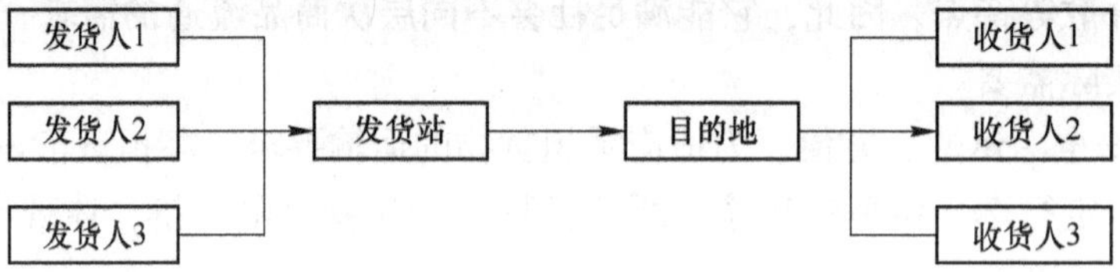

图3-5　直达零担班车

2. 中转零担班车

中转零担班车是指在起运站将多个托运人托运的同一线路、不同到达站，且可以配载的零担货物同车装运至规定中转站，卸后复装，重新组织成新的零担班车运往目的地的一种货运班车（见图3-6）。这种零担运输形式对运量零星、流向分散的零担货物的运输很适用，但耗费的人力、物力较多，作业环节也相对复杂，同时还涉及中转环节的理货、

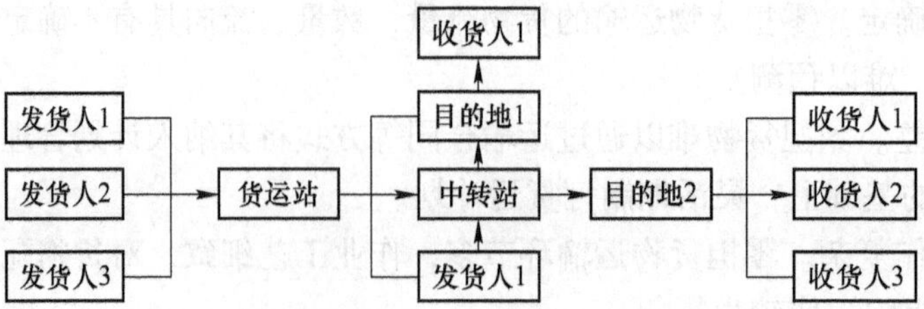

图3-6　中转零担班车

堆码、保管等作业，中转站必须配备相应的仓库等作业条件，确保货物及时、安全、准确地到达目的地。

零担货物的中转作业方法有以下三种方法。

（1）落地法。落地法是将整车零担货物全部卸下交中转站入库，由中转站按货物的不同到站重新集结，另行安排零担货车装运，继续运到目的地。这种方法简便易行，车辆载重量和容积利用较好，但装卸作业量大，仓库和场地的占用面积大，中转时间长。

（2）坐车法。坐车法是核心货物不动，其余货物卸下，另行配装。使用这种方法部分货物不用卸车，减少了装卸作业量，加快了中转作业速度，节约了装卸劳动力和货位，但对留在车上的货物的装载情况和数量不易检查清点。

（3）过车法即直接换装中转。当几辆零担车同时到站进行中转作业时，将车内部分中转零担货物由一辆车向另一辆车上直接换装，而不到仓库货位上卸货。组织过车时，既可向空车上过，也可向留有核心货物的重车上过。使用这种方法在完成卸车作业的同时也完成了装车作业，提高了作业效率，加快了中转速度，但对到发车辆的时间等条件要求较高，容易受意外因素干扰而影响运输计划。

3. 沿途零担班车

这种形式类似于城市公交运输，它是指在起运站将多个托运人托运的同一线路不同到达站且可以配载的零担货物同车装运，在沿途各计划停靠站卸下或装上零担货物继续前进，直至抵达终点站的一种零担车。这种方式组织工作较为复杂，车辆在途中运行时间较长，但它能更好地满足沿途各站点的需要，能充分利用车辆的载重和容积，是一种不可或缺的组织形式（见图 3-7）。

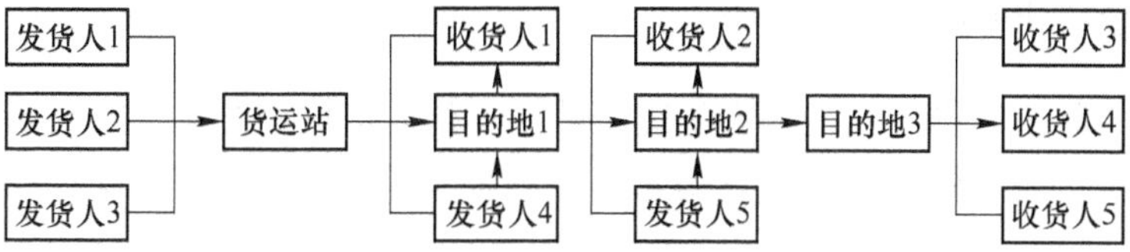

图 3-7　沿途零担班车

【提示】根据不同的运行速度，零担班车形式还可以划分为普通零担货运班车和快件零担货运班车。

（二）非固定式零担运输

非固定式零担运输是指按照零担货流的具体情况，临时组织而成的一种运输形式。该运输形式可以作为零担货运班车的补充，有时也称为加班车。通常也可以在新辟的零担货运线路或季节性零担货运线路上使用。例如，在尚未开行零担货运班车的运输线路上，当受理托运的零担货物达到一定数量时，可组织不定期的一次性零担货物运输。

三、零担货物运输业务流程

零担货物运输业务流程是根据零担货运工作的特点，按照流水作业构成的一种程序，如图 3-8 所示。

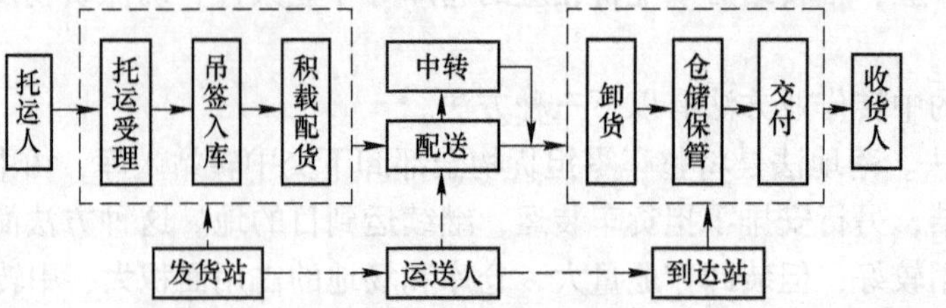

图 3-8　零担运输业务流程

（一）受理托运

受理托运是指零担货物承运人根据营运范围内的线路、站点、运距、中转范围、各车站的装卸能力、货物的性质及收运限制等业务规则和有关规定接受托运零担货物，办理托运手续。受理托运的方法有：

（1）随时受理，即托运日期无具体规定，托运人在营业时间内均可办理托运。此方法方便了货主，但会导致货物在库时间长、设备利用率低，比较适用于作业量较小的货运站、急运货物货运站及始发量小、中转量大的中转货运站。

（2）预先审批，即托运人事先申请，货运站根据货运数量、方向，以及设备和作业能力做出日期、进货集结等安排。此方法不适宜发货量小的货主。

（3）日历承运，即货运站根据零担货物流量和流向规律编写承运日期表并事先公布，托运人则按规定日期来站办理托运手续。

（二）验货检斤与起票

验货检斤与起票的作业就是货物受理人员在收到零担货物托运单后，审核托运单并与货物核对，检查包装与标记，及时过磅量方，并根据托运单和磅码单填写零担运输货票，核收运输费用。

（三）入库集结

入库集结是指零担货物验收后，将其按规定存放于指定货位。零担货物的仓库要有良好的通风、防潮、防火和灯光设备，露天堆放货物要有安全防护措施。零担货物仓库的货位一般可以分为进仓待运货位、急运货位、到达待交货位和以线路划分的货位，以便分别堆放。货物进出仓库要履行交接手续，坚持照单验收入库和出库，以票对货，票货不漏，做到票货相符。

对经过不同托运人的货物进行集结，为下一步货物配载装车做准备。集结的目的是使同一方向可配载的货物，重量或体积达到可装载一辆货车的要求。

（四）配载装车

根据车辆核定吨位、车厢容积和起运货物的流向、重量、理化性质、长度、大小、形状等合理配载，编制货物交接清单。货运仓库接到货物装车交接清单后，应逐批核对货物台账、货位、货物品名、到站，点清件数，检查包装标志、票签或贴票，并组织装车。

（五）车辆运行

零担车必须按期发车，不得误班。如属有意或过失责任造成误班的，必须按章对责任人给予处罚。定期零担班车应规定路线行驶，凡规定停靠的中途站，车辆必须进站，并由中途站值班人员在行车路单签证。行车途中，驾驶员（随车理货员）应经常检查车辆装载情况，如发现异常情况，应及时处理或报请就近车站协助办理。

（六）货物中转

零担运输一般尽量直达运送。对于需要中转的货物，需以中转零担班车或沿途零担班车的形式运到规定的中转站进行中转。货物如需中转，要选择合理的中转站和路线。中转站的作业主要对到站仍需继续运输的零担货物进行分类整理，重新集结待运最后运至终点站。

（七）到站卸货

班车到站后，仓库人员检查货物情况，如无异常，需在交接单上签字并加盖业务章。如有异常情况发生，则应采取以下相应措施处理：

（1）有单无货。双方签注情况后，在交接单上注明，将原单返回。

（2）有货无单。确认货物到站后，由仓库人员签发收货清单，双方盖章，清单寄回起运站。

（3）货物到站错误。将货物原车运回起运站。

（4）货物短缺、破损、受潮、污染、腐烂时，应双方共同签字确认，填写事故清单。

（八）货物交付

货物入库后，应及时向收货人发出到货通知。收货人凭提货单取货，或者按指定地点送货上门，办理交付手续。

四、公路货物运输事故的赔偿

（一）赔偿的办理

公路物流运输中如出现货损、货差等情况时，承运人必须按合同约定或有关规定进行赔偿。

（二）赔偿的规则

根据《汽车货物运输规则》和《公路货物运输合同实施细则》的规定，货运事故的赔偿应按下述规定办理：

（1）受损方要求赔偿时，应提出赔偿要求书，并附货物运单、货物事故记录和有关证明文件。保价运输物品还应附声明价格的物品清单，要求退还运费的应附运杂费收据。

（2）货物损失赔偿费包括货物价格、运费和其他杂费。全部灭失（含报废，下同），全部赔偿；部分灭失，部分赔偿；能够修复的，按修理费加送修运费赔偿；不能修复但尚能使用的，按损失程度所减低的价值赔偿。由于承运人责任造成货物灭失，以实物赔偿的，运费照收；按价赔偿的，退还已收运费。属托运人责任的，运费不退；货物尚能使用的，不论哪方责任，运费照收。

（3）承运人委托第三者组织装卸，因装卸原因造成货物损失，由装卸人负责赔偿。但承运人应先向托运人赔偿，再向装卸人追索。

（4）承、托双方彼此间要求赔偿的时效，从签注货运事故记录次日起不超过 180 天，逾期无效。责任方应在收到要求赔偿书的次日起 60 天内处理完毕，特殊情况下，经双方协商可适当延长。

（5）赔偿金在明确责任后 10 天内赔付，不得用扣留货物或拒付运费来充抵。

（6）丢失货物赔偿后货物又被查回，应送还原主，收回赔偿金或实物。原主已不愿接受失物或无法找到原主的，由承运人自行处理。

（7）承、托双方对货物逾期到达、车辆延滞、装货落空都有责任时，按各自责任所造成的损失相互抵除后，赔付差额。

小思考

（1）什么是公路零担货物运输，其组织形式有哪些？

（2）直达零担班车和中转零担班车适用的条件是什么？

第四章　铁路货物运输

TIELU HUOWU YUNSHU

【学习目标】

（1）掌握铁路货物运输的特点及其类型；

（2）了解铁路货物运输的作业流程；

（3）理解铁路整装运输、零担运输和集装箱运输的组织方式；

（4）掌握货物运到期限的计算方法；

（5）熟悉铁路运输的常用单证。

引导案例

铁路货场的兴衰

20 世纪 90 年代，在铁路货运还占据货运市场份额的 30%，甚至更早——超过 50%的“铁老大”时代，当时每个城市基本上都在城市周边甚至城市中心设立了铁路货运场站，从而形成了覆盖全国范围的铁路货运场站网络。

时移势易，随着全国公路网的完善、高速公路的快速兴起和普及，以及随之而来的公路货运市场的迅猛发展，加之更适应市场机制的空运、水运等其他交通运输方式的不断完善，以计划性为主的铁路货运市场急剧下滑，整体占比已经不足 15%。原铁道部也顺势从控制成本角度出发，取消了许多间距短、规模小的铁路货站，拓展货运服务功能，全路货运营运站缩减为 2500 个。而后，又陆续推出了行包行邮基地、商品车物流基地、专办站、战略装车点、集装箱中心站和集装箱专办站等策略，许多规模较小的既有传统铁路货场开始闲置，而规模较大的铁路货场则逐步演变为铁路物流中心，由此形成包括全路 33 个一级、175 个二级和 330 个三级铁路物流中心的铁路货运场站网络布局。

然而，随着中国经济长期高速发展，大面积雾霾等环保问题和大城市交通拥堵问题凸显，已经严重影响到人们身体健康和美好生活需要。

铁路货运以其规模化、网络化、标准化、全天候和绿色环保等特征又重新进入政策决策者视野。随着高铁已成为中国具有全球比较优势的产业名片，使得“资本+科技”突破传统体制机制限制、实现交通运输服务业跨越式发展的模式成为可能，在《中长期铁路网规划》中，远期铁路网规模达到 20 万千米，并形成覆盖全国县域的“无缝化”衔接综合货运枢纽，更加剧了国家发展目标中对于铁路货运的倚重。2019 年 9 月我国还全面禁止了环渤海到长三角各港口煤炭、焦炭和矿石等大宗货物公路货运集疏港，“公转铁”的运输结构性变革已然成为趋势。

（资料来源：根据 2018 年 6 月 26 日《经济参考报》文章“‘公转铁’将引导铁路货场再度兴起”改编）

讨论：根据以上案例，可以总结出铁路货物运输有哪些特点？

第一节　铁路货物运输概述

一、铁路货物运输的概念及特点

（一）铁路货物运输的概念

铁路货物运输是指利用在轨道上运行的铁路列车运送货物的一种运输方式。铁路货运系统包括铁路车站的运输设备及装卸机械、路线网络、机车车辆等。与其他运输方式相比，较铁路运输具有运量大、运送速度快、受气候影响小、运输准时、使用方便等特点，在干线运输中起主力作用，在大宗货物运输和中长距离货物运输领域具有传统优势，也是我国交通运输网的骨干。

（二）铁路货物运输的特点

1. 运载量大、成本低且运送距离长

铁路运输因采用大功率机车牵引列车运行，可承担长距离、大运量的运输任务。铁路运输量仅次于船舶，一列货车一般能运送5000吨货物。铁路运输运距越长，运量越大，单位成本越低。其远距离运费仅为公路运输的几分之一甚至十几分之一，有的甚至比内河航运还低。

2. 受气候影响小

除少数极端天气（如2008年的雪灾引起的铁路电力中断）外，铁路物流运输一般不受气候条件的影响，一年四季可以不分昼夜地运行，准点率高。

3. 适应性强，安全程度高

依靠现代科学技术，铁路几乎可以在任何有需要的地方修建，可以全年全天候不停歇地运行，具有良好的连续性，适合于长短途旅客和各类不同重量与体积货物的双向运输。铁路物流运输的安全系数较大，是物流运输中最可靠的运输方式。铁路运输由于具有专用路权，可以用列车自动控制方式控制列车运行，从而提高运输安全性。

4. 占地少、污染与能耗低

与高速公路相比，相同运能的铁路线占地面积较少；与公路、航空运输方式相比，铁路运输对环境和生态的影响程度较小，特别是电气化铁路的影响更小。

5. 投资高，资本密集，设备庞大且不易转移

铁路投资大多的固定资产比例较高，铁路运输体系设备、设施十分庞大，且其保养、维修费用也相当高。铁路具有自然垄断性，铁路线路、信号基础设施和机车车辆具有资本密集投资的特点。

二、铁路货物运输的类型

（一）按运输货物的不同划分

1. 普通货物运输

普通货物是指在铁路运送过程中，按一般条件办理的货物，如煤、粮食、木材、钢材、矿建材料等。

2. 特殊货物运输

特殊货物是指由于货物的性质、体积、状态等在运输过程中需要使用特别的车辆装运或需要采取特殊运输条件和措施，才能保证货物完整和行车安全的货物，如超长、集重、超限、危险和鲜活易腐等货物。

（二）按货物的数量及使用运输车辆的方式划分

1. 整车运输

一批货物的重量、体积或形状需要以一辆30吨及以上的货车装运。应按整车运输办

理：需要保温运输的货物，密封、不易计算件数的货物，规定必须按整车办理的危险货物，易于污染其他货物的污秽品，未装容器的活动物，以及必须用罐车装运的液体货物。

2. 零担运输

一批货物的重量、体积不够整车运输条件的，或不必限定按整车办理的货物，可按零担运输办理。按零担运输办理的货物，一件体积最小不得小于0.02立方米（一件重量在10千克以上的除外），且每批货物不得超过300件。一件货物重量超过2吨，体积超过3立方米或长度超过9米的货物，经发站确认不影响中转站或到站装卸作业的，也可按零担办理。未装容器的活动物，在管内运输时，如能以零担车直接运到站，铁路局也可按零担办理。

3. 集装箱运输

使用集装箱装运货物或运输空集装箱称为集装箱运输。集装箱货物运输适用于运输精密、贵重、易损的货物。凡适合集装箱运输的货物，都应采用集装箱运输。

相关链接

铁路货物运输正向着高速重载、快捷、集装化与物流化方向发展，具体体现在如下几方面：

（1）铁路货运物流化。铁路将会在保持大宗货物运输优势的同时，大力发展铁路现代物流综合服务，加强与邮政、快递等物流设施的衔接协同，积极发展高铁快运及电商快递班列，以适应未来货运市场上批量小、批次多的货物运输任务。

（2）重载化、快捷化。铁路货运仍会保持在大宗货物运输上的竞争优势，大力发展重载铁路运输。同时，也会向着缩短货运时间的目标，实现铁路货运的快捷化，提高铁路在高附加值物品运输市场中的竞争力。

（3）以集装箱化为基础的多式联合运输。为了节约成本，铁路有必要与公路和水运进行合作，实行集装箱多式联运，争取多种运输方式的“共赢”。

（4）铁路货运发展规模化、集约化。21世纪以来，铁路大力推进规模化、集约化运输，实施以大客户战略、战略装车点、重来重去为代表的新运输组织方式，在确保国家重点物资运输、推动地方经济发展方面取得了新突破。

三、铁路货物运输系统的组成

铁路物流运输系统主要由铁路机车车辆、铁路线路和铁路车站组成。

（一）铁路机车车辆

铁路运输以两条平行的铁轨引导火车，使机车的车轮在光滑且坚硬的轨道上以最小的摩擦力滚动，所以铁轨、机车、车辆、集装箱及相关技术形成了铁路运输的基础。

铁路运输工具主要包括铁路机车和铁路车辆。铁路机车是铁路运输的基本动力，铁路车辆是运输旅客和货物的运载工具。

1. 铁路机车

铁路机车从运用上划分，可分为客运机车、货运机车和调车机车。客运机车要求速度快，货运机车需要功率大，调车机车应具有灵活机动的特点。从牵引动力上划分，铁路机车又可分为蒸汽机车、内燃机车和电力机车。蒸汽机车是通过蒸汽机把燃料的热能转换成机械能，用来牵引列车的一种机车，但在现代铁路运输中已逐渐被其他新型铁路机车取代。内燃机车是以内燃机作为原动力，通过传动装置驱动车轮的机车。内燃机车效率较高，持续工作时间长，但对大气和环境有污染。电力机车本身不带原动机，靠接收接触网送来的电流作为能源，并由牵引电动机驱动机车的车轮。电动机车一般功率大、热效率高、速度快、过载能力强且运行可靠。

2. 铁路车辆

铁路车辆本身没有动力装置，需要由机车牵引才能运行。铁路车辆按用途可分为客车、货车及特种用途车。其中，货车可分为：

(1) 通用货车。通用货车是装运普通货物的车辆，一般有敞车、棚车、罐车、平车和冷藏车等。其所载货物类型多不固定，也无特殊要求。

(2) 专用货车。专用货车一般是指只运送一种或很少几种货物的车辆，其用途比较单一。同一种车辆要求装载货物的重量或外形尺寸比较统一，有时在铁路上的运营方式也比较特别，如固定编组、专列运行等。专用货车一般有集装箱车、长大货物车、家畜车、水泥车、粮食车和特种车等。

近年来，我国铁路也研制出了一批新型货车，如加长敞车、大型凹底平车、行包快运棚车、活顶棚车、平车集装箱两用车等，以适应各类货物的运输需求。此外，货车按载重还可以分为50吨、60吨、75吨、90吨等多种。

3. 典型货车

典型货车包括：

(1) 敞车。敞车是具有端、侧壁而无车顶的货车，主要供运送煤炭、矿石、矿建物资、木材、钢材等大宗货物使用，也可用来运送重量不大的机械设备。若在所装运的货物上蒙盖防水帆布或其他遮篷物，则可代替篷车承运怕雨淋的货物。因此敞车具有很大的通用性，与其他各种铁路货车相比量最多，占货车总数的50%以上。

(2) 棚车。棚车是有侧壁、端壁、地板和车顶，在侧壁上有门和窗的货车，用于运送需要避免日晒、雨淋、雪侵的货物，包括各种粮谷、日用工业品及贵重仪器设备等。部分棚车还可以运送人员和马匹。

(3) 罐车。罐车是车体呈罐形的车辆，用来装运各种液体、液化气体和粉末状货物等。随着罐车的用途不同，结构也有差异，常见的有油罐车、酸碱类罐车、液化气罐车、粉状货物罐车。

(4) 平车。平车是用于装运钢材、原木、建筑材料等长型货物和集装箱、机械设备等的货车，只有地板而没有侧墙、端墙和车顶。

(5) 冷藏车。车体装有隔热材料，车内设有冷却、加温等装置，具有制冷、保温和加温三种性能，用于运送新鲜蔬菜、水果、鱼、肉等易腐货物。

(6) 专用敞车。供具有翻车机械的企业使用，主要用于装运块粒状货物且采用机械化方式装卸。

(7) 专用平车是运送小汽车(型号为SQ)与集装箱(型号为X)的平车。运送小汽车的平车车体一般分为2~3层,并设有跳板,以便汽车自行上下。

(8) 漏斗车用于装运块粒状散装货物,主要运送煤炭、矿石、粮食等。

(9) 水泥车是用来运送散装水泥的专用车。

(10) 家畜车是用于运送活家禽、家畜等的专用车。车内有给水、饲料的储运装置,还有供押运人乘坐的设施。

(二) 铁路线路

铁路线路是列车运行的基础设施,由轨道、路基和桥隧建筑物等组成。

1. 铁轨

铁轨是铁路轨道的简称,也称路轨、轨道等,通常由两条平行的钢轨组成,供火车开行。轨道的强度是根据运量的大小、机车的轴重和行车速度的高低来确定的。铁轨能有效分散火车的重量,使火车的载重力比汽车有了极大的提高。相对于公路来说,铁轨与车轮之间的摩擦力大大减少,使铁路运输节省大量能量。轨道结构可分为重型、次重型、中型和轻型几种。

2. 铁路

根据《铁路线路设计规范》,铁路按其在路网中的作用、性质、设计速度和客货运量,可将铁路等级分为高速铁路、城际铁路、客货共线铁路和重载铁路,并分别确定了它们的等级规范。例如,我国客货共线铁路分为4个等级,见表4-1。

表4-1 客货共线铁路等级

等级	铁路在路网中的意义	近期年客货运量/吨
Ⅰ级铁路	在路网中起骨干作用的铁路	$\geqslant 20\times10^6$
Ⅱ级铁路	在路网中起联络、辅助作用的铁路	$<20\times10^6$ $\geqslant 10\times10^6$
Ⅲ级铁路	为某一地区或企业服务的铁路	$<10\times10^6$ $\geqslant 5\times10^6$
Ⅳ级铁路	为某一地区或企业服务的铁路	$<5\times10^6$

资料来源:国家铁路局发布的《铁路线路设计规范》(TB 10098—2017)。

(三) 铁路车站

铁路车站是办理旅客和货物运输业务,编组和解体列车,组织列车始发、到达、交会、越行和通过的铁路基层单位。车辆的技术检查、货运检查、机车换挂、机车乘务组换班、机车和客车上水等作业一般也在车站完成。车站对外直接与铁路的服务对象(旅客与收发货人)发生关系,对内是铁路机车、车辆、线路、通信信号等各部门运营业务的结合点。

铁路车站根据列车作业的性质可分为编组站、区段站、中间站等。编组站和区段站总称为技术站,但两者在车流性质、作业内容和设备布置上均有明显区别,即:

(1) 编组站是铁路网中的主要车站,以改变车流作业为主,直通车流作业为辅,专门从事列车的编组和解体以及车辆与列车的其他技术性作业；

（2）区段站是位于铁路牵引区段起讫点上的车站，主要从事列车技术登查、机车的换挂、区段零担摘挂列车和小运转列车的改编等作业，配备有机车段、车辆段以及始发线、调车线和牵出线等设施；

（3）中间站是铁路车站中最普遍、数量最多的车站，主要从事单线铁路的列车会让和双线铁路的越行作业，配备有到发线、货物线和牵出线等主要设施。

小思考

（1）简述铁路货物运输的基本特点。

（2）铁路货物运输的基本条件是什么？

第二节　铁路货物运输的作业流程

一、铁路货物运输过程

（一）铁路货物运输过程的含义

铁路货物运输过程主要是指利用线路、机车、车辆等技术设备，将原料或产品通过列车从一个生产地运送到另一个生产地或消费地的过程。在运送过程中，必须进行装车站的发送作业、途中运送，以及卸车站的到达作业。在运送途中，为了合理地利用铁路技术设备，有时还必须进行列车改编作业。为了满足装车需要，卸后空车还要及时调送到需要的装车站。

（二）铁路货物运输环节

1. 运输准备工作

运输准备工作是指运输客货之前所需进行的全部准备工作，主要包括运输经济调查与运输工作量预测、运营线路开辟、运营作业站点设置、客货运输对象组织、运力配置、运输生产作业计划安排，以及制定有关铁路货物运输组织管理制度、规章等。

2. 运输生产工作

运输生产工作是指直接实现货物空间场所转移的车辆运输工作，它是整个运输生产过程中最核心的作业环节。根据货物运输过程的阶段不同，又可划分为：

（1）发送作业。货物在始发站的各项货运工作统称为发送作业，主要由货物托运与承运、组织货物装车、核算制票三部分组成。

（2）途中作业。途中作业是指货物在运输途中发生的各项货运作业，主要包括途中货物的整理或换装、拼装或分卸作业等。

（3）到达作业。到达作业是指货物在到达站发生的各项货运作业的统称，主要包括货运票据的交接、货物卸车、保管、交付作业等。

3. 辅助运输工作

辅助运输工作是为铁路运输提供后勤保障服务的各项工作的总称，主要包括车辆选择与技术运用的组织、运输生产消耗材料的组织供应与保管工作、运输劳动组织工作等。

【提示】上述各环节是构成铁路运输生产过程的主要工作环节。其中，运输生产工作是最基本的运输工作环节，其余工作环节必须围绕运输生产工作环节的各类需要，科学、及时地进行组织，以保证铁路运输生产过程的正常进行。

二、发送业务流程

铁路货物在发站所进行的各项货运作业，统称为货物的发送作业，具体业务流程如图4-1所示。

图4-1　铁路货物发送业务流程图

（一）铁路货物的托运

托运人向承运人提出铁路运输服务订单、货物运单和运输要求，称为货物的托运。

货物运单是托运人和承运人签订的确认运输过程中各方权利、义务和责任的运输合同。货物运单既是托运人向承运人提出的货物托运申请，又是承运人承运货物、核收运费、填制货票的依据，同时也是托运人、承运人、收货人及铁路内部进行货物交接的凭证。

托运人对其在运单和物品清单内所填记事项的真实性应负完全责任，匿报、错报、谎报货物品名、重量，则应按有关规定核收违约罚款。

（二）铁路货物的受理

托运人提出货物运输服务订单及货物运单后，经承运人审查符合铁路运输条件和要求的，承运人在货物运单签订货物搬入车站日期或装车日期后即为受理。车站对抢险救灾物资、直接用于农业生产的物资、鲜活货物、文艺演出用品、搬家货物以及其他需要急运的物资，应优先受理。对危险货物、易腐货物、超限货物，车站应加盖有关表示该货物性质或运输要求及注意事项的戳记。

（三）进货和验收

在铁路货场内装车的货物，托运人按承运人受理时签证的货物搬入指定日期，将货物全部搬入车站，并整齐堆放在指定的货位，完好地交给承运人，此过程称为进货。车站在接收货物时，按运单记载对货物品名、件数、运输包装、标记等进行检查，确认符合运输条件并同意货物进入场、库指定货位，此过程称为验收。

（四）装车

货物运输的质量在很大程度上取决于装车作业组织。装车工作直接影响货车载重量的利用效率。铁路必须严格按照“发站从严、装车从严”的原则，认真做好装车作业，为之后的途中作业和到达作业打下良好基础。

在车站公共装卸场所（主要指铁路货场）装卸的货物，一般由承运人负责；在其他场所（主要指专用铁路和铁路专用线）装卸的货物，由托运人或收货人负责。装车作业要做好装车前的检查，即“三检”（检查运单、检查待装货物和检查货车）。装车要遵循基本的作业规定，做好监装（卸）工作（包括装卸作业前、作业中、作业后的监管），装车后要检查车辆装载、运单和货位情况。

（五）制票和承运

制票作业是指根据货物运单填制货票。货票是铁路运输的凭证，也是一种财务性质的货运票据。货票一式四联：甲联留发站存查；乙联为报告联，由发站送交发局，是各项统计工作的依据；丙联为承运证，发站收清运输费用后交托运人报销用；丁联为运输凭证，随同运单和货物运至到站，由到站存查。

零担和集装箱货物在发站验收完毕，整车货物装车完成，并核收运输费用后，发运站在货物运单上加盖承运日期戳记时，即为承运。承运是铁路负责运输的开始，也是承运人对托运人履行运输合同的一个重要标志。实行承运前，对托运人交由车站的整车货物，铁路从接收完毕时就负有保管责任。对办理海关、检疫手续及其他特殊情况的文件及有关货物数量、质量、规格的单据，托运人可委托铁路代递至到站交收货人。

三、货物的途中作业

货物在运输途中需要进行的各项货运作业，统称为货物的途中作业。途中作业又可分为正常作业和非正常作业两大类。

（一）正常作业

1. 途中货物的交接、检查

为了保证货物运输安全、明确运输责任，对运输中的货车和运输票据，应进行交接检查，对发现的问题按规定处理。

货物的交接、检查可分为：

（1）施封的货车。施封的货车凭封印交接，但对虽已施封而未在货物运单或票据封套上注明的货车按不施封货车交接。对罐车上部封印的，交接时不检查。`

（2）不施封的货车。不施封的货车可分为苫盖篷布和未苫盖篷布两种，前者凭篷布现状交接，后者凭货车现状、货物装载状态或规定的标记交接。对苫盖货物的篷布顶部、煤车的标记和平整状态不做交接，但若接方发现有异状，由交方编制记录后接收。

目前，铁路运输的货物列车大部分实行无运转车长值乘制度，列车实行站与站间交接检查的区段负责制，即按列车运行区段划分检查站责任。列车运行途经有技术作业或无技术作业，但停车时间在35分钟以上的技术作业站，视为责任货运检查站（简称货检站），由车站组织货运检查工作。

但仍有部分线路实行运转车长值乘并负责途中的交接检查制度，车站与运转车长或运转车长相互间依据列车编组顺序表和乘务员手册办理签证交接。接收方应在规定时间内将列车检查完毕并办理交接签证。

货运交接检查的内容包括：

(1) 列车中货物装载、加固状态。

(2) 车辆篷布苫盖状态。

(3) 施封及门、窗、盖、阀关闭情况。

(4) 货车票据完整情况。

2. 整车分卸

按整车分卸办理的货物，在途中分卸站要进行货物的分卸作业。分卸站在接收重车时，应认真核对票、车，卸车时要对票卸货，防止漏卸和误卸，卸车后要整理车内货物，防止车内货物在继续运行过程中倒塌、坠落而导致货运事故或者由于偏载、偏重而导致行车事故。此外，应将两份分卸货物运单截留，一份随货物交付收货人，一份由分卸站存查。

（二）非正常作业

1. 货物的换装整理

重车在运输途中发现货物超偏载或洒漏，因车辆技术状态不良不能继续运行，货车装载状态有异状，加固材料折断、损坏，货车篷布苫盖不严或捆绑不牢，以及货车违反乘务区通行限制等情况时，发现车站（或指定站）应及时确认，必要时进行更换货车（换装）或货物整理作业，此过程称为货物的换装整理。其中，换装是指将不宜继续运行的货车中的货物卸下，装入适宜安全运输的货车内的作业；整理是指就原车货物的装载位置、高度进行调整，或卸下超载部分的货物及捡拾洒漏货物，以便货车能继续安全运行的作业。处理站作业完毕后应在货票丁联背面记明相关事项。

2. 货物运输合同的变更或解除

货运合同的变更是指托运人或收货人由于特殊原因，对已承运的货物，在发送前由托运人向承运人提出取消托运，或托运人、收货人提出变更到站、变更收货人的书面要求。

3. 运输障碍处理

因不可抗力的原因致使行车中断，货物运输发生阻碍时，铁路局对已承运的货物，可指示绕路运输；或者在必要时先将货物卸下，妥善保管，待恢复运输时再行装上继续运输，这种情况发生所需的装卸费用，由承担装卸作业的铁路局负担。因货物性质特殊，绕路运输或卸下再装可能导致货物损失时，处理站应及时联系托运人或收货人，请其在要求的时间内提出处理办法。如超过要求时间仍未接到答复或因等候答复使货物遭受损失的，可比照无法交付货物处理。

四、货物的到达作业

货物在到站所进行的各项货运作业，统称为货物的到达作业，包括重车和货运票据的交接，货物的卸车、保管、交付等。

（一）交接

列车至到站后，车站应及时核对现车，进行货运检查，并办理重车和货运票据的交接。

（二）卸车

为了保证卸车作业的顺利进行，防止误卸并确认货物运输途中的状态，也为了便于分清责任，必须进行卸车前检查。安全卸车后，还需要对运输票据、货物和卸后车辆进行再次检查，以确保准确无误。

（三）货物的交付

货物交付是指承运人在规定的地点与收货人进行货物（车）交接后，在货物运单上加盖货物交付日期戳记，即表示货物运输过程终止的作业程序。承运人组织卸车的货物和发站由承运人组织装车、到站由收货人卸车的货物，在向收货人点交清楚并办理交接手续后，即交付完毕；发站由托运人组织装车、到站由收货人组织卸车的货物，在货车交接地点交接完毕，即为交付完毕。交付完毕，货运合同即告结束。为了保证货物交付工作的顺利进行，到站应及时向收货人发出催领通知。催领通知应在不迟于卸车完毕的次日内用电话或书信向收货人发出，或者收货人也可与到站商定其他通知方法。

（四）无法交付货物的处理

收货人拖延领取、拒绝领取或无人领取时，铁路采取解决措施无效后，自发出催领通知满 30 日（搬家货物为 60 日）仍无人领取或收货人未按规定期限提出处理意见的，承运人按无法交付货物进行处理。对性质不宜长期保管的货物，承运人根据具体情况可缩短处理期限。处理办法包括：

（1）有价移交。对于一般无法交付货物，车站向国家规定的物资主管部门有价移交。

（2）无价移交。军用物资、历史文物、重要资料和违禁物品向相关主管部门无价移交。

处理无法交付货物所得价款，应扣除装卸、保管、运输、关税等费用，余款额缴入国库。

第三节　铁路货物运输组织

一、铁路整车货物运输组织

（一）铁路整车运输的条件

1. 货物的重量或体积

我国现有的货车以棚车、敞车、平车和罐车为主，标记载重量（简称为标重）大多为 50 吨、60 吨及 60 吨以上，棚车的容积在 100 立方米以上，达到这个重量或容积条件的货物，应按整车运输。有一些专为运输某种货物的专用货车，如散装水泥车、散装粮食车、长大货物车、家畜车等，按专用货车的标重、容积确定货物的重量与体积是否需要一辆货车装载。

2. 货物的性质或形状

有些货物虽然重量、体积不够一车，但按其性质、形状需要单独使用一辆或一辆以上货车运输时，也应按整车运输。下列货物除按集装箱运输外，应按整车运输办理（不得按零担运输的货物）：

（1）需要冷藏、保温或加温运输的货物。

（2）规定应按整车运输的危险货物。

（3）易于污染其他货物的污秽品。

（4）蜜蜂。

（5）不易计算件数的货物。

（6）未装容器的活动物。

（7）一件重量超过 2 吨、体积超过 3 立方米或长度超过 9 米的货物（经发站确认不影响中转站和到站装卸作业的除外）。

（二）铁路整车运输的特点

铁路整车运输的突出特点是货运量大，运输对象绝大部分为大宗货物，如煤炭、矿石、石油、建筑材料、木材、粮食等。在我国 40 多年的改革开放中，全国 75%的煤、66%的矿石、62%的钢铁都是通过铁路运输予以保障的。我国铁路货运长期习惯于运送煤炭、钢铁和矿石等“黑货”，约占整个铁路货运量的 98%；而电子电器、农副产品、日常百货等“白货”仅占 2%。

铁路整车运输基本都采取直达运输，即组织不同类型的直达列车来运送整车货物。直达运输可以减少编组站的改编作业量，压缩车辆中转时间，加快货物的送达速度，是经济效益相对最好的运输组织形式。

铁路整车运输业务过程较简单。大宗货物直达运输，其装卸作业多集中在专用线和专用铁道上，作业过程及办理手续简单。同时，出现差错的可能性较小，安全程度较高。

铁路整车运输也存在明显的不足。铁路整车运输的货物种类较少，尤其是难以适合城镇和乡村居民需要的化工、机械、家电、日常用品，以及农副产品等货物的运输，所以整车运输可以服务的市场覆盖面较小。另外，由于所运输货物大部分是大宗货物，所以铁路整车运输送达率不高。

小贴士

在铁路运输业中，货物有黑白之分。煤炭类大宗货物俗称为“黑货”，一般有煤炭、钢铁、矿石、水泥、粮食、石油等；其他的货物称为“白货”，如金属制品、工业机械、电子电器、农副产品、日用百货等。

（三）铁路整车运输组织方法

铁路整车运输基本采用直达运输方法，但在特殊条件下也会采用一些特殊的整车运输方法，例如整车分卸、准轨与米轨直通运输、途中装卸、站界内搬运等。其中整车分卸和途中装卸只限按整车托运的货物。

1. 整车直达运输

组织整车货物直达运输，必须编制直达列车计划。一般从货流开始，即根据核定的月度货物运输计划，分别按货物发到站、去向进行货流分析，再按照“先远后近”“先整列后成组”“先一站，后多站”的要求，纳入直达列车计划。

2. 整车分卸

整车分卸是将起运站和运输方向相同、到达站不同的货物拼凑成整车，依次在不同到达站分别卸货的运输，运输部门按货车载重标准吨数和到达站最远量程数向托运单位收费。其目的是解决托运人运输的货物数量不足一车，而又不按零担办理的货物的运输。运输的货物必须是不得按零担运输的货物，但蜜蜂、使用冷藏车装运需要制冷或保温的货物及不易计算件数的货物不能按整车分卸办理。

按整车分卸办理的货物，除派有押运人外，托运人还必须在每件货物上拴挂标记。在分卸站卸车后，车内货物必须进行整理以防偏重或倒塌。

3. 准轨、米轨直通运输

准轨、米轨直通运输是指使用一份运输票据，跨及准轨或米轨铁路，将货物从发站直接运送至到站。准轨、米轨间直通运输整车货物，一批货物的重量或体积应符合下列要求：

（1）重质货物重量为 30 吨、50 吨、60 吨（不适用货车增载的规定）；

（2）轻浮货物体积为 60 立方米、95 立方米、115 立方米；

不办理直通运输的货物有鲜活货物，需要冷藏、保温或加温运输的货物，罐装运输的货物，每件重量超过 5 吨、长度超过 16 米或体积超过米轨装载界限的货物。

4. 途中装卸

途中装卸是指货车装车或卸车地点不在铁路公共装卸场所，而在相邻两个车站站界间的铁路沿线。途中装卸的货物，可根据搬运人的要求，以途中装卸的后方或前方办理货运业务的车站为发站或到站。

5. 站界内搬运

装车和卸车地点不跨及两个车站或不越过装车地点车站的站界，这种运输被称为站界内搬运。按整车运输的货物，托运人要求在站界内搬运或途中装卸时（包括在不办理货运营业的车站装卸），经月度要车计划核准后，可在铁路局内办理。危险货物不得办理站界内搬运或途中装卸。

二、铁路零担货物运输组织

（一）铁路零担运输的条件

零担货物是指一批托运的货物，按照重量、体积、形状或性质，不需要使用一辆最低标记载重量的货车装运。《铁路货物运输规程》规定，不够整车运输条件的，按零担托运；按零担托运的货物，单件货物体积不得小于 0.02 立方米（单件货物重量在 10 千克以上的除外），每批不得超过 300 件。

铁路零担货物对象主要包括农副土产品、化肥、农药、农业机械、轻工业品，日用百货以及个人物品等，这些货物的货运量只占铁路总货运量的极小比例。但由于零担货物一般重量小、批数多、品类繁杂、发到站分散、性质复杂、包装条件不一，必须组织几十批甚至几百批货物配装于一辆货车内进行运输，因而铁路部门往往要投入比整车运输更多的人力和物力。

（二）铁路零担运输的组织要求

零担货物的运输在组织、装卸作业等环节的管理上，相对于整车作业更复杂，此外还会受到其他一些运输条件的限制，为此有以下四方面的要求：

（1）对于零担货物的体积，通常每件不得小于 0.02 立方米，或者每件货物的重量应在 10 千克以上。

（2）不易计算件数的货物、运输途中有特殊要求的货物，以及易于污染其他物品的货物，不得按零担货物办理。为便于装卸作业中堆码、交接和配装，一批零担货物的总件数一般不应超过 300 件。

（3）货物的重量由铁路部门确定。但对于标准重量、标记重量或附有过磅清单的零担货物，允许由托运人确定重量，但铁路部门可以进行复查和抽查。

（4）一般情况下不允许派押运人。托运人应在每件零担货物上标明清晰的标记，以便作业中识别。

（三）铁路零担运输组织方法

1. 根据零担货物的性质和作业特点划分

根据零担货物的性质和作业特点可以分为以下 4 种类型：

（1）普通零担货物，简称普零货物，即按零担办理的普通货物，使用棚车装运。

（2）危险零担货物，简称危零货物，即按零担办理的危险货物，使用棚车装运。

（3）笨重零担货物，简称笨零货物，即一件重量在 1 吨以上、体积在 2 立方米以上或长度在 5m 以上，需要以敞车装运的货物，以及货物的性质适宜敞车装运和吊装吊卸的货物。

（4）零担易腐货物，简称鲜零货物或鲜零，即按零担办理的鲜活易腐货物。

2. 按照零担货物的装运方式划分

铁路零担货物运输的组织主要是组织零担车，即装运零担货物的车辆，一般以整车形式运送。按照零担货物的装运方式可以分为以下 3 种类型：

（1）直达整装零担车，也称为直达整零车，即将货物由始发站直接运至到达站，无须经过中转站中转的零担车。这类零担车的货物运达速度最快，整装零担车也简称整零车。

（2）中转整装零担车，也称为中转整零车，即按照零担车组织计划的要求，将到达同一去向的货物装运至规定的中转站进行中转作业的零担车。

（3）沿途零担车，也称为沿零车。沿零车是指在指定区段内，装运发到沿途各站，不够条件组织整零车的货物的零担车。沿零车又可分为：

1）直通沿零车。直通沿零车须通过几个沿零区段不进行货物中转（换装）作业，但需要在途中经过几次列车改编的长距离沿零车。

2）区段沿零车。区段沿零车是指在两个技术站间运行的短距离沿途零担车。

组织零担货物运输应坚持“多装直达、合理中转、巧装满载、安全迅速”的原则。凡具备直达整零车条件的货物，应组织直达整零车装运；不够组织直达整零车条件的，则组织中转整零车装运，且应尽可能装运到距离货物到站最近的中转站，以减少中转次数。

3. 整零车分类及组织条件

整零车按车内所装货物是否需要中转分为直达整零车和中转整零车两种；按其到站个数分为一站整零车、两站整零车和三站整零车 3 种。由上述两种方法的组合，则有一站（两站或三站）直达整零车和一站（两站或三站）中转整零车 6 种。危零货物只能直接运至到站，不得经中转站中转。整零车分类及组织条件见表 4-2。

表 4-2　整零车分类及组织条件

分类标准	类型名称	整零车组织条件
按车内所装货物是否需要中转分	直达整零车	—
	中转整零车	—
按其到站个数分	一站整零车	车内所装货物不得少于货车标重的 50%或容积的 90%
	两站整零车	第一到站的货物不得少于货车标重的 20%或容积的 30%；第二到站的货物不得少于货车标重的 40%或容积的 60% 两个到站必须在同一路径上且距离不得超过 250km，但符合下列条件之一可以不受距离限制：第二到站的货物重量达货车标重的 50%或者容积的 70%。两个到站为相邻中转站
	三站整零车	危零、笨零货物不够条件组织一站或两站整零车时可以组织同一路径上 3 个到站的整零车，但第一到站与第 3 到站的距离不得超过 500km

资料来源：张理、刘志萍主编，《物流运输管理》，2012 年 5 月。

小贴士

零担货物按货物重量或体积折合重量择大计费，即每立方米重量不足 500 千克的轻浮货物，按每立方米折合重量 500 千克计算，但有规定计费重量的货物按规定计费重量计费。零担货物以 10 千克为计费单位，不足 10 千克的进为 10 千克。零担货物的起码运费为每批 2.00 元。

三、铁路集装箱货物运输组织

集装箱运输是现代运输的主要组织形式之一，具有保证货物安全、简化包装、提高装卸效率、加速车辆周转等优点，且便于组织“门到门”运输和组织联运。

（一）铁路集装箱货源组织

集装箱货源是集装箱运输的先决条件。目前，铁路集装箱货源的组织形式主要有四种，其分别为整列集装箱货、整车集装箱货、整箱集装箱货和拼箱集装箱货。我国铁路集装箱运输主要是把普通零担货物中适合集装箱运输的货物组织起来，使用集装箱进行运输。

（二）铁路集装箱运输组织方法

目前，按照铁路集装箱运输组织要求不同，主要分为：

（1）集装箱定期直达列车。集装箱直达列车通常实行定点、定线、定期运行，正点率较高。其中间转换环节相对较少，能满足货主安全、快捷到达的要求，对易腐货物的运输尤其有利。因此，收发货人要提前预约箱位，有计划的接取和送达。

（2）一般快运货物列车。对零星的小批量集装箱，不宜纳入定期直达和集装箱专列中，可编入快运列车，列车车速也可达 100 千米/小时以上。这种列车通常要在编组站编解。

（3）集装箱专运列车。集装箱专运列车与定期直达列车的相同之处在于都在铁路运行图上拥有专门的运行线；不同之处在于专运列车虽然也是运送大批量的集装箱，且运程较长，但不是定期的。这种运输方式可以解决货源不均衡的矛盾。

（4）普通的货运列车。对量小、去向不稳定的集装箱可以编入普通的货运列车装运。这种方式的运输效率远不及集装箱定期直达列车。

四、铁路班列货物运输组织

铁路开行的发到站间直通，运行线和车次全程不变，发到日期和时间固定，实行以列、组、车或箱为单位报价、包干办法，即定点、定线、定车次、定时、定价的货物列车，称为货运“五定”班列（简称班列）。班列按其运输内容可分为集装箱货物班列（简称集装箱班列）、鲜活货物班列（简称鲜活班列）、普通货物班列（简称普通班列）。班列的开行周期实行周历，按每周×列开行。

除不明到站的军事运输、超限货物和限速运行的货物外，其他均可按班列办理运输。

班列运输具有以下特点：

（1）运达迅速。班列运行速度双线区间为 800 千米/天以上，单线区间为 500 千米/天以上，运达速度快。

（2）手续简便。托运人可在车站的一个窗口一次办理好手续。

（3）运输费用由铁路部门统一组织测算并公布。除此之外不得收取或代收任何其他费用，透明度高。

（4）班列在运输组织上实行“五优先、五不准”，即优先配车、优先装车、优先挂运、优先放行、优先卸车。除特殊情况报铁路部门批准外，不准停限装，不准分界口拒接，不准保留，不准途中解体，不准变更到站。

五、铁路货运单证管理

（一）货物运单

货物运单是托运人与承运人之间为运输货物而签订的一种运输合同或运输合同的组成部分。它是确定托运人、承运人、收货人之间在铁路运输中的权利、义务和责任的原始依据。货物运单是托运人向承运人托运货物的申请书，也是承运人承运货物和核收运费、填制货票以及编制记录和备查的依据。

货物运单具有固定的合同格式，由托运人向发站提交，承运后经双方盖章，运输合同即告生效。货物运单随货同行，在运输途中作为交接检查的凭据，在到站随同货物交付给收货人。运单由货物运单和领货凭证两部分组成。

（二）领货凭证

收货人领取货物时应当出具领货凭证，但领货凭证不是收货人领取货物的唯一证明。由于铁路货物运单是记名式运单，所以领货人也可以出具能够证明其是收货人身份的证明文件，来作为承运人交付货物的凭证。

领货凭证不是物权凭证，收货人所持领货凭证并不构成铁路运输企业必须向其交付货物的凭证。

（三）铁路货物运输服务订单

当前，铁路货物运输服务订单包括整车运输、零担集装箱运输、货运“五定”班列三种不同格式。

（四）货票

货票具有存根、收据、运输凭证等多种用途，目前普通货票一式四联，其用途分别是发站存查、报局审核清算、托运人报销及连同运单随货同行供到站存查。其中，丙联为承运及收款凭证，丁联为运输凭证。计算机制票时，车站在货票信息载体能有效保存，并可提供经常性查询的前提下，经铁路局（集团公司）批准，可取消甲联。印有号码的货票具有有价证券的性质。

【提示】运单的填写，分为托运人填写和承运人填写两部分。承、托双方在填记时均应对运单所填记的内容负责。运单的填写要做到正确、完备、真实、详细、清楚，以及更改时要有更改盖章。

六、铁路货物运到期限

货物运到期限是指铁路在现有技术设备条件和运输工作组织水平的基础上，根据货物运输种类和运输条件货物由发站运至到站的最长运输限定天数。

（一）货物运到期限的计算

铁路承运货物的期限从承运货物的次日起按天计算，运到期限的起码天数为 3 天，即计算出的运到期限不足 3 天时，按 3 天计算。运到期限由以下 3 部分组成：

（1）货物发送期间（$T_{发}$）。货物发送期间是指车站完成货物发送作业的时间，包括发站从货物承运到挂出的时间。货物发送期间规定为 1 天。

（2）货物运输期间（$T_{运}$）。货物运输期间是指货物在途中的运输天数。每 250 运价千米或未满，为 1 天；按快运办理的整车货物每 500 运价千米或未满，为 1 天。

（3）特殊作业时间（$T_{特}$）。特殊作业时间是指为某些货物在运输途中进行作业所规定的时间。具体规定如下：

1）需要中途加冰的货物，每加冰 1 次，另加 1 天。

2）运价里程超过 250 千米的零担货物和 1 吨、5 吨型集装箱，另加 2 天，超过 1000 千米加 3 天。

3）一件货物重量超过 2 吨、体积超过 3 立方米或长度超过 9 米的零担货物，另加 2 天。

4）整车分卸货物，每增加一个分卸站，另加 1 天。

5）准、米轨直通运输的货物另加 1 天。

上述五项特殊作业时间应分别计算，当一批货物同时具备几项时，累计相加计算。

若运到期限用 T 表示，则：

$$T = T_{发} + T_{运} + T_{特} \tag{4-1}$$

货物运输的终止时间为：

(1) 到站由承运人组织卸车的货物，到卸车完毕时止。

(2) 由收货人组织卸车的货物，至货车调到卸车地点或货车交接地点时止。

【例 4-1】 广安门站承运到石家庄站的零担货物一样，重 2300 千克，计算运到期限。已知运价里程为 274 千米。

【解】

$$T_{发} = 1\text{ 天}；\ T_{运} = 274/250 = 1.096(\text{天})\ (\text{按 2 天算})$$

运价里程超过 250 千米的零担货物另加 2 天，一件货物重量超过 2 吨的零担货物另加 2 天，则

$$T_{特} = 2 + 2 = 4(\text{天})$$

所以，这批货物的运到期限

$$T = T_{发} + T_{运} + T_{特} = 1 + 2 + 4 = 7(\text{天})$$

（二）班列运到期限

班列运输的运到期限，按列车开行天数（始发日和终到日不足 24 小时按 1 天计算）加 2 天计算，运到期限自班列始发日开始计算。

（三）货物运到逾期

货物运到逾期，铁路部门应按规定向收货人支付违约金。违约金是根据逾期天数和运到期限天数，按承运人所收运费的百分比计算。快运货物运到逾期，除按规定退还快运费外，货物运输期间按 250 运价千米或未满为 1 天计算运到期限仍超过时，还应按上述规定向收货人支付违约金。超限货物、限速运行的货物、免费运输的货物以及货物全部灭失时，若运到逾期，承运人不支付违约金。

从承运人发出催领通知的次日起，如收货人未于两天内将货物领出，即失去要求承运人支付违约金的权利。

货物在运输过程中，由于不可抗力、托运人的责任致使货物在途中发生换装、整理、托运人或收货人要求运输变更、运输的活动物在途中上水以及其他非承运人的责任之一造成的滞留时间，应从实际运到天数中扣除。

小思考

(1) 零担货物有哪些分类？

(2) 如何办理铁路货物的托运？

(3) 铁路货物运单有哪些作用？

案例分析

推进铁路运能提升的行动计划

一、加快大型工矿企业和物流园区铁路专用线建设

支持煤炭、钢铁、电解铝、电力、焦化、汽车制造等大型工矿企业以及大型物流园区新建或改扩建铁路专用线。简化铁路专用线接轨审核程序，压缩接轨协议办理时间，完善铁路专用线共建共用机制，创新投融资模式，吸引社会资本投入。合理确定新建及改扩建铁路专用线建设等级和技术标准，鼓励新建货运干线铁路同步规划、设计、建设、开通配套铁路专用线。到 2020 年，全国大宗货物年货运量 150 万吨以上的大型工矿企业和新建物流园区，铁路专用线接入比例达到 80% 以上；重点区域具有铁路专用线的大型工矿企业和新建物流园区，大宗货物铁路运输比例达到 80% 以上。

二、优化铁路运输组织模式

优先保障煤炭、焦炭、矿石、粮食等大宗货物运力供给。优化列车运行图，丰富列车编组形式，加强铁路系统内跨局组织协调，开发当日达、次日达等多种运输产品，实现车船班期稳定衔接。在运输总量达到一定规模的通道，开发铁路货运班列、点到点货运列车、大宗货物直达列车等多频次多样化班列产品，构建快捷货运班列网络。研究推进铁路双层集装箱、驮背运输产品开发，提升通道配套设施设备能力。充分发挥高铁运能，在有条件的通道实现客货分线运输。

三、提升铁路货运服务水平

深化铁路运输价格市场化改革，建立健全灵活的运价调整机制，发挥市场配置资源的决定性作用。完善短距离大宗货物运价浮动机制。规范铁路专用线代维收费行为，推动降低专用线共用收费水平。减少和取消铁路两端短驳环节，规范短驳服务收费行为，降低短驳成本。推动铁路运输企业与煤炭、矿石、钢铁等大客户签订运量运能互保协议，实现互惠共赢。推动铁路运输企业与港口、物流园区、大型工矿企业、物流企业等开展合作，构建门到门接取送达网络，提供全程物流服务。

四、推进集疏港铁路建设

加快实施《“十三五”港口集疏运系统建设方案》《“十三五”长江经济带港口多式联运建设实施方案》《推动长江干线港口铁水联运设施联通的行动计划》，着力推进集疏港铁路建设。加强港区集疏港铁路与干线铁路和码头堆场的衔接，优化铁路港前站布局，鼓励集疏港铁路向堆场、码头前沿延伸，加快港区铁路装卸场站及配套设施建设，打通铁路进港最后一公里。2020 年全国沿海重要港区铁路进港率大幅提高，长江干线主要港口全面接入集疏港铁路。

五、推进城市生产生活物资公铁联运

充分发挥铁路既有站场资源优势，完善干支衔接的基础设施网络，创新运营组织模式，打造“轨道+仓储配送”的铁路城市物流配送新模式，提高城市生产生活物资运输中公铁联运的比例。在北京等大型城市组织开展城市生产生活物资公铁接驳配送试点，加快城市周边地区铁路外围集结转运中心和市内铁路站场设施改造，构建“外集内配、绿色联运”的公铁联运城市配送新体系。

（资料来源：《推进运输结构调整三年行动计划（2018—2020 年）》）

案例思考题：

（1）提高铁路运输能力的意义有哪些？

（2）提高铁路货物运输量的措施有哪些？

（3）试用运输市场及本章知识，分析“公铁联运”这种运输方式需要推进的背景及原因。

第五章　水路货物运输

SHUILU HUOWU YUNSHU

【学习目标】

（1）了解水路运输的基本知识，包括概念、特点及分类等；
（2）了解水路运输系统的组成；
（3）掌握班轮货物运输和租船运输的概念及特点；
（4）熟悉班轮运输中常用的各种单证；
（5）理解租船运输的业务程序。

引导案例

航海日，看总书记如何把脉“航运强国”

2020 年 7 月 11 日是第十六个中国航海日。

习近平总书记曾深刻指出：“经济强国必定是海洋强国、航运强国。”航运离不开港口。港口的发展，在习近平总书记心中始终有着沉甸甸的分量。无论是在福建、浙江、上海等地方工作期间，还是到中央工作后，港口始终是他考察、关注的重点之一。

在福建宁德任职时，习近平认为，沿海地区要想富，要先建港；在浙江任职时，把港口作为全省发展海洋经济的引擎，紧抓不放；在上海主政时，把港口作为上海走向国际大舞台的支点，大力推进上海国际航运中心建设。

习近平总书记经常利用国内考察或是出访的机会，到港口进行调研，指导工作，那么这些考察调研有着怎样的深意呢？

向海则兴，背海则衰。航运系国运，航运始终是中国经济发展的重要支柱。

历史经验证明，强国的路径有多条，但通过一个产业的发展，进而带动国家地位的提升，这在世界产业经济中是少见的，航运业就具有这样的特点。尤其是当代一些国家的快速崛起，都离不开航运的发展。

“强国”的基础是经济，经济的增长离不开贸易，而贸易的最重要载体就是航运。航运业始终处于国际市场的前沿，是国际经济走向的晴雨表。作为全球贸易最主要的载体，航运至今仍然是不可替代的。

中国的航运业起源于唐，兴盛于明，于晚清开始衰败。近代的仁人志士都把振兴民族航运作为梦想追求。孙中山先生在《建国方略》中，对发展航运和海港作了专门论述。新中国成立后，中国航运事业开始新的拓荒。

如何做大做强航运，总书记一直记挂在心。

（根据 2020 年 7 月 11 日《新华社国内部》文章“航海日，看总书记如何把脉‘航运强国’”改编）

讨论：发展航运有哪些重大意义？

第一节 水路货物运输概述

一、水路货物运输的概念和特性

（一）水路运输的定义

水路运输是指以船舶为主要运输工具，以港口或港站为运输基地，以水域（海洋、河、湖等）为运输活动范围的一种客货运输。与其他几种运输方式相比，水路运输运载能力大、成本低、能耗少、投资省，是一些国家在国内和国际上运输的重要方式之一。

（二）水路运输的发展与地位

人类使用船舶作为水上交通工具，几乎同人类文明史一样悠久，其在蒸汽机发明及应用于交通动力前就已经出现，是目前各主要运输方式中兴起最早、历史最长的运输方式。水上运输同以人力、畜力为动力的陆上运输相比，无论是运输能力、运输成本，还是方便程度，都处于优越地位。内燃机的发明为轮船的航行提供了更为先进有效的动力，由此触发了一场轮船制造技术的革命。从此，轮船的制造技术越来越高，航运能力越来越强，规模越来越大。水运至今仍是世界上许多国家最重要的运输方式之一。

水路运输是历史悠久的国际贸易运输方式，海上运输则是国际贸易中最重要的运输方式，目前国际贸易总运量中约有 90%的货物是利用海上运输完成的。水上运输具有载量大、成本低的特点，所以直到今天大宗物资的运输仍主要依靠水路，或者说尽量利用水路。如我国海上的“北煤南运”“南粮北调”，以及长江流域各省市的物资调运等。这些畅通的水运路线被人们誉为“黄金水道”。

我国内河航运主要以长江、珠江、淮河水系及其水网地区为主，通航里程占全国水域的 80%以上。我国东部毗邻渤海、黄海、东海、南海，有 1.8 万千米的海岸线，沿海运输具有十分重要的地位。

（三）水路货物运输的优缺点

1. 水路物流运输的优点

水路物流运输具有以下优点：

（1）运输能力强。船舶舱位大，装载能力强，又因江、河、湖、海的相互贯通，可实现通航几乎不受限制的长距离物流运输。随着造船技术的日益发展和精益求精，船舶都朝着大型化的方向发展。目前，世界上最大的油船载重量达 55 万吨以上，集装箱船箱位已达 10000 个标准集装箱，矿石船载重量达 35 万吨。即便在内河运输中，美国最大顶推船队运载能力也达到了 5 万~6 万吨，我国顶推船队的运载能力已达 3 万吨，相当于铁路列车运载能力的 6~10 倍。

（2）单位运输成本低。由于船舶沿水道浮动运行，水路物流运输可以有效节省燃料，可以降低物流运输成本。在各种物流运输方式中，水路运输的单位运输成本最小，尤其是海运，运输成本更为低廉，约是铁路物流运输的 1/25~1/20，不足公路物流运输的 1/100。

（3）续航能力强。一艘商船携带的燃料、粮食及淡水可以延用数十日，它还具有独立生活的种种设备，如发电、制造淡水等。

（4）节约投资，占地较少。水路物流运输主要利用江、河、湖泊和海洋的天然航道，港口设施一般为政府修建，投资成本相对较低，且占用土地面积也相对较少。

2. 水路物流运输的缺点

水路物流运输具有以下缺点：

（1）运输速度慢。货船体积大，水流阻力高，风力影响大，因此速度较低，一般多在每小时 10~20 海里，最新的集装箱海运可达每小时 35 海里。而且要想提高船舶速度也是很困难的，比如根据经验，同样的船体，速度提高 1 倍，功率需要提高 10 多倍。

（2）可达性差。航运和装卸作业受到水域码头、港口、船期等条件的限制，如果托运人或收货人不在航道上，还要依靠汽车或铁路物流运输进行转运。另外，船舶到达港口，如果水深不够或缺乏必要的装卸设备，也将限制大型船舶的入港与作业。

（3）受季节、天气等条件的影响较大。如在冰封期（或冰封区域）、枯水期，船舶的正常通航就难以保证，暴风雨、大雾天气对船舶航行的影响也比较明显。

(4) 船舶的投资额巨大且回收期长。虽然水路物流运输在航道和港口上的投资相对较少，但企业购买船舶却需要花费巨额资金，且船舶的折旧期较长，一般长达20年。海运市场的周期性循环对于运费的影响很大，容易使水路物流运输企业的运费收入不稳定，甚至出现较大的起伏；而且舱位无法储存，如果货运量不能满载剩余舱位即是损失；船舶不能移作他用也使投资风险加大。

(5) 面临的竞争激烈。海洋运输经营者往往要面对各国运输企业的竞争，目前世界航运运力严重过剩，同行业间竞争激烈。同时，水路物流运输还要面对其他运输方式的竞争，使得水路物流运输面临巨大的压力。

(6) 准时性和安全性不高。由于受自然条件的限制较大，水路物流运输难以保证运输的准时性；另外，海运事故降低了水路运输的安全性，这使得水路运输在高端市场中的竞争力不强。

二、水路货物运输的分类

(一) 按物流运输企业的营运方式划分

按物流运输企业的营运方式，水路货物运输可以划分为：

(1) 自营。自营是物流运输企业自己购买或建造船舶，自行经营航线业务的一种方式。

(2) 租船运输。租船运输是物流运输企业自己不购置船舶，而是以租船的方式从事货物运输的一种方式。

(3) 委托经营。委托经营是小型船公司通过付给代理费，将船舶委托给大型船公司或有经验的代理人代为营运的一种方式。

(4) 联合营运。联合营运是多个物流运输企业组成运输联盟进行联合物流运输的一种方式，但各物流运输企业之间仍保持其独立性。

(5) 自运。自运是大规模的物流运输企业为运送本单位的货物而自行购船或租船、自行营运的一种方式。

(二) 按航行区域的不同划分

按航行区域的不同，水路货物运输可以划分为：

(1) 内河物流运输。内河物流运输是指利用船舶、排筏和其他浮运工具，利用江、河、湖泊等天然航道和水库及人工水道从事的物流运输。内河运输是水路货物运输的重要组成部分，也是连接内陆腹地和沿海地区的纽带。内河物流运输一般为国内运输，它具有运量大、投资少、成本低、耗能少的特点，对一个国家的国民经济和工业布局起着重要作用，世界各国无不重视本国内河运输系统的建设和管理。

(2) 海洋物流运输。海洋物流运输是使用船舶或其他水运工具通过海上航道运送货物的一种运输方式。海洋物流运输又可分为沿海物流运输和远洋物流运输，沿海物流运输是以内贸运输为主；远洋物流运输也称国际航运，国际货物航运，是国与国之间的海洋货物运输。

（三）按物流运输的目的划分

按物流运输的目的，水路货物运输可以划分为：

（1）营业性物流运输。营业性物流运输是指为社会服务，发生某种方式运费结算的物流运输。

（2）非营业性物流运输。非营业性物流运输是指为本单位或本身服务，不发生各种方式运费结算的物流运输。

三、水路运输的经营管理特性

水路运输的经营具有国际性，易受国际政治、经济、法律及外汇的影响。其经营特性体现在以下几个方面。

（一）投资额巨大且回收期长

海运公司打造或购买船舶需巨额资金，如新造一艘大型集装箱船舶，若运能为3500TEU，其造价一般为5000万～6000万美元。船舶是公司固定资产，折旧期一般长达20年。就投资分析而言，用于固定资产的比例较其他企业高，且船舶没有移作其他用途的可能。

（二）国际化经营且竞争激烈

海洋运输经营具有国际性，船舶航行于公海，需争取各国货载的运送。目前世界船吨严重过剩，同行业间竞争激烈，同时还面临与其他运输方式之间的竞争。

（三）兴衰循环，运输费不稳

海运市场的周期性循环对运费的影响很大。如果世界经济景气，货物运输需求增加，则运费上扬，进而刺激造船业发展；一旦船舶吨位迅速增加，又逢世界经济趋于低迷，则立即反映于海运市场，运费必定下跌，使得造船业萎缩，海运公司甚至不得不将船舶拆解以减少吨位。如此变化的结果，致使运费收入很不稳定。

（四）舱位无法储存

海运企业运输服务，难以像一般企业那样随意减产或增产，即海上运输无法将货物及旅客舱位储存。如果定期班轮开航，而客、货运量不能满载，剩余舱位即是损失；如果超过客货载量，亦无法预储舱位而超载容量。

（五）需尊重国际法律

海运企业经营属于世界性商务活动，除各国的海运法规外，对于国际公约与国际惯例必须予以尊重，以适应海运国际市场。主要包括：

（1）国内法，如我国的对外国籍船舶管理规则，美国的海上货物运送条例、海运法等。

（2）国际公约，如《联合国海上货物运送公约》等。

（3）国际惯例，如《国际商会联运单证统一规则》等。

四、水路货物运输系统的组成

水路运输系统由运输工具、航线、港口与服务机构等组成。水路运输工具主要是船舶，船舶是航运经营人从事运输服务的生产工具；航线是船舶运行的活动场所；港口是船货结合的集散地和衔接点；服务机构提供各项具体的运输业务服务。

（一）水路货物运输工具

船舶是指能航行或停泊于水域内，用以执行作战、运输、作业等任务的运载工具，是各类船、舰、驳、舟、舢板、筏及水上作业平台等的总称。水路物流运输中的船舶则一般不包括用于军事、政府公务目的的船舶和20吨以下的小型船艇。

水路货运船舶主要有以下几种：

（1）杂货船。杂货船一般是指定期航行于货运繁忙的航线，以装运零星杂货为主的船舶。这种船航行速度较快，船上配有足够的起吊设备，船舶构造中有多层甲板把船舱分隔成多层货柜，以适应装载不同货物的需要。

（2）散货船。散货船是用于装载无包装的大宗货物的船舶。依所装货物的种类，又可分为粮谷船、煤船和矿砂船。这种船大都为单甲板，舱内不设支柱，但设有隔板，用于防止船在风浪中运行时舱内货物移位。

（3）冷藏船。冷藏船是专门用于装载鲜活易腐货物的船舶。船上设有冷藏系统，能调节多种温度以适应各舱货物对不同温度的需要。其吨位一般在几百吨至几千吨，航速一般在20kn左右。

（4）木材船。木材船是专门用于装载木材或原木的船舶。这种船舱口大，舱内无梁柱及其他妨碍装卸的设备。船舱及甲板上均可装载木材。为防甲板上的木材被海浪冲出舷外，在船舷两侧一般设置不低于1米的舷墙。船上一般都设有起重量较大的装卸设备。木材船的吨位一般在5000~20000吨，航速在12~15kn。

（5）滚装船。滚装船主要用来运送汽车和集装箱。这种船本身无须装卸设备，一般在船侧或船的首、尾有开口斜坡连接码头，装卸货物时，汽车或集装箱（装在拖车上的）直接开进或开出船舱。这种船的优点是不依赖码头上的装卸设备，装卸速度快，可加速船舶周转。滚装船的吨位一般在5000~30000吨，航速在18~22kn。

（6）集装箱船。集装箱船是专门装载集装箱或混装集装箱的高速货船。集装箱船具有瘦长的船体外形，为了减少风浪影响，一般都采用球鼻首船。各种货物在装船前先装入标准货箱内，集装箱的装卸通常由岸上起重机完成，集装箱船本身一般不配备装卸设备。集装箱船的船速多在20kn以上，最高达30kn以上，属最快的货船。

（7）载驳船。载驳船又称为子母船，是指在大船上搭载驳船，驳船内装载货物的船舶。载驳船的主要优点是不受港口水深限制，不需要占用码头泊位，装卸货物均在锚地进行，装卸效率高。

（8）油槽船。油槽船是指主要用来装运液体货物的船舶。油槽船根据所装货物种类不同可分为油船和液化天然气船。

【提示】船舶的航行速度简称航速，常用单位为节（kn），即海里/小时（1海里=1.825km）。

（二）水路货物运输航线

1. 水路货物运输的航线构成

水路货物运输航线是指船舶在两个或多个港口之间从事货物运输的路线，简称水运航线。水运航线的构成包括：

（1）航道。航道是指在内河、湖泊、港湾等水域内供船舶安全航行的通道，由可通航水域、助航设施和水域条件组成。航道应具备足够的水深和宽度，以满足设计标准船型的满载吃水要求和同行船舶的顺利通过。航道按形成原因分为天然航道和人工航道；按使用性质分为专用航道和公用航道；按管理归属分为国家航道和地方航道。

（2）航标。航标是河流、湖泊、运河、水库、海洋等水域中的导航设施，通过物体或看守人向航行者标示或提供航道的方向、界限、航道内其他附近的水上或水下障碍物和建筑物等航运环境信息。按照地点位置，航标可分为江河航标和沿海航标；按照工作原理，航标又可以分为视觉航标、音像航标与无线电航标。

小贴士

灯塔一般是建在岸边陆地上的固定航标，是给航行船舶测定方向，提供风力、风向等航运环境信息的建筑物。夜晚灯塔探照灯强大的光柱，使周围航行的船舶及时捕捉到目标，所以灯塔是功能丰富的航标。

2. 水路运输航线分类

水路运输航线按照自然地理环境划分，可分为海运航线和内河航线；海运航线根据航运的范围划分，又可分为国际大洋航线、地区性的国际航线和沿海航线。国际大洋航线是贯通一个或几个大洋的航线，是世界性的航线，各国船舶都可自由航行。其中，除大西洋、太平洋、印度洋 3 大航线外，还有从大西洋通过地中海、印度洋到太平洋区域横贯几个大洋的航线。地区性的国际航线通过的只是一个或几个海区，可到达区内各国的港口，如我国至朝鲜、日本或东南亚各地航线，地中海区域航线，波罗的海区域航线等。沿海航线专供各国船舶在该国港口之间使用，一般为国内航线，如我国上海至大连线、青岛至上海线、上海至天津线等。

根据运输航线的不同，水路运输又可分为远洋运输、近海运输、沿海运输和内河运输。

相关链接

世界上内河航道里程较长的国家有俄罗斯、中国、巴西、美国。内河航道货运密度（每千米航道完成的货物周转量）美国和西欧一些国家高于其他国家，其中尤以美国和德国的水平较高。美国内河航道已形成以密西西比河为干线的航道网，其干线及主要支流已根据需要实现了渠化，其北部与五大湖相沟通，沿圣劳伦斯海道可东出大西洋，河口同墨西哥湾沿岸运河相连，采用统一的标准水深2.74米，长达9700千米，约占干支流总里程的50%。

我国内河航道建设历史久远，京杭大运河迄今仍是重要的南北航道。重要的航道还有长江水系、黑龙江水系、珠江水系、淮河水系的航道。除此之外，我国对黄河、小清江、瓯河、闽江和澜沧江等河流进行了治理。

3. 我国水路运输航线

我国水路运输线路包括内河航线和海上航线。从内河航线来看，我国河湖众多，水量丰富。在内河水系中，长江、黄河、淮河横贯东西，大运河、岷江、嘉陵江、汉水、湘水、赣江等支流连接南北，东北有黑龙江和松花江水系，华南有珠江水系等，构成纵横交错的内河水路运输线路网。在我国现有的内河航线中，起重要作用的是“三江两河”（长江、珠江、黑龙江、淮河和京杭大运河），其中又以长江水系最为重要。

海上航线也是我国整个水运航线中的一个重要组成部分，主要包括沿海航线和国际航线。由于我国的大江、大河多呈东西流向，而南北大运河现在还只能分段通航，因此沿海航线就成为我国当前唯一的南北水运大道。利用廉价的海运，不仅能节约大量运费，还能大大减轻纵贯我国的南北交通大动脉——京广、京沪等铁路客、货运输日益增长的负担。目前，我国沿海航线分为两个航区，即以上海、大连为中心的北方沿海航区和以广州为中心的南方沿海航区，每个航区都开辟了若干条航线，在两个航区之间组成了若干跨区航线。此外，目前我国的远洋船队已航行于世界100多个国家的600多个港口之间，我国国际航线以沿海港口为起点，可分为：

（1）东行线方向。由我国沿海各港出发，东行日本，经日本横渡太平洋抵达北美和拉丁美洲等国。

（2）西行线方向。由我国沿海各港南行到新加坡，然后西行，穿过马六甲海峡进入印度洋，一条经非洲南端好望角进入大西洋；另一条经苏伊士运河、地中海、直布罗陀海峡进入大西洋。西行可达南亚、西亚、非洲和欧洲各国。

（3）南行线方向。由我国沿海各港南行可通往东南亚、澳洲等国的港口。

（4）北行线方向。由我国沿海各港北行，可到朝鲜、俄罗斯东部的符拉迪沃斯托克（符拉迪沃斯托克）等地。

（三）水路货物运输港口

1. 港口的定义和组成

港口是指具有船舶进出、停泊、靠泊和旅客与货物集散等功能，具有相应的码头设施，由一定范围的水域和陆域组成的区域。港口营运最主要的指标是港口年吞吐量。根据港口具体条件所测定的最大的吞吐量为港口的通过能力。港口可以由一个或者多个港区组成。

港口主要由陆域和水域两大部分组成。港口陆域用于构筑码头，设置装卸机械，布置库场和港区道路，以及设置港口有关管理与服务设施等。码头用于船舶靠泊作业，供货物装卸和旅客上下。每艘船的靠泊码头长度为一个泊位，可由数个泊位构成一座码头。码头面的高程要高出最高水面，以保证港口按规定标准进行作业。

2. 港口的种类

港口按用途可分为：

（1）商港。商港是以一般商船和客货运输为服务对象的港口，是水陆运输的枢纽。

（2）工业港。工业港是为临近江、河、湖、海的大型工矿企业直接运输原材料及输出制成品而设置的港口。

（3）渔港。渔港是供渔船停泊、鱼货装卸、鱼货保鲜、冷藏加工、修补渔网和渔船生产及生活物资补给的港口。

（4）避风港。避风港是供船舶在航行途中，或海上作业过程中躲避风浪的港口。

（5）军港。军港是供舰艇停泊并取得补给的港口，是海军基地的组成部分，通常有停泊、补给等工具和各种防御设施。

港口按地理位置不同可分为：

（1）海港。海港是指在自然地理条件和水文气象方面具有海洋性质的港口，它又包括海岸港和河口港。海岸港位于有掩护的或平直的海岸上；河口港位于入海河的流河口段，或河流下游的潮区界内。

（2）河港。河港是指位于河流沿岸，且有河流水文特征的港口。

（3）水库港。水库港是指建于大型水库沿岸的港口。

（4）湖港。湖港是指位于湖泊沿岸或江河入湖口处的港口。

港口按在水运系统中的地位不同可分为：

（1）世界性港。世界性港是指在各大陆之间有庞大货物活动的主要口岸，是国际货物集散的枢纽。

（2）国际性港。国际性港是指与国外一些港口有海运业务联系的港口。

（3）地区港。地区港是指主要为某一地区社会经济服务的港口。

3. 港口的功能

港口具有以下功能：

（1）货物装卸和转运功能。这是港口最基本的功能，即货物通过各种运输工具转运到船舶或从船舶转运到其他各种运输工具，实现货物在空间位置的有效转移，开始或完成水路运输的全过程。

（2）商业功能。在商品流通过程中，货物的集散、转运和一部分储存都发生在港口。港口介于远洋航运业与本港腹地客货的运输机构之间，便利客货的运送和交接。港口的存在是商品交流和内外贸易存在的前提并带动其发展。

（3）工业功能。世界上很多港口为了减少物流环节，降低物流成本，获得稳定货源，增加港口吞吐量，在其周围开辟土地，吸引国内外企业投资建厂，或者建立工业园区。所以在许多地方，港口和工业已融为一体。

（四）水路货物运输的服务机构

水路运输系统的服务机构主要是指船舶的经营者和各种代理业。

1. 船舶经营者

船舶经营者是指以自有或租用的船舶从事客货运输的公司、单位或个人。船舶租赁者是指船舶所有人在不经营船舶的营运业务的前提下，将船舶以光租的形式出租给承租人，由承租人作为船舶经营者经营船舶营运业务。

2. 货运代理

货运代理通常指报关行或运输行，是指以收取佣金，代货主办理货物进出口报关手续，或以自己的名义接受海上货物运输的托运，并将自己承运的货物交由船舶经营者运输的行业。

3. 船舶代理

船舶代理业是指接受船舶经营人或船舶所有人的委托，为其在港的船舶代办在港一切业务的行业。根据具体的业务，又可分为：

(1) 船舶代理人，即为船舶公司代办船舶在港的各项业务和手续，或代为揽货的代理人。

(2) 船舶营运代理人，即为船舶营运人（或承租人）代办船舶在港业务的代理人。

(3) 船舶所有人代理人，即为船舶所有人代办船舶在港业务的代理人。

船舶代理单位办理的业务包括：

(1) 组织货物运输；

(2) 组织旅客运输；

(3) 安排货物装卸；

(4) 为船舶和船员服务，代办各种手续；

(5) 代办财务有关业务和船舶租赁、买卖等，以及商办海事处理和海上救助等业务。

船舶代理机构各国设置不一，但业务内容大体相同。有的国家在同一港口有多家代理，有的则是专门代理机构，有的还设在轮船公司之内。此外有的国家的代理机构还设有仓库等设施。

小思考

(1) 简述水路运输的优点和缺点。

(2) 水路运输的服务机构有哪些？

第二节　班轮运输

一、班轮运输的概念及特点

（一）班轮运输的概念

班轮运输也称为定期船运输，是指船舶按固定的航线和事先公布的船期表在固定港口间有规律、反复的航行，并按事先公布的费率收取运费。班轮运输有两种形式，一是定线定期班轮（也称核心班轮）运输，即船舶严格按照预先公布的船期表运行，到离港口的时间固定不变。这也是班轮运输的主要形式。二是定线不定期运输，即船舶运输虽有船期表，但船舶到离港口的时间有一定的伸缩性，中途挂靠视货源情况可能有所增减。

班轮运输是在不定期船运输的基础上慢慢发展起来的，迄今已有150多年的历史。班轮航线遍及世界各个海域和主要港口，班轮运输有力地促进了国际贸易的发展。班轮运输适用于货流稳定、货种多、批量小的杂货运输。旅客运输一般也采用班轮运输。目前，在国际航运市场和国内沿海及内河运输中，班轮运输已成为主要的运输方式之一。

（二）班轮运输的组织特点

班轮运输的组织特点包括：

（1）“四固定”。“四固定”是指固定航线、固定船期、固定港口以及相对固定的运价，也是班轮运输的基本特点。因此，班轮运输也具有运输质量高、方便货主、手续简便等优势。班轮运输是按照事先公布的船期表来营运的，并且航速较快。从事班轮运输的船舶又是在固定的航线上运行，有既定的挂靠港和挂靠顺序。班轮运价是用运价本（或运价表）的形式公布出来的，在一定期限内不会变动，相对稳定。

（2）班轮运价内包括装卸费用。在班轮运输中，承运人负责配载、装卸货物和理舱，并承担这些作业所产生的费用。所有装卸费用和理舱费用都已经计入班轮运费费率中，不再另行计收。承托双方也不需要规定装卸时间，不存在滞期费和速遣费，仅约定托运人或收货人必须按照船舶的装卸计划交付或提取货物即可。

（3）承运人的责任期间从货物装上船起，到货物卸下船止。对于非集装箱货物，大多数国际公约或国家法律规定承运人对货物的责任从装货港货物吊起开始，至卸货港货物脱离吊具时结束，即“钩至钩”原则。通常情况下，承运人对货物装船前或卸船后不承担责任。

（4）提单是双方运输合同成立的凭证。在班轮运输中，承运人和托运人通常并不签订书面的运输合同，而是在货物装船以后，由承运人或其授权的代理人签发提单给托运人。承托双方的权利义务和责任豁免以签发的提单为依据，并受统一的国际公约的制约。

（5）班轮运输的运输对象是杂货。班轮运输所承运的货物是种类繁多、批量小、包装千差万别，并分属众多不同货主的杂货。因此，在积载和保管中都有不同的要求，对于运输服务质量的要求较高。

二、班轮运输的作用与条件

（一）班轮运输的作用

由于班轮运输具有前述特点，采用这种运输经营方式极大地方便了货主，有力地促进了国际贸易的发展，对国际贸易的开展产生了巨大的推动作用。

1. 特别适合零星小批量货物的运输

由于班轮是经常性在固定航线上从事运输，即使小批量货物，货主也可随时向船公司托运，而不需要集中成大批量的货物，节省了货物等待集中的时间和仓储费用。

2. 能保证货运质量

班轮运输船舶的技术性能较好，设备较齐全，船员的技术业务水平也较高，既能满足各种货物对运输的要求，又能保证货运质量。

3. 有利于贸易双方达成交易

由于事先公布船期、运价费率，为贸易双方洽谈价格和装运条件提供了方便，这将有利于贸易双方达成交易，减少磋商内容，有利于开展国际贸易。

4. 能及时、快捷地进行货物运送

班轮运输是按照船期表在固定航线上营运，而且船舶的航速较快，所以货物的运送较为及时、迅速。这一点对货主来说非常有利，它可以预知货物运抵港口的时间，减少资金积压，加速资金周转。

（二）班轮运输的条件

在组织班轮运输时，应具备相应的条件，根据不同的货物交付方式安排班轮运输程序，并注意运输单证的缮制和交接。班轮运输有如下条件：

（1）要有性能良好、设备齐全的船舶。为了保证船期，从事班轮运输的船舶必须选用技术性能良好、速度较快的船舶，以保证运输质量；为适应各种货物对运输的不同要求，特别是冷藏货物、大件货物和少量液体散货等的运输要求，船舶的结构要合理，设备要齐全，如设置冷藏舱、能装运液体散货的深舱和大功率的装卸设备等。为了便于到不同港口的货物的装载和分隔，保证货物的运输质量，船舶的货舱应设置多层甲板，分别积载。

（2）要配备技术和业务水平较高的船员。班轮船舶承运的主要是件杂货，种类繁多，性质和包装形式差异很大，装卸作业复杂，稍有疏忽，就可能造成货损货差事故。为了保证航行的安全，满足货物运输的需要，船舶上必须配备受过专业培训，技术水平和业务素质较高的船员。

三、班轮运输的业务程序

（一）货运安排

货运安排包括揽货与订舱和确定航次货运任务。班轮公司为使自己所经营的船舶在载重量和载货舱容两方面均能得到充分利用，以获得最大的经营效益，通常会通过一些途径从货主那里争取货源，即揽货。订舱是托运人向班轮公司（承运人，包括其代理人）申请货物运输，承运人对这种申请给予承诺的行为。只要承运人对这种预约给予承诺，并做出舱位安排，即表明承、托双方已建立了有关货物运输的关系。确定航次货运任务就是确定某一船舶在某一航次所装货物的种类和数量。承运人承揽货载时，必须考虑各种货物的性质、包装和每件货物的重量及尺码因素。

（二）备货交接

货主应在接到装货通知之前，办妥出口货物的包装、刷唛、报关、报验、投保、纳税等工作，并取得海关放行证，在规定的时间内将符合装船条件的货物运到承运人指定的港区仓库或货场。由承运人委托的港口作为理货和装卸代理，负责出口货物入库的验收、装卸、搬运作业。仓库核对进场货物与装货单证无误后，签发场站收据给托运人。

（三）装船换单

承运人在班轮进港之前要编制完成装船计划，待班轮进港后按照装船计划装船。托运人凭借签署的站场收据换取由船长或大副签收的收货单（也称大副收据），则表明货物已装船。托运人凭收货单向外轮代理公司交付运费，并凭缴款单据换取正式提单。托运手续全部办理完毕后，速将有关货运提单和其他单证寄收货人，以备查提货。

（四）海上运输

海上运输中承运人对装船的货物负有运输、保管、照料的责任，并依据货物运输提单条款划分与托运人之间的责任、权利和义务。起航后电告到达港卸货代理人，通报到达时间和货物装载信息。

（五）卸船交货

在杂货班轮运输中，卸船交货是指将船舶所承运的货物在提单上载明的卸货港从船上卸下交给收货人或其代理人，并办理货物的交接手续。但是，为了在船舶有限的停泊时间内迅速将货卸完，在杂货班轮运输中，通常采取先将货物卸到码头仓库，进行分类整理后，再向收货人交付所谓“集中卸船，仓库交付”的形式。船方和装卸公司应根据载货清单和其他有关单证认真地组织和实施货物的卸船作业，避免发生误卸的情况。提单条款中一般都有关于因误卸而引起的货物延迟损失或货物损坏责任问题的规定：因误卸而发生的补送、退运的费用由班轮公司承担，但对因此而造成的延迟损失或货物的损坏，班轮公司不负赔偿责任。如果误卸是因标志不清、不全或错误，以及因货主的过失造成的，则所有补送、退运、卸货或保管的费用都由货主承担，班轮公司不承担任何责任。

货物的支付方式主要有以下几种：

（1）仓库交付货物。先将从船舷上集中卸下的货物运至班轮公司或其卸货代理人的仓库，然后由卸货代理人向收货人交付货物，并在码头仓库与卸货代理人办理货物的交接手续。仓库支付货物也是班轮运输中最基本的交付货物方式。

（2）船边交付货物。船边交货又称为现提，是指收货人到班轮公司在船公司卸货港的代理人处办理提货手续，获得提货单，然后凭提货单直接到码头船边提取货物，并办理交接手续的方式。这种方式适合尽快提取的货物，如贵重货物、冷冻货物等。

（3）货主选港交付货物。货主选港交付货物是指货物在装船时尚未确定具体的卸货港，船舶开航后再由货主选定对自己最方便或最有利的卸货港，并在此卸货和交付货物。

（4）凭保证书交付货物。在班轮运输中，有时因提单邮寄延误或提单丢失等原因而出现船舶已经到港，但提单迟到、致使收货人得不到提单的情况。此时，收货人可以开具保证书，以保证书交换提货单，然后持提货单提取货物。

在使用保证书交付货物时，船公司或其代理人须谨慎，必须弄清楚提取货物的人确实是有权支配货物的人和要求提取货物的人，要求对方提供可靠的银行担保或相应数额的保证金，并承担船公司不凭提单交货可能产生的一切损失，否则，船方不要轻易凭保证书交付货物。

（5）变更卸货港交付货物。变更卸货港交付货物是指在提单上所记载的卸货港以外的其他港口卸货和交付货物。船公司接到货主提出的变更卸货港的申请后，必须根据船舶的积载情况，考虑变更的可行性、因变更而增加的额外费用等因素，决定是否同意收货人的变更申请。船公司一旦接受了变更申请，因这种变更而产生的翻舱、捣舱费，装卸费，运费差额和有关手续费，均应由货主承担。

四、班轮运输的主要单证

单证的主要作用是方便货物交接，明确货方与船方之间的责任，下面介绍一些主要的单证。

（一）托运单

托运单是指托运人根据贸易合同和信用条款内容填制，向承运人或其代理办理货物托运的单证。托运单一经承运人确认，便作为承、托双方订舱的凭证。承运人根据托运单内容，并结合船舶的航线、挂靠港、船期和舱位等条件考虑，认为合适后，即接受托运。制作托运单应注意以下几点：

（1）目的港名称需明确具体，并与信用证描述的一致，如有同名港，需在港口名称后注明国家、地区或州、城市。

（2）运输编号，即委托书的编号。

（3）货物名称应用中英两种文字填写，需要与信用证所列货名相符。

（4）标记及号码。标记及号码又称为唛头，通常由型号、图形和收货单位简称、目的港、件数或批号等组成为了防止错发货。

（5）重量和尺码的计量单位分别为千克和立方米。

（6）托盘货要分别注明盘的重量、尺码和货物本身的重量、尺码，对超长、超重、超高货物，应提供每一件货物详细的体积（长、宽、高）和重量，以便货运公司计算货物积载因素，安排特殊的装货设备。

（7）运费付款方式。运费付款方式一般有运费预付和运费到付两种。

（8）可否转船、分批，以及装期、效期等均应按信用证或合同要求一一注明。

（9）通知人、收货人，按需要决定是否填写。

（10）有关的运输条款、订舱、配载信用证，客户有特殊要求的要一一列明。

（二）装货单

装货单是由托运人按照订舱单的内容填制，交船公司或其代理人签章后，据以要求船公司将承运货物装船的凭证。装货单既可作为装船依据，又是货主向海关办理出口申报手续的主要单据之一。

（三）装货清单

装货清单是承运人根据装货单的留底联，将全船待装货物按目的港和货物性质归类，依航次、靠港顺序排列编制的装货单汇总清单，是船舶大副编制积载图的主要依据，又是供现场理货人员理货，港方安排驳运、进出库场以及承运人掌握情况的业务单据。

（四）提单

提单是指用以证明海上货物运输合同和货物已经由承运人接收或者装船，以及承运人保证交付货物的单证。提单是运输合同成立的证明，是货物所有权的凭证。提单持有人可据此提取货物，也可凭此向银行押汇，还可在载货船舶到达目的港交货之前进行转让。提单的种类很多，常用的有已装船提单（承运人向托运人签发的货物已经装船的提单）、不记名提单（提单内没有任何收货人或 ORDER 字样，也就是提单的任何持有人都有权提货）、清洁提单。集装箱提单则是以码头收据换取，它同传统杂件货船舶运输下签发的提单不同，是一张收货待运提单。

（五）提货单

提货单又称为小提单，是收货人凭正本提单或副本提单随同有效的担保向承运人或其代理人换取的，可向港口装卸部门提取货物的凭证。提货单的性质与提单完全不同，它只是船公司或其代理人指令仓库或装卸公司向收货人交付货物的凭证，不具备流通或其他作用。为了慎重起见，一般都还会在提货单上记有“禁止流通”字样。发放小提单时应做到：

（1）正本提单为合法持有人所持有。
（2）提单上的非清洁批注应转上小提单。
（3）当发生溢短残情况时，收货人有权从承运人或其代理处获得相应的签证。
（4）运费未付的，在收货人付清运费及有关费用后，方可发放小提单。

小思考

（1）班轮运输有哪些特点？
（2）简述班轮运输的业务程序。

第三节 租船运输

一、租船运输的概念及特点

租船运输也称为不定期运输，是指租船人（运输企业）向船舶所有人（船东）租赁船舶用于货物运输的一种运输组织形式。租船运输与班轮运输不同，它没有固定的航线、港口、船期和运价。在租船运输业务中，船舶航行的时间、行驶的航线、停靠的港口和船方收取的运费或租金及装卸费用等均由出租方（船舶所有人）与租船人双方临时议定。

租船双方的权利和义务由租船合同规定，如在定程租船方式中，合同应明确船方是否承担货物在港口的装卸费用。如果船方不承担装卸费用，则应在合同中规定装卸期限或装卸率，及与之相应的滞期费和速遣费。假如租方未能在限期内完成装卸作业，为了补偿船方因此而造成的延迟起航的损失，应向船方支付一定的罚金，即滞期费。假如租方提前完成装卸作业，则由船方向租方支付一定的奖金，支付的奖金称为速遣费。通常速遣费为滞期费的一半。

小贴士

船东是指《船舶所有权证书》的合法持有人，即合法拥有船舶主权的人。船东可以是一个公民、一个法人、一个公司或者是一个集团公司，在业界取得船舶光租权的合法企业有时也被公认为船东。

二、租船运输的分类

目前，国际上主要的租船方式有定程租船、定期租船、包运租船和光船租船。

（一）定程租船

定程租船是以航程为基础的租船方式，又称为程租船或航次租船。定程租船是指船舶所有人按双方事先议定的运价与条件向租船人提供船舶的全部或部分舱位，在指定港口之间进行一个或多个航次的指定货物运输的租船业务。在这种租船方式下，船长及船员由船舶所有人指派并指挥，且船舶所有人负责船舶的营运；租船人则只要支付约定的运费即可。定程租船又分为：

（1）单航次租船，即只租一个航次的租船。船舶所有人负责将指定货物由一港口运往另一港口，货物运到目的港卸货完毕后，合同即告终止。

（2）来回航次租船，即只租往返航次的租船。一艘船在完成一个单航次后，紧接着在上一航次的卸货港（或其附近港口）装货，驶返原装货港（或其附近港口）卸货，货物卸毕合同即告终止。

（3）连续航次租船，即连续完成几个单航次或几个往返航次的租船。

【提示】在定程租船中，船舶所有人会负责船舶营运所需支付的费用，但对于货物的装船费和卸货费，则应在定程租船合同中提前约定清楚是由船舶所有人还是承租人负担。

（二）定期租船

定期租船又称为期租，是租船人按一定时间租用船舶所有人的船舶进行运输的方式，这种租船方式以约定的使用期限为船舶租期，而不以完成航次数多少来计算。在这种租船方式下，依照租船合同的约定，船舶所有人向租船人提供约定的由所有人配备船员的船舶，由租船人在约定的期间内按照约定的用途使用，并支付租金；船长及船员由船舶所有人指派，但都应听从租船人指挥，且租船人负责船舶的运营；租期短的仅几个月，长的可达几年或十几年甚至一直到船舶报废时为止；除租船合同另有规定外，租船人可将租赁的船舶作为班轮营运，或作为程租船使用，或将其转租给第三者。

（三）包运租船

包运租船是19世纪70年代国际上新发展起来的一种租船方式，是指船舶所有人提供给租船人一定吨位的船舶，在确定的港口之间，以事先约定的年数、航次周期和每航次较均等的货运量，完成运输合同规定总运量的方式。包运租船的主要特点有：

（1）船舶出租年限的长短完全取决于货物的总运量及船舶航次周期所需的时间。

（2）包运租船合同中不指定船名和船籍，一般仅规定船级、船龄和技术规范。船舶所有人必须提供能够完成合同规定的每航次货运量的运力，这对船舶所有人灵活调度和安排船舶十分有利。

（3）在包运租船方式下，船舶所运输的货物主要是货运量较大的干散货或液体散货等，租船人通常是业务量大和实力强的大型企业。

（四）光船租船

光船租船又称为船壳租船，是一种比较特殊的租船方式，通常认为它是一种财产租赁，而不是运输承租方式。在这种方式下，船舶所有人向租船人提供一艘特定的“裸船”，要求租船人在合同规定的租期内，按所确定的租金率支付租金并自行配备船员，负责船舶的经营管理和航行等事宜。光船租船方式的特点有：

（1）船长和全部船员由租船人指派并听从租船人的指挥。

（2）船舶所有人不负责船舶的运输，租船人以承运人的身份经营船舶。

（3）船舶的一切损失风险完全由租船人承担，即使在船舶修理期间，仍继续计算租金。

（4）在租赁期间，租船人实际上对船舶有着支配权和占有权，并承担船舶营运的全部责任。

相关链接

> 国际上在办理光船租船业务时，通常附有某些财务优惠条件，最常见的是购买选择权租赁条件，即承租人在租期届满时，有购买该船舶的选择权。如果双方当事人同意以这种附带条件办理光船租船，通常都事先确定届时的船舶价格，并将船价按租期平均分摊，承租人除按期支付租金外，还应支付这部分平均分摊的船价。这实际上就是一种分期购买，可以为那些没有足够资金投资建造船舶或一次付款买船的承租人，提供通过租船购买船舶的机会，使其从原来的承租人的地位随着船舶所有权的转移而成为船舶所有人。

三、租船运输的业务程序

首先，在租船运输过程中，承租人通过某些方式将运输需求公开，之后，船舶所有人与承租人就租船业务涉及的运输条件及相应的条款进行商定。当双方就相关的问题洽商一致时，通常要签订包括船期、挂靠港、租金以及双方的责任与义务在内的租约，即租船合同。租船合同具有民事法律所规定的约束效力，是双方处理合同执行过程中所出现问题的依据。

船舶所有人是租船市场上的船舶供给方，而承租人则是船舶的需求方。从发出询盘到签订租船合同的租船业务全过程称为租船程序，是租船运输业务的重要环节，主要包括询价、报价、还价、接受、签订租船合同。

（一）询价

询价又称为询盘，是承租人以其期望的条件，直接或通过租船经纪人在租船市场上要求租用船舶的做法，即货求船。询价一般以书面形式提出。

（二）报价

报价又称为报盘或发盘，是指船舶出租人对承租人询价的回应。其主要内容除了对询价的内容做出答复和提出要求外，还包括关于租金水平的提议、租船合同范本的选用以及对范本条款的修订和补充等。报盘根据其是否附加条件又可分为实盘和虚盘，实盘为报盘条件不可改变，并附加时效的硬性报价；虚盘则是可磋商、修改条件的报价，也称条件报价。

（三）还价

还价又称为还盘，是指在条件报价的情况下，承租人与船舶所有人之间对报价条件谈判、协商的过程。还价意味着询价人对报价人报价的拒绝和新的询价的开始。因此，报价人收到还价后还需要对是否同意还价条件做出答复，或再次做出新的报价，这种行为也称为反还价（或反还盘）。

（四）接受

接受又称为受盘，是指船舶所有人和承租人经过反复还盘后，双方对合同主要条款意见达成一致，即最后一次还实盘的全部内容在一定时限内被双方接受。根据国际上通常的做法，接受订租后，双方当事人应签署一份订租确认书。

（五）签订租船合同

签订确认书只是一种意向合同，正式租船合同要按租船合同范本进行编制，明确租船双方的权利和义务。租船合同经双方当事人签署后即可生效，但如果确认书与正式合同有不符时，租船合同的效力也高于订租确定书。

四、水路物流运价与运费

水路物流运费是用以补偿水路物流运输企业提供各项生产服务时的所有消耗的费用。水路物流运价就是水路物流运输的单位价格。

（一）水路物流运价

水路物流运价是水路物流运输产品（货物的位移）的单位价格。一般来说，水路物流运价与运距成反比，但水路物流运价还会因货物种类、积载因数、货物价值、运输和港口条件以及国际航运市场变化情况等而存在很大差异。通常将水路物流运价分为国内运价和国际运价。

1. 国内水路物流运价

国内水路物流运价是国家规定的计划价格，其计算依据是《中华人民共和国交通部直属水运企业货物运价规则》或各省、自治区、直辖市水运主管部门制定的适用于所属企业船舶的运价规则。我国国内水路物流运价采用级差运价和“递远递减”的距离运价相结合的运价计算方法。

2. 国际水运物流运价

远洋运输船舶承运货物时，除定期租船按照租期长短和约定的价格计收租金外，以班轮运输方式或航次租船方式承运货物时，均按承运货物的种类、数量、航线和规定（或约定）确定货物的运价。另外，在远洋运输中，班轮运价和航次租船运价的制定方法与表现形式不同；油船运输虽然大多采用航次租船方式，但其运价的制定方法和形式却不同于一般的航次租船。

水路物流运价还可按运输区间分为沿海运价、内河运价和远洋运价；我国则分为沿海运价、长江运价、地方内河运价和远洋运价。前三者属于国内水路物流运价，后者为国际水路物流运价。

（二）水路物流运费

在水路物流运输中，除了将货物适当归类并按不同距离、航线和计费单位规定每一运费吨的运价外，还需针对具体情况规定运费的计算规则。一般地，水路物流运价乘以计费重量（吨）或体积（立方米）即得基本运费。水路物流运费不仅包括水路物流基本运费，还包括港口费和其他费用。

1. 港口费

港口费是指船舶进出港口、停留、在港作业所要支付的一切费用，又称为港口使用费。船舶和货物进出港口和在港停留，因通过港口水域或航道，使用港口泊位、机械、仓库、堆场和其他设施，委托港口或其他业务机构进行装卸、理货、堆存和保管业务及其他各种服务，要向港口管理机构和其他业务服务机构支付费用，并向港口所在地的政府或地方当局缴付税捐。

港口费是船舶进行货物运输过程中不可缺少的支出，是运输成本的重要组成部分。它在船舶运输总成本中占有相当大的比重。采取有效措施减少港口费的支出，是降低船舶运输成本的主要途径之一。

2. 其他费用

水路物流运费中的其他费用包括各项附加费，如港口拥挤附加费、变更卸货港附加费、选择卸货港附加费、燃油附加费、货币贬值附加费等。

小思考

（1）租船运输有哪些形式？

（2）查阅资料，试概括我国主要的航线有哪些。

案例分析

> 依托黄金水道推动长江经济带发展国务院印发《关于依托黄金水道推动长江经济带发展的指导意见》（简称《意见》），部署将长江经济带建设成为具有全球影响力的内河经济带、东中西互动合作的协调发展带、沿海沿江沿边全面推进的对内对外开放带和生态文明建设的先行示范带。
>
> 《意见》指出，长江是货运量位居全球内河第一的黄金水道，在区域发展总体格局中具有重要战略地位。依托黄金水道推动长江经济带发展，打造中国经济新支撑带，有利于挖掘中上游广阔腹地蕴含的巨大内需潜力，促进经济增长空间从沿海向沿江内

陆拓展；有利于优化沿江产业结构和城镇化布局，推动我国经济提质增效升级；有利于形成上中下游优势互补、协作互动格局，缩小东中西部地区发展差距；有利于建设陆海双向对外开放新走廊，培育国际经济合作竞争新优势；有利于保护长江生态环境，引领全国生态文明建设。

《意见》明确，要以改革激发活力、以创新增强动力、以开放提升竞争力，依托长江黄金水道，高起点高水平建设综合交通运输体系，推动上中下游地区协调发展、沿海沿江沿边全面开放，构建横贯东西、辐射南北、通江达海、经济高效、生态良好的长江经济带。

《意见》提出了七项重点任务。

一是提升长江黄金水道功能。增强干线航运能力，改善支流通航条件，优化港口功能布局，加强集疏运体系建设，扩大三峡枢纽通过能力，健全智能服务和安全保障系统，合理布局过江通道。

二是建设综合立体交通走廊。形成快速大能力铁路通道，建设高等级广覆盖公路网，推进航空网络建设，完善油气管道布局，建设综合交通枢纽，加快发展多式联运。

三是创新驱动促进产业转型升级。增强自主创新能力，推进信息化与产业融合发展，培育世界级产业集群，加快发展现代服务业，打造沿江绿色能源产业带，提升现代农业和特色农业发展水平，引导产业有序转移和分工协作。

四是全面推进新型城镇化。优化沿江城镇化格局，提升长江三角洲城市群国际竞争力，培育发展长江中游城市群，促进成渝城市群一体化发展，推动黔中和滇中区域性城市群发展，科学引导沿江城市发展，强化城市群交通网络建设，创新城镇化发展体制机制。

五是培育全方位对外开放新优势。发挥上海对沿江开放的引领带动作用，增强云南面向西南开放重要桥头堡功能，加强与丝绸之路经济带的战略互动，推动对外开放口岸和特殊区域建设，构建长江大通关体制。

六是建设绿色生态廊道。切实保护和利用好长江水资源，严格控制和治理长江水污染，妥善处理江河湖泊关系，加强流域环境综合治理，强化沿江生态保护和修复，促进长江岸线有序开发。

七是创新区域协调发展体制机制。建立区域互动合作机制，推进一体化市场体系建设，加大金融合作创新力度，建立生态环境协同保护治理机制，建立公共服务和社会治理协调机制。

随《意见》还一并印发了《长江经济带综合立体交通走廊规划（2014—2020年）》，提出按照全面建成小康社会的总体部署和推动长江经济带发展的战略要求，加快打造长江黄金水道，扩大交通网络规模，优化交通运输结构，强化各种运输方式衔接，提升综合运输能力，到2020年，建成横贯东西、沟通南北、通江达海、便捷高效的长江经济带综合立体交通走廊。

（资料来源：http：//www. gov. cn/xinwen/2014-09/25/content-2756090. htm）

案例思考题：

(1) 讨论长江黄金水道发展对长江经济带的影响作用。
(2) 打造长江黄金水道的具体举措有哪些?
(3) 长江黄金水道能给物流运输企业能带来哪些机会?

第六章　航空货物运输

HANGKONG HUOWU YUNSHU

【学习目标】

（1）掌握航空货物运输的概念与特点；

（2）了解航空货物运输的分类；

（3）掌握航空货物运输的业务流程；

（4）了解航空货物运输的组织形式；

（5）熟悉航空货物运输的代理业务及主要单位。

引导案例

航空货物运输全产业链化趋势

近几年，中国航空货运市场逐步由航空公司主导转变为物流集成商主导。传统的货机运作模式是货运航空公司在货源地附近机场开通航线，货运代理订舱报关，航班的执行由航空公司根据市场情况掌控。现在的情况变成了大型物流集成商将全国的货物集中到某机场，航空公司根据物流集成商的需求安排航班，物流集成商决定航班的运营。

造成这种变化的主要原因是货运主体为了寻求长远竞争优势不断向全产业链延伸。顺丰、圆通已经从快递派送业务拓展到航空公司运力引进，再延伸到建设机场；阿里巴巴和京东由电商拓展到与航空公司合作，打造全球货运枢纽；宏远物流、年年有鱼集团等公司更是发挥其跨境电商和进口活体水生动物的优势，在全国多地运营货运包机。

讨论： 通过案例，可分析出航空货物运输有哪些特点？

第一节 航空货物运输概述

一、航空货物运输的概念及特性

（一）航空货物运输的概念

航空运输是国民经济的重要组成部分，不仅促进了全球经济、文化的交流，还带动了制造业、旅游业等相关行业的发展。按照《华沙公约》对航空运输所下的定义，航空运输是指以航空器作为运输工具，运送人员、行李或者货物而收取报酬的或以航空器履行的免费的运输方式的统称。一般所称的航空，泛指飞行器在地球大气层内的航行活动。通用航空则是指使用民用航空器从事公共航空运输以外的民用航空活动，包括从事工业、农业、林业、渔业和建筑业的作业飞行以及医疗卫生、抢险救灾、气象探测、海洋监测、科学实验、教育训练、文化体育等方面的飞行活动。

航空货物运输又称为飞机运输，是在具有航空线路和航空港的条件下，利用飞机等运载工具运送货物的一种运输方式。

（二）航空物流运输的优点

航空物流运输虽然起步较晚，但发展异常迅速，并且日益受到现代企业管理者的青睐其原因就在于它具有其他运输方式所不能比拟的优点，概括起来，主要有以下几点：

（1）快速省时，可达距离长。航空物流运输拥有其他物流运输的各种运输工具所无法比拟的速度，不仅可以大大缩短运输时间，而且飞行距离越长，所节约的时间越多。随着技术的发展、机型的更新，航空物流运输速度快的特点将越来越显著，如目前使用的涡轮喷气式飞机时速为900多千米，飞行距离可达1万多千米。货物在途时间的缩短，对于那些易腐烂变质的鲜活商品、时效性强的报刊、时令性商品以及抢险、救急品的运输，显得尤为重要。运送速度快，在途时间短，也使货物的在途风险降低，因此许多贵重物品、精密仪器也往往采用航空物流运输的形式。

（2）不受地面条件影响，灵活机动。航空物流运输是在空间进行生产活动的，受线路和地理条件制约的程度要小得多，只要有机场及必备的通信导航设施就可以开辟航线。而且航空器可在两点间直线飞行，航程大为缩短。距离越远，节约航程的特点就越显著。

（3）安全度高。与其他运输方式相比，航空物流运输的安全性较高，货损也小得多。随着科学新技术在航空运输业上的不断应用及新的管理理念的不断完善，航空运输安全性大大提高（国际民航组织公布的大型客运飞机事故率为 0.85 次/百万架次）。现在的民航飞机平稳舒适，且客舱宽敞、噪声小，机内有供膳、视听等设备，乘坐舒适性有了极大的提升。

（4）节省存货、包装等费用。由于航空运送速度较快、货物在途时间短、周转速度快，资金可迅速收回，企业存货可以相应地减少，从而节省利息和储存费用。用加上航空货物运输安全准确，货损、货差少，可节约包装及保险费用。

（5）手续简便。航空物流运输可以为托运人提供简便的托运手续，还可以由货运代理人上门取货并为其办理一切运输手续。

（三）航空物流运输的局限性

1. 载运能力低

飞机的机舱容积有限，造成航空物流运输载运能力较低的结果，对大件货物或大批量货物的运输存在一定限制。

2. 运费高

因飞机的机舱容积和载重能力较小，所以单位运输量的能耗较大。另外，飞机的机械维护及保养成本也很高，这些因素都导致航空货运的单位运输成本变得很高。

3. 受气候条件限制较大

航空物流运输对气候条件的要求很高，飞机飞行容易受恶劣气候影响，从而影响运输的准点性与正常性。

4. 可达性差

在通常情况下，航空物流运输都难以实现客货的“门到门”运输，必须借助其他运输工具转运。

航空物流运输的这些特性，决定了它在担负易腐、鲜活、季节性强、价值较高或需要紧急运达、时效性强的货物运输方面，具有极强的优势。随着新技术的广泛应用，产品也将会变得更加轻薄、小巧和高价值，管理者也会更加重视运输的及时性和可靠性，足可见航空物流运输未来更大的发展前景。

二、航空货物运输的分类

（一）按运输货物的类型分类

1. 急快件货物运输

急快件货物运输是顾客紧急需要把货物以最快的速度运达目的地的运输方式。这类货物运输的特点首先是时间短，运输费用排在其次，如商业信函票证、生产部件、急救用品、救援物资，以及紧急调用物品等。

2. 易腐货物运输

易腐货物是指价值与时间密切相关的货物。这类货物主要有两种：一是物品本身容易腐烂变质，对运输时间要求严格，如鲜花、海鲜、应时水果等；二是物品价值与时间密切相关，对进入市场的时间要求严格，如某些商品进入市场时间越早，越能抢占市场，或希望在市场需求处于最佳时机投放市场，可以取得最佳经济效益。易腐货物要求运输速度快，货主希望通过时间获得市场价值，以取得更多利润。这一类货物运输的货主对运输价格比较敏感，远远高于急快件运输。因此，航空公司必须合理定价，以扩大发展易腐货物运输市场。

3. 常规货物运输

常规货物运输主要是指有时间性要求、不宜颠簸或容易受损的精密仪器设备，价值与体积之比比较大的贵重物品等。

（二）按航空货物运输的组织方式分类

1. 班机运输

班机运输是指在固定的航线上定期航行的航班，这种飞机有固定开航时间、始发站、到达站和经停站。

2. 包机运输

包机运输是指航空公司按照约定的条件和费率，将整架飞机租给一个或若干个包机人（如发货人或航空货运代理公司），从一个或几个航空站装运货物至指定目的地的运输方式。

3. 集中托运

航空集中托运是指航空货运代理公司把若干批单独发运的货物组成一批向航空公司办理托运，填写一份总运单，将货物发运到同一目的站，再由其委托当地的代理人负责收货、报关，并将货物分批交给各收货人的一种运输方式。一般情况下，航空运输的运量越多，费率越低。因此，采用这种托运方式可降低运费，在航空运输中被普遍使用。

4. 航空急件传送

航空急件传送是由一个专门经营此项业务的机构与航空公司密切合作，设专人用最快的速度在货主、机场、收件人之间传送货物。航空急件传送是一种最为快捷的运输方式，被称为“桌到桌运输”，特别适用于急需的药品、医疗器械、贵重物品、图纸资料、货样及单证等的传送。

三、航空货物运输系统的组成

航空货物运输系统包括航空器、航空港、飞行航线、航空货运当事人四个部分。这四个部分有机结合、分工协作，共同完成航空运输的各项业务活动。

（一）航空器

航空器主要是指民用飞机，即用于从事客货运输的非军用飞机，是航空运输的主要载运工具。

1. 飞机的种类

按照机身的宽度划分可以分为：

（1）窄体飞机。窄体飞机又称为普通型飞机。飞机的机身宽度一般为3m（10ft），客舱里旅客的座位之间只有一条通道。此类飞机的下货舱一般只能装载散货，不能装运集装货物。目前，航空公司使用的窄体飞机主要有：波音系列的B707、B727、B737、B757；空客系列的A320、A321；麦道系列的DC-8、DC-9、MD-8、MD-9。

（2）宽体飞机。宽体飞机又称为大容量飞机。飞机的机身宽度不少于4.7m（15ft6in），客舱里旅客的座位之间有两条通道。此类飞机的下货舱既能装载散货，又能装运集装货物。目前，航空公司使用的宽体飞机主要有：波音系列的B747、B767；空客系列的A300、A310、A340；麦道系列的DC-10、MD-11。

按照飞机的用途划分可以分为：

（1）全客机。全客机的主舱全部载运旅客，只在飞机的下货舱装载货物。

（2）全货机。全货机的主舱和下舱都用于装运货物。`

（3）客货两用机。客货两用机的下货舱用于装载货物，其主舱分为两个部分，前部设有旅客座位载运旅客，后部用于装载货物。

2. 飞机的基本构成

飞机一般由以下4部分组成：

（1）机体。飞机机体由机翼、机身、尾翼（组）和起落架等组成。机翼是为飞机飞行提供举力的部件，同时它还是油箱和起落架舱的安放位置。机身是飞机的主体，设置有驾驶舱、客舱、货舱，是装载人员、货物、燃油、武器、各种装备和其他物资的部件，连接机翼、尾翼、起落架和其他有关构件。尾翼（组）由垂直尾翼和水平尾翼组成。垂直尾翼包括垂直安定面和方向舵，具有提供方向（航向）稳定性和操纵性的作用；水平尾翼包括水平安定面和升降舵，具有提供俯仰稳定性和操纵性的作用。飞机起落架的主要部件有支柱、机轮、减震装置和收放机构等，其功能主要是使飞机起降时能在地面滑跑和滑行，以及使飞机能在地面移动和停放。

（2）动力装置。动力装置产生推动飞机前进的动力。飞机飞行速度提高到需要突破“音障”时，要使用结构简单、重量轻、推力大的涡轮喷气式发动机。

（3）飞机系统。飞机系统包括飞机操作系统、液压传动系统、燃油系统、空调系统和防冰系统等。

（4）机载设备。机载设备主要是为驾驶员及维修人员提供有关飞机各系统的工作情况相关信息的设备。现代大型运输机驾驶舱内的机载设备包括飞行和发动仪表、导航、通信和飞行控制等辅助设备。

（二）航空港

航空运输节点主要是指航空港。航空港是航空运输的起点、终点和经停点，可实现运输方式的转换，也是空中运输和地面运输的转接点。航空港主要包括飞机场及其服务设施。

1. 航空港的组成

在民用航空中往往把航空港称为机场，一般包括空域和地域两部分。机场的组成如图6-1所示。空域即航站区空域，供进出机场的飞机起飞和降落。地域由以下3部分组成：

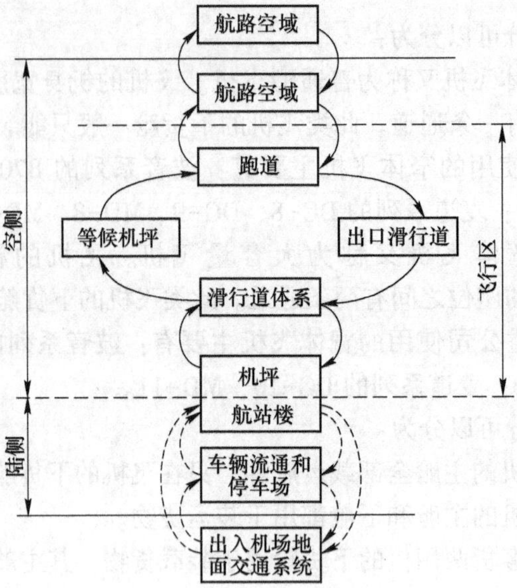

图 6-1　机场的组成

（1）飞行区。飞行区是机场的主要区域，占地面积最大，主要有跑道、滑行道、停机坪及各种保障飞机飞行安全的设施，如无线电通信系统、导航系统、指挥系统、气象保障系统和目视助航设施等，还包括保证飞机起飞和着陆的净空保护区。

（2）航站区。航站区是飞行区与出入机场地面交通的交接部，是为旅客、货物、邮件提供运输服务的区域，由候机楼、货物航站、机场管制中心、航站交通和停车场等设施组成。

（3）进出机场的地面交通。进出机场的地面交通主要由道路、轨道等系统组成，用以实现机场与外界的旅客和货物的交流。

2. 机场的种类

按业务范围可分为：

（1）国际航线机场（国际机场）。国际机场须经政府核准，可供国际航班进出，并设有海关、边防检查（移民检查）、卫生防疫和动植物检疫等政府联检机构。

（2）国内航线机场。国内航线机场是专供国内航班使用的机场，除特殊情况外，不对外国航空器开放。

按其在民航运输网络系统中所起的作用可分为：

（1）枢纽机场。枢纽机场是指国内国际航线密集，客货吞吐量大的机场。在我国内地，仅有北京、上海、广州三大机场。

（2）干线机场。干线机场是以国内航线为主，客、货、邮吞吐量较大，主要指省会，自治区，重要的工业、旅游、开放城市的机场。

（3）支线机场。支线机场是以地方航线为主，规模较小，等级较低，大多分布在各省、自治区地面交通不方便的地方。

此外，机场按其服务的对象还可分为军用机场、民用机场和军民合用机场。

小贴士

世界上比较大型的主要航空货运机场有美国的芝加哥机场、德国的法兰克福机场、荷兰阿姆斯特丹的希普霍尔机场、法国的戴高乐机场、英国的希思罗机场、日本的成田机场等，我国国内比较大型的货运机场有北京的首都机场、上海的虹桥机场、香港的启德机场等。

（三）航空线路

航空运输线路是指地球表面两个点之间的连线相对应的空中航行线路，是对飞机飞行规定的线路，简称航线。

航线规定了飞机飞行的具体方向、起讫与经停地点以及所使用的航路。因此，一般来说，航线由飞机的起点、经停点、终点、航路等要素组成。

航路是指为了保障飞机飞行安全而特别规划的一条飞行通道，即以空中走廊的形式划定的飞行管制区。它有一定的方位、高度和宽度（我国民用航路的宽度规定为 20km），并且在其沿线的地面设有无线电导航设施。每架飞机都是在自己专用的空中走廊飞行，与其他飞机保持一定的空间间隔。

我国民用航空运输线路包括国内航线和国际航线两类。国内航线是指始发、经停、终点站均在我国境内的航线；国际航线是指连接我国城市和其他国家城市的航线。

（四）航空货物运输的当事人

航空货物运输当事人主要有托运人、收货人、承运人、代理人，以及地面运输公司。承运人一般指航空公司，代理人一般指航空货运公司。

1. 航空公司

航空公司自身拥有飞行器并借以从事航空运输活动，其主要业务是把货物和旅客从某地机场用飞机运到另一地机场。多数航空公司有定期航班，有些则没有定期航班，只提供包机服务，如卢森堡货运航空公司、马丁航空公司等，这些公司拥有货机，对运输大批量货物、超限货物及活种畜等十分方便。目前，我国的航空公司主要有中国国际航空公司、中国南方航空公司、中国东方航空公司等。

2. 航空货运公司

航空货运公司又称为货运代理，是航空运输代理公司，受航空公司委托，专门从事航空货物的揽货、订舱、接货、交付、报关或送货上门等服务的独立企业。

航空货运公司具有中介性质，在航空货物运输中既是航空公司的代理又是货主的代理。它可以代表航空公司接收货主的货物并出具航空货物分运单，当货物在航空公司责任范围内丢失、损毁时，它又可以代表货主向航空公司索赔。货主在办理航空货物运输时主要是与航空货运公司发生关系，一般不直接到航空公司办理订舱业务。

航空货运代理可分为国际航空货运代理和国际航空货物运输销售代理。国际航空货运代理仅作为进出口托运人、收货人的代理人，严禁从航空公司处收取佣金。国际航空货物运输销售代理作为航空公司的代理人，代为处理国际航空客货运输销售及其相关业务。

航空货运代理的业务范围主要包括：

(1) 传统代理业务如订舱、租机、制单、代理包装、代刷标记、报关报验、业务咨询等。

(2) 集中托运业务。

(3) 地面运输和多式联运服务。

小思考

(1) 简述航空货物运输的特点。

(2) 简述航空港的组成。

第二节 航空货物运输的业务流程

航空货物运输流程主要由货物收集，进港、运送、到港和交货等一系列业务活动组成。其大致可以分为两部分：一是以货物收集为中心的货运市场组织和管理；二是以货物运送为中心的进港货物运送和货物出港交付。其业务流程包括：计划安排—货物收集—货物进港生产组织与管理—货物运送—货物到港生产组织与管理—交货工作。

一、航空运输的货源组织

航空货物运输应按照市场销售计划，积极开拓市场，组织货源，收集货物，为运输生产做好充分的准备。在航空货运市场中，组织货源主要有直接销售、代理销售和联运三种方式。

(一) 直接销售

航空运输企业通过自己的营业处或收货站，直接进行航空货运业务的销售工作。与航空旅客运输一样，从事直接销售的业务点一般分布在运量较大的城市，航空公司可以直接组织市场。直接销售的优越性是能够直接控制市场，减少中间环节，提高销售利润。但是，当直接销售的业务量不足时，也会增加销售成本。

(二) 代理销售

销售代理人根据与航空公司之间的协议，代表航空公司销售空余吨位，并按照协议收取代理费用。航空公司可以采取灵活的代理政策，鼓励销售代理人积极开拓市场，扩大销售业务。航空企业可以寻求多个销售代理人，销售代理人也可以同时代理多家航空公司的货运销售业务。

(三) 联运

由于一个航空公司能够提供服务的航线有限，对于本身不能运达的部分航线，航空公司之间可以采用联运服务。这种服务是有偿的，上一个承运人即为下一个承运人的销售代理人，他们之间通过协议分配销售收入。事实上，航空公司为了扩大自己直销的范围，通常通过与其他航空公司的签订代理协议，成为其他航空公司的销售代理人。

二、制定航空货物运输计划

航空公司制定的物流运输生产计划主要包括运力计划、运输量计划、周转量计划、收入计划以及综合计划等。

（一）运力计划

运力计划是在市场调查和预测的基础上，根据公司飞机的运力情况、预期市场目标和市场份额，拟定投入航线的机型和航班数，即拟定航线的可提供吨位。

（二）运输量计划

运输量计划是根据现有的市场需求量、航空公司可提供吨位和历史生产完成情况等，计划公司在每条航线上的运输量及总运输量。

（三）周转量计划

周转量计划是根据航线运力计划和运输量计划，制定每条航线的运输周转量计划和总周转量计划，也就是航线的运输计划。

（四）收入计划

收入计划通常指发运收入计划，它是航空公司货运的主要收入计划，也是编制货运财务计划的主要依据之一。制定收入计划通常有两种方法：

（1）根据周转量制定。收入计划由下面的公式确定：

$$\text{货物运输收入}=\text{货运周转量}\times\text{单价} \tag{6-1}$$

（2）根据运输量计划和运输费率制定。这种方法应用较多，其计算方法是：

$$\text{航线货运收入}=\text{航线货物运输量}\times\text{运输费率} \tag{6-2}$$

航空物流运输的费率需要综合考虑多方面的因素，所以一般是根据历史平均费率和计划期费率的调整情况来确定一个估算值。另外，对包机运输来说，运输收入可根据运输量计划中包机的飞行小时乘以包机费率得出。

根据以上方法计算的各航线货运收入之和，即为航空公司计划年度的货运收入计划。

（五）综合计划

将各分类计划的有关总量指标汇集在一起，就形成了运输综合计划。综合计划可以反映公司计划年度的主要运输指标、收入指标和发展情况等。

三、航空货物托运

（一）填交货物托运单

托运人托运货物应向承运人填交货物托运单，并根据国家主管部门规定附上必要的有效证明文件，托运人需要对托运单填写内容的真实性和正确性负责。承运人接受货物托运单并填发货运单后，航空货物运输合同即告成立。

（二）包装

托运人按照国家主管部门规定的包装标准对托运的货物进行包装。没有统一规定包装标准的，根据保证运输安全的原则，按货物的性质和承载飞机的条件等进行包装。凡不符合上述包装要求的货物，承运人有权拒绝承运。

（三）粘贴包装储运标志

托运人必须在托运的货件上标明发站、到站以及托运人、收货人的单位、姓名和地址，按照国家规定标明包装储运标志。

（四）保险

国家规定必须保险的货物，托运人应在托运时投保货物运输险。

（五）缴费

托运人托运货物，应按照民航主管机关规定的费率缴付运费。除托运人和承运人另有协议外，运费一律于承运人开具货物运单时一次付清。

（六）货物收集

货物收集工作主要由航空货运公司来完成。货物收集可以是货主送货，也可以是航空货运公司到指定地点接收货物，具体依照航空货运公司与货主之间所签订合同的服务范围决定。

四、货物发运与到达作业

（一）货物的进出港作业

货物的进出港是一个组织严密的生产过程，有严格的工序控制和时间要求，涉及的部门多，需要做到统一和协调，密切合作，共同完成。货物进、出港生产组织与管理由机场地面服务按照一定的作业程序来完成。

航空物流运输市场销售部门接收的交运货物，一般在机场组织进出港生产。航空公司通常委托航线机场进行货物进出港组织和管理，大型航空公司一般在基地机场自行组织货物的进出港生产。旅客航班的航空货运生产工序和定时，与客运同步进行，以保证航班正点。

（二）货物运送

货物运送由航空公司完成，航空公司在运输途中负有保管好货物的责任。如果需要中转，航空公司应按照运输合同将货物转交下一承运人或代理人；如果是直达运输，货物运到后，除了另有约定外，承运人应立即以信函或电话的形式通知收货人。

（三）提货与签收

承运人于货物到达后24小时内向收货人发出到货通知，收货人凭提货证明到指定地点提取货物。承运人自发出到货通知的次日起免费保管3天，超期收货人应交保管费。

收货人对货物状态或重量无异议，并在货运单上签收，承运人即解除运输责任。如果发现货物灭失、短少、损坏时，应会同承运人查明情况，并填写货运事故记录。因承运人过失或者故意造成托运人或收货人损失的，托运人或收货人有权要求赔偿。

五、航空运输的吨位控制与配载

航空旅客运输通过座位控制来提高乘坐率，而航空货物运输则需要通过吨位控制来提高载运率。换而言之，货运既要考虑其体积，还要考虑其重量。吨位控制的任务是通过舱位预订与分配来提高货舱的载运率，避免吨位浪费、超售或装运过载。

采用全货机方式运输时，吨位控制和配载过程比较单一，主要控制货物体积（不能超高、超长）、形状（易于固定），不能超重。

采用客货混装方式运输时，由于必须首先考虑运送旅客，因此货运吨位控制和配载要在保证客运的前提下进行。首先必须根据乘客的座位分布情况，按照飞机的配载要求，进行货物的重量和位置控制，必须在保证飞机飞行平稳安全的前提下才能尽可能地提高飞机载运率。

第三节 航空运输营运方式与组织方法

一、航空运输营运方式

（一）班机运输

航空运输的营运方式包括班机运输和包机运输。班机运输又称为定期航班运输，是指根据班期时刻表，按照规定的航线，定机型、定日期、定时刻的客、货、邮航空运输。其主要特点如下：

（1）班机运输有固定的航线、固定的经停站和固定的航期，并在一定时间内有相对固定的收费标准。这对于收、发货人，尤其是进出口商确切掌握货物运送和到达的时间、核算运输成本、更好地履行外贸合同等均有一定的保障。因此，班机运输也就成为多数贸易商首选的航空货物运输组织形式。

（2）随着近年来货运行业竞争的加剧，航空公司为了更好地满足客户需求，不断提高航班的准班率，更加强调快捷的地面服务，对市场上的急需货物、鲜活货物、易腐货物及贵重货物的运送非常有利。

（3）目前班机运输多采用全客机和客货两用机，航班仍以客运服务为主，货物舱位有限，运价较高，不能满足大批量货物及时出运的要求。而且，不同季节同一航线客运量的变化也会直接影响货物装载的数量，使得班机运输在货物运输方面存在很大的局限性。

（二）包机运输

包机运输是指航空公司按照约定的条件和费率，将整架飞机租给一个或若干个包机人（包机人指发货人或航空货运代理公司），从一个或几个航空站装运货物到指定目的地的运输方式。由于包机运输一般没有固定的航线和航行时间，所以又称为不定期航班运输。

包机运输按照租用舱位多少可分为整机包机和部分包机。整机包机是指航空公司或包机代理公司按照合同中双方事先约定的条件和运价将整架飞机租给租机人，从一个或几个航空港装运货物到指定目的地的运输组织形式，这种方式比较适合于运输大批量货物。部分包机则是指由几家航空货运代理公司或发货人联合包租一架飞机，或者是由航空公司把一架飞机的舱位分别租给几家航空货运代理公司或发货人的货物运输方式。相对于整机包机而言，部分包机比较适合于运送 1 吨以上但货量不足整机的货物。

包机运输的主要特点如下：

（1）运量较大，运费相对较低，利益与风险同在。包机运输能较好地满足大批量货物航空运输的需要，缓解空运旺季航班紧张的状况，同时，其运费相对班机运输的运费要低。包机运输的费用是一次一议，随市场供求情况的变化而变化。我国民航包机运费是按照每飞行千米固定费率核收，并对空驶里程按每飞行千米运价的 80% 收取空驶费。因此，包机时要争取来回程均有货载，否则只使用单程，运费也会比较高。

（2）免去中转的不便，更具安全性和灵活性。与班机运输相比，包机运输可以由承租飞机的双方议定航程的起止点和中途停靠的空港，因此可免去班机运输由于不得已中转带来的种种不便，既可减少货损、货差以及丢失现象的发生，充分体现航空运输的快捷、安全，同时又由于装卸便利可使得包机运输更具灵活性。

（3）起飞时间难以控制，运送时间相对较长。尽管包机运输也有固定的时间表，但是往往会因一些意想不到的情况，或者常常需要等待其他货主备妥货物，从而使得包机常常不能按时起飞，因此运送时间相对较长。

（4）审批手续烦琐，活动范围和降落地点受到限制。各国政府出于安全的考虑，同时也为保护本国航空公司的利益，常对从事包机业务的外国航空公司实行各种限制，比如：复杂烦琐的审批手续，包机的活动范围比较狭窄，降落地点也时常受到限制等。此外，若需包机降落非指定地点外的其他地点时，一定要向当地政府有关部门申请，待同意后才能降落（如申请入境，通过领空和降落地点）。

二、航空运输组织方法

（一）集中托运

集中托运是指由集中托运商将若干批单独发运到同一方向的货物集中起来，作为一票货物发往同一站点，再由集中托运商委托其当地的代理人收货并分发给各个实际收货人的运输组织形式。集中托运既可采用班机运输的方式，又可采用包机运输的方式，因此可争取到较为低廉的运价。集中托运在国际航空运输中使用较为普遍，是航空货运代理公司的主要业务之一。

1. 具体做法

集中托运的具体做法包括：

（1）将每一票货物分别制定航空运输分运单，即出具货运代理的运单，简称 HAWB。

（2）将所有货物区分方向，按照其目的地相同的同一国家、同一城市来集中制定出航空公司的总运单，简称 MAWB。总运单的发货人和收货人均为航空货运代理公司。

（3）打印出该总运单项下的货运清单，即此总运单有几个分运单，号码各是什么，其中件数、重量各多少等。

（4）把该总运单和货运清单作为一整票货物交给航空公司。一个总运单可视货物具体情况随附分运单（可以是一个分运单，也可以是多个分运单）。

（5）货物到达目的地站机场后，当地的货运代理公司作为总运单的收货人负责接货、分拨，按不同的分运单制定各自的报关单据并代为报关，并为实际收货人办理有关接送货事宜等。

（6）实际收货人在分运单上签字以后，目的站货运代理公司以此向发货的货运代理公司反馈到货信息。

2. 条件限制

集中托运的条件限制包括：

（1）集中托运只适合办理普通货物。对于等级运价的货物，如贵重物品、危险品、活动物及文物等不能办理集中托运。

（2）目的地相同或邻近的可以办理集中托运，其他则不宜办理。

（3）由于集中托运的货物的出运时间不能确定，所以集中托运并不适用于易腐货物、紧急货物及其他对时间要求较高的货物的托运。

3. 优点

集中托运具有以下优点：

（1）节省运费。一般来说，每批货物越多越重，单位运价就相对越低，在给航空货运代理公司提供利润空间的同时，也能使发货人节省运费。

（2）提供方便。集中托运人的专业性服务能为货主提供诸多的便利。

（3）提早结汇。发货人将货物交给集中托运人之后，即可取得货物分运单。因为集中托运人的分运单与航空公司的主运单效力相同，所以在集中托运的形式下，托运人可持分运单到银行办理结汇手续，从而能加快资金周转。

【提示】集中托运方式已在全球范围内普遍开展，形成了较完善、有效的服务系统，为促进国际物流运输和国际贸易的发展起到了重要作用。集中托运已经成为我国货物国际运输的主要方式之一。

（二）航空快递

航空快递也称为航空快件运输，是由快递公司与航空公司合作，负责把文件、样品、小包裹等快递件以最快的速度运送到收货人手中的一种新的运输组织形式。

1. 特点

航空快递与其他航空运输相比，具有 5 个显著的特点：

（1）快递公司拥有完善的快递网络。

（2）以收运文件的小包裹为主。

（3）具有其他方式所没有的单据即交付凭证。

(4) 运送速度快。

(5) 运输过程即跟踪过程，信息反馈及时，送交有回音。

2. 主要业务形式

航空快递的主要业务形式包括：

(1) 门/桌到门/桌。门/桌到门/桌的服务形式是航空快递公司最常用的一种服务形式。首先由发件人在需要时打电话通知快递公司，快递公司接到通知后派人上门取件，然后将所有收到的快件集中到一起，根据其目的地分拣、整理、制单、报关、发送，到达目的地后，再由当地的分公司办理清关、提货手续，并送至收件人手中。在这期间，客户还可依据快递公司的电脑网络随时对快件的位置进行查询，快件送达之后，也可及时通过电脑网络将信息反馈给发件人。

(2) 门/桌到机场。与前一种服务方式相比，门/桌到机场的服务指快件到达目的地机场后不是由快递公司去办理清关、提货手续并送达收件人的手中，而是由快递公司通知收件人自己去办理相关的手续。采用这种方式的多是价值较高的货物或是海关当局有特殊规定的货物或物品。

(3) 专人派送。专人派送是指由快递公司指派专人携带快件在最短时间内将其直接送到收件人手中，即由快递公司专人随机送货。这是一种特殊服务，费用昂贵，一般很少采用。

(三) 联合运输

由于航线不一定能延伸到货主所需要的每一处所，因此出现了航空运输与其他运输方式的联运，尤其是与陆路运输的联运。联合运输方式是包括空运在内的具有两种及以上的运输方式紧密结合的运输，主要的做法有：

(1) 陆空联运。陆空运输是指陆路运输（铁路与长途汽车运输）与航空运输的联运，是航空运输的两端或一端是陆路运输。我国幅员辽阔，但可开辟国际航线的航空港却较少，且运输费用较高，因此我国出口空运货物常采用陆空联运。我国南方各省出口的普通货物，常利用中国香港机场航班多、普通货物运价便宜等优点，先用铁路将货物运至深圳北，然后将货物卸后装汽车运至香港，再从香港机场用班机运至目的地或中转站。鉴于陆空联运的需要，不少国家和地区在新建和扩建大型机场时，除修建对外联系的公路外，还修建了机场铁路。此外，一些大型航空公司还与公路或铁路结盟开展联运，如美国盐湖城、波特兰机场与机场铁路及公路合作。

(2) 海空联运。海空联运又被称为空桥运输。这种运输的优越性是运输时间比全程海运少，运输费用比全程空运便宜，比较适合对运费较为敏感而又要求快速运达的一般货物。但是这种联运方式要求换装，要求机场位于海岸，设有机场码头，并开通海上航线。

第四节　航空货运代理业务

一、航空货物运输代理业务概况

航空货物运输代理业务是航空货运中介在货主和航空公司之间的一个不可替代的增值

环节。与海运货代不同，空运货代价值链相对较长，在代理运力、整合资源、集运等方面作用明显。空运货物具有时效性强、货物本身价值高、货物尺码重量相对较小等特点，航空货运市场又具有需求不稳定、运力分散难以预测及运能相对不足、客户群分散等特点，这就决定了在整个航空货运业务链中，航空公司和空运货代各有分工。航空公司主要侧重航线开辟、运力调配，致力于机场到机场这一段，而其前期的货主开发、中间的运营服务及末端的地面接货和配送等主要由空运货代承担。

航空货物运输代理业务可以分为国内航空货物运输代理业务和国际航空货物运输代理业务。国内航空货物运输代理业务是指对出发地、约定的经停地和目的地均在中华人民共和国境内的民用航空货物运输的代理业务。在代理业务的操作过程中，适用《中华人民共和国民用航空法》《中国民用航空货物国内运输规则》以及各航空公司运输总条款。国内航空货物运输代理业务又可分为国内空运出港业务、国内空运进港业务以及国际联程货物运输业务等形式。

二、航空货运代理出港业务

（一）业务受理

航空货运代理出港业务受理内容包括：

（1）国内空运调度应首先进行信息查询，确定通过网络、传真及班车带回的货物中是否有到港空运货物，以及到港中转的预报业务。

（2）按预报出港货物委托信息提供的目的地、件数、重量、体积、委托人等要求，做好记录。

（3）接收委托人委托空运的传真文件，按客户提出的要求做好预订舱记录。

（4）受理委托人要求空运的电话咨询，了解货物情况及目的地、件数、重量、提供方式，做好电话预订舱记录。

（二）订舱

航空货运代理出港订舱内容包括：

（1）审核预订舱记录内容与网络提供的信息是否相符，如有异议应立即与委托人进行核实，同时将正确信息补充输入电脑系统。

（2）根据订舱记录分别向航空公司订舱或预订舱。

（3）审核单证。接到空运出港或委托人前来委托空运的信息，审核由委托人填写的“航空公司国内货物托运书”所列内容，仔细核对货物品名、件数、体积大小、包装和完好程度，确定计费重量，甄别所托货物是否属禁运品，核实委托人及收货人的详细单位名称、姓名、联系电话是否齐全，核对无误后请委托人在委托书上签名确认。

（4）提货、打包和称重。需空运的货物到达后，进行卸货，磅秤实际重量，丈量体积，计算计费重量，司磅人员确定计费重量后在航空托运书上签名确认，将托运书交制单员。在磅秤称取货物重量的同时，仔细检查货物包装是否符合航空要求，对包装不符合航空要求的货物，应向委托人建议加固外包装或改包装并为委托人提供打包改包装服务。

(5) 制单，制单员根据国内货物托运书分别制作总运单、分运单。在储运注意事项及其他栏内，对已订舱的货物应填制“已订舱”，有随机文件的应注明随机文件份数，需机场自提的货物应写明机场自提。

(6) 代理保险和代理商检。如果客户委托代理保险业务，航空货代操作人应按客户货物类别向合作保险公司投保；如果客户委托代理商检业务，航空货代应向相关机构办理检验及证明手续。

(7) 出仓与航空交接。该过程需要做：

1) 包装，制作航空吊牌。航空票签或吊牌上必须填明运单号、目的地城市名称、件数、重量。航空运单与航空票签必须为同一航空承运人，不得有误。

2) 根据不同航空承运人所列货运单内容，制作“航空交接单”。该单为航空承运人交接凭证，必须清晰显示交接货物的运单号、件数、重量、目的港城市名称。

3) 装车。空运出港调度按空运货量情况申请车辆，安排人员负责装车事宜。同时，装车人员要认真核对装车票数和每一票出运的件数，并附有记录。

4) 交货。按承运人指定的交货时间、地点进行托运交接。

(8) 货物跟踪与信息反馈。货代操作人员通过网上查询、电话查询或者发传真到航空公司等形式查询已通过安检的货物和航班号，并将查询结果反馈给客户。

(9) 事故处理。若上述环节发生意外情况，货代相关人员均应在第一时间通知客户和收货方，采取相应措施，并以最短时间解决问题。

(10) 结算费用。据分运单的总价对单票空运业务进行结算。

三、航空货运代理进港业务

国内空运进港业务主要是指为委托人的进港货物提供机场提货以及“门到门”的派送等业务。

(一) 业务受理

根据始发站合作代理预告的到港货物信息，目的站航空货运代理操作人员安排车辆接货，同时将到港货物的信息录入电脑系统，注明货物件数、重量、体积、到港航班号及到达时间。

(二) 机场提货

在飞机抵达之后两个小时内，航空货代操作人员前往机场与航空公司人员现场进行单货交接，核对货运单号，清点货物票数、件数，然后在航空公司交接清单上签收。

(三) 提货通知

货物运至到达站后，除另有约定外，航空货代操作人员用电话或书面形式向收货人发出到货通知，急件货物的到货通知应在货物到达后两小时内发出，普通货物应在 24 小时内发出。另外，还可根据运单或合同上的发货人名称及地址寄发到货通知单。到货通知单一般发给实际收货人，告知其货物已到港，催促其速办相关手续。

小贴士

到货通知单需要填写的项目有：公司名称、运单号、到货日期、应到件数及重量、实到件数及重量、合同号、货物名称、是否为特种货物、货运代理公司业务联系人及其电话等。

（四）收费放行

1. 自提货的收费放行

当收货人凭到货通知单和本人居民身份证或其他有效身份证件提货时，应仔细核对收货人提供的单位介绍信或其他有效证明，然后登记证件号码，根据货物重量开具发票，向提货人收取提货费之后，将货物交给提货人。收货人提取货物时若对货物外包装状态和重量有异议，应当场提出查验或重新过磅核对，否则视为完好交付。

2. 派送货物及收费

对于需要派送的货物，在接到货物到港预报时，应及时与收货人取得联系并确定派送地点和派送时间，同时与委托方确定派送费用，开具应收费用发票，向收货人收取。当货物送达收货人地点时，收货人应当场清点货物，需收货人在派送单上签字并注明收货日期。

（五）派送货物信息反馈

在完成货物派送交付后，应将由收货人签字的签收单及相关单证以传真或电邮方式及时反馈给始发站合作代理。

四、航空货物运输业务主要单证

（一）国内空运货物托运书

国内空运货物托运书是发货人在委托航空公司或空运货物运输代理公司办理货物托运时填写的必备单据，并由发货人签字、盖章。其主要内容包括：

（1）始发站、到达站全称。

（2）收货人、托运人的姓名、单位、地址、邮政编码和电话。

（3）托运人选择货物运费的支付方式，如预付或到付。

（4）货物的实际件数。

（5）货物的具体品名及包装种类。

（6）运输声明价值和运输保险价值。

（7）货物特性和储运注意事项，如“易碎”“防潮”等；货物到达后的提取方式等。

（二）航空货运单

航空货运单是由承运人（或其代理人）出具的一个重要的货物单证，也是其接收货物的收据。航空货运单不同于海运提单，不是代表所托运货物的所有权的物权凭证，是不可议付、不可转让的单据。

航空货运单一式八联，正本三联，副本五联。其主要内容包括：

(1) 始发站、目的站所在城市名称。

(2) 托运人及收货人的姓名、地址、邮编、电话号码。

(3) 货物实际的各航线航班号码及日期。

(4) 托运人要求声明的货物运输价值。

(5) 货物的件数、实际重量、计费重量、适用的运价以及由相关数据得到的航空运费。

(6) 货物品名、包装以及货物体积。

(7) 地面运费、其他费用以及由相关数据得到的航空运费总额。

(8) 货物运费的支付方式，如现金、支票以及信用卡等。

(三) 航空运单的种类

航空运单根据签发人的不同可分为航空主运单和航空分运单。前者由航空公司签发，后者由航空货运代理公司签发，两者的内容和法律效力基本相同。

1. 航空主运单

航空主运单是航空公司据以办理货物运输和交付的依据，是航空公司与托运人之间签订的运输合同。每一批航空物流运输货物都应有相应的航空主运单。

2. 航空分运单

航空货运公司在办理集中托运业务、联运及“门到门”运输时使用航空分运单。在集中托运的情况下，航空主运单是航空公司与集中托运人的运输合同，航空分运单是集中托运人与货主之间的运输合同，而货主与航空公司之间并无合同关系。

(四) 航空运单的有效期

航空运单必须是正本一式三联，背面印有运输条件，正面用不同颜色纸张印刷。航空主运单副本为六联，额外副本三联，分别供代理人、到站机场和第一、第二、第三承运人使用。第一联注明“交承运人”，由托运人签字；第二联注明“交收货人”，由托运人和承运人签字，并附在货上；第三联由承运人在接收货物后签字交给托运人。

航空货运单的有效期从货运单填制完毕，托运人（或其代理人）和承运人（或其代理人）签字后即生效，货物运至目的地，收货人提取货物并在货运单交付联（即第三联）上签收认可后，作为运输凭证的货运单的有效期结束。但作为运输契约，航空货运单的法律依据的有效期应延至运输停止后两年内都有效。

相关链接

> 除航空运单外，航空运输还有许多相关的单证。例如，出口业务使用的单证包括出口货物报关单、国际货物托运书、装箱单及发票、商检证明、出口许可证、出口收汇核销单、配额许可证、登记手册等；进口业务使用的单证包括进口货物报关单、装箱单、发票、进口许可证、商检证明等。

五、航空货物运输变更

运输变更分为托运人引起的运输变更和承运人引起的运输变更两种情况。航空货物在承运人接受运输后，货物托运人或收货人由于某种原因要求变更原定的运输，但这种变更应具备以下几个条件：

（1）货物承运后，货物托运人可提出变更到达站，变更收货人，运回原出发站，运输前取消托运。

（2）提出运输变更应出具书面要求，并出示第三份航空货运单正本。

（3）要求变更运输的货物，应当是一张货运单上填写的全部货物。

（4）收货人拒绝接受航空货运单或货物，或者是承运人无法与收货人取得联系。

（5）变更运输违反政府法令或运输限制的，承运人则不予办理。

无论哪一种变更，仅以一次为限。一旦承运人同意变更，则应及时处理变更，更改或重新开具货运单，并重新核收运费。对运输前取消托运的货物，则应核收退运手续费。

由于承运人执行特殊任务或天气等原因，造成不正常运输时，承运人应及时通知托运人或收货人，且其运输费用按以下规定处理：

（1）在出发站退运货物，则退还全部运费。

（2）在中途变更到达站，则返还未完成航程的运费。

（3）在中途站将货物全部运回原出发站，则退还全部运费。

（4）在中途站改用其他运输工具将货物运至到达站，运费少于未使用航段的运费时，应将差额退还，超过部分则由承运人负担。

六、航空货物运输费用

航空货物运输费用是指承运人为运输货物对规定的重量单位从起运机场至目的机场所收取的空中费用。航空货物运输费用包括运费和附加费。

（一）运费

运费是指根据适用的运价所计算的应核收的每批货物的费用，通常它是运输计费重量乘以费率（航空运价）而得到的。

1. 计费重量

计费重量是指据以计算运费的货物重量。在航空运输中计费重量是按实际重量和体积重量两者之中取较高者的一种计收。

实际重量是指一批货物包括包装在内的实际总重量。实际重量与体积重量的计收界限是：每6000立方厘米重量大于0.5千克的货物（重量大体积小）则按照实际重量计，货物重量以0.5千克为单位进位，不适用四舍五入，小于0.5千克的都按照0.5千克计；每1千克重量超过6000立方厘米体积的货物（体积大重量小），按照体积重量作为计费重量，求货物体积不考虑其几何形状，分别量出最长、最宽和最高尺寸即可，单位为厘米，小数点后四舍五入。

单件计算按照上述办法，当一批货物由几件不同的货物组成时，其中既有重货又有轻泡货，其计费重量则采用整批货物的总毛重或总体积重量两者之中较高的一个计算。

2. 航空运输费率

航空运输费率即航空运价，有公布的直达运价和非公布的直达运价。

公布的直达运价指航空公司在运价本上直接注明货物由始发地机场运至目的地机场的航空运输的价格，分为指定商品运价、等级货物运价和普通货物运价。

指定商品运价又称为特种货物运价，是根据在一定航线上有经常性特种商品运输的发货人的要求，或者为促进某地区某种货物的运输，向国际航空运输协会提出申请，经同意后而制定的。其主要目的是向发货人提供一个有竞争性的运价，以便发货人充分利用航空公司的运力。特种货物一般是批量大、季节性强、单位价值低的货物。

等级货物运价是用于指定地区内部或地区之间的少数货物的运价，通常是在普通货物运价的基础上减少或增加一定的百分比。增加的为附加运价，适用商品包括活动物、贵重物品、尸体、急件、枪械、弹药等。国内一般是按照基础运价的150%计收；减少的为附减运价，适用商品包括报纸、杂志、书籍作为货物托运的行李等。

普通货物运价又称为一般货物运价。当一批货物不适用指定商品运价和等级货物运价时，则适用普通货物运价。普通货物运价分为：45 千克（100 磅）以下运价；45 千克及 45 千克以上运价。45 千克以上运价又可分为 100 千克、300 千克、500 千克、1000 千克、2000 千克等的运价。国内一般只有三个分界点，即 45 千克、100 千克、300 千克。

（二）航空附加费

1. 明价值附加费

如果在发生货损货差时，发货人要求承运人或其代理人全部赔偿，则发货人在交运货物时，就应向承运人或其代理人声明货物价值，该价值称为“供运输用的声明价值”。该声明价值为承运人应负责赔偿责任的限额，承运人或其代理根据货物的声明价值向托运人收取一定的费用，该费用称为声明价值附加费。声明价值附加费一般按超过 20 美元部分的 0.5%收取，并与航空货物运费一同收取。托运人办理货物的声明价值时，需按整批货物办理，不得办理部分货物的声明价值或整批货物中办理两种不同的声明价值。声明价值附加费的计算方法如下：

声明价值附加费=（整批货物的声明价值−20 美元/千克×货物毛重）×声明价值附加费费率　　(6-3)

2. 其余附加费用

其余附加费用包括地面运费、中转手续费，制单费、货到付款附加费、提货费、送货费。其中，货到付款附加费、送货费等只有在要求承运人或航空货运代理公司服务时才发生。

小思考

(1) 航空货运的组织方法有哪些?

(2) 查阅资料，了解一家航空公司的运价。

案例分析

美国迈阿密的花卉物流系统

专业经营新鲜花卉，实际上仅仅经营玫瑰花保鲜物流链配送服务，并且获得巨大成功的美国迈阿密“农场直达”（Farm Direct）花卉公司总裁布里恩（Brian）对来访者说：“我们没有任何秘密，我们也不需要有关物流的高谈阔论，我们靠的是实干和为鲜花运输不惜日夜操劳的精神，当然我们同时会不断总结经验教训，向一切竞争对手学习，利用一切现代化手段和电子信息技术，把我们运营的花卉物流系统的所有功能发挥到极限。”

每天晚上，几架空运货机会满载着从拉丁美洲新收割的玫瑰花，徐徐降落在迈阿密国际机场。经过简短的手续后，鲜花被装载到专程前来接运的集装箱卡车或者国内航空班机上，直接运送到国内各地的物流链配送服务站、超级市场和大卖场，再通过它们飞速传送到北美大陆各大城市的鲜花商店、小贩、快递公司和消费者手中。鲜花物流系统的操作过程，听起来挺不错，但是内中的酸甜苦辣只有布里恩总裁最清楚。这位经过8年的艰苦准备，终于在1998年1月正式开业的鲜花公司老板一直在抱怨，花卉货运代理、承运人和飞机场非常缺乏按时保质保量运输鲜花所必需的物流设备和资源，否则他的新鲜玫瑰交易在北美市场可以搞得更加火红。

一、玫瑰花运输难题

布里恩遇到的第一个问题就是怎样把不远万里从拉丁美洲农场新收割下来的玫瑰花如同刚从自家后花园花圃中采摘一样迅速地运送到北美各大城市的消费者手中。他不止一次发现在这过程中的每一个环节，一旦处理不到位，都可能成为玫瑰花的保鲜“杀手”。

南美洲厄瓜多尔中部科托帕希火山地区地势险要、山高林密，但是常年气候温暖、雨水丰富，是盛产玫瑰花和其他珍贵花卉的好地方。布里恩的“农场直达”花卉公司向北美各大城市配送的玫瑰花就是从坐落在厄瓜多尔中部科托帕希（Cotopaxi）山区四周的3家大型农场定点采购的。为了避免在运输过程中重新包装，所有的玫瑰花在科托帕希农场收割后，立即现场包装，每150株玫瑰花包成1盒，然后装入集装箱，运送到厄瓜多尔首都基多（Quito）的国际机场。根据鲜花种植专家测定，玫瑰花从农场收割后，在正常情况下可保鲜14天。最科学的保鲜办法是：收割下来并准备长途运输的玫瑰花尽快装入纸盒，然后立即存储在华氏34°的冷藏集装箱内。在“农场直达”花卉公司的统一安排下，这些集装箱连夜运送到美国迈阿密飞机场，第二天早上，海关当局、检疫所和动植物检验所进行例行检查，再把鲜花发往北美各大城市的配送站。

按理讲，美国人甚至加拿大人有足够的时间去欣赏来自南美洲厄瓜多尔的美丽的玫瑰花。但是在物流过程中，由于遇到种种事先无法估计的不确定因素，总是会发生事与愿违、令人不愉快的事情。首先是在物流过程中的每一个环节上会出现意外“抛锚”。从科托帕希农场运出的新收割的玫瑰花一经包装，必须在晚上8时之前运到基多飞机场，然后飞机必须连夜起飞直抵迈阿密。在此过程中可能遇到飞机脱班、晚点、飞机舱容不够装下全部鲜花集装箱等情况。好不容易运到迈阿密国际机场，可是在机场仓库耽搁了不少时间，冷藏集装箱的温控设备失灵导致箱内温度升到华氏60°，严重影响玫瑰花的保鲜质量。等到迈阿密国际机场的美国海关官员打开集装箱检查的时候，玫瑰花几乎全部腐烂了。如果说玫瑰花还有4天可活，那运气算是不错的了。

当航空货机抵达迈阿密机场时，许多花卉货主又往往忽视这些新采摘的花卉非常娇嫩，必须迅速运到温控仓库里，否则容易发生霉变和腐烂。把鲜花从飞机舱口运送到保温仓库的时间非常关键，但是货主为了节约经费，竟然把鲜花直接装运在敞口的卡车上，使其完全暴露在空气中。即使进入温控仓库，已经怒放的玫瑰花还是不够安全，必须在规定的时间内配送到南部佛罗里达州，从那里用集装箱卡车或者短程飞机运送到零售商手中。还有一些花卉批发商，竟然把玫瑰花箱子装在客机的底部货舱内，那里的条件最差，飞机在高空飞行的时候，货舱里气温很低，玫瑰花很容易被冻坏。

二、与快递公司合作

目前，“农场直达”花卉公司分别与联邦快件公司和联合包裹服务公司签订了有关提供一体化快递服务的合同，通过他们的运输服务把鲜花直接运送到美国各地，从而避免以往新鲜玫瑰花搭乘民航飞机、聘用卡车公司运送玫瑰花，虽然运费低廉但是事故索赔不断，往往误事的严重麻烦。一体化快递服务给“农场直达”花卉公司带来准时、稳定的物流服务，公司的玫瑰花生意好做多了。当然快递服务的成本很高，但是在鲜花传送行业中，迄今没有其他替代办法。过去采用民航、集装箱卡车运送，一旦抛锚或者发生耽搁，运送的鲜花就彻底完蛋。“农场直达”花卉公司在2001年用FedEx航班运送花卉，98.4%成功，1.6%失败，这个失败比例看似不大，却对“农场直达”和其他花卉公司是一个不小的损害。一纸盒150株玫瑰花，每株采购价格是25美分，运输价格每株20美分，净成本是每纸盒67.5美元，每纸盒150株玫瑰花批发给花店或者花商是150美元，“农场直达”从中净赚82.5美元，而花店一转手的零售价是650美元，这就是说每损失毁坏一纸盒玫瑰花，仅仅花商就要损失500美元，损失100纸盒玫瑰花，花商损失5万美元。

现在，由于花卉运输管理和物流服务稳定可靠，“农场直达”花卉公司可以向消费者承诺：从他们那里批发销售的新鲜玫瑰花在家里可放置至少4天而不败。

（资料来源：根据《锦绣物流网》文章“美国迈阿密的花卉物流系统改编”）

案例思考题：

（1）分析和总结“农场直达”花卉公司运输业务流程。

（2）联邦快件公司和联合包裹服务公司为花卉公司提供的运输服务品质和特色是什么？

第七章　管道运输和特种货物运输

GUANDAO YUNSHU HE TEZHONG HUOWU YUNSHU

【学习目标】

（1）掌握管道货物运输的概念、特点及运输方式；

（2）理解危险包装的要求及其流程规范；

（3）掌握超限货物运输概念、特点和运输组织；

（4）掌握鲜活易腐货物概念、性质与特点；

（5）了解鲜活易腐货物运输设备、运输组织。

引导案例

采用滚装船滚装装卸方法运输超大件货物

采用滚装船滚装装卸方法的操作流程为：在码头上将货物吊起，高度不超过 1 米（防止货物受到较大震动和由于对超重货物吊装时间过长产生的货损），在货物底下放入带有轮子的底盘，将货物固定在底盘上（防止货物重心不稳，发生翻斗），由拖头拖动底盘通过尾跳将货物运进船舱内，并固定（防止进仓时货物与船舱的碰撞、摩擦）。由于滚装船具有“通舱”的特性，解决了货物超长、不好摆放的难题；滚装船的设计允许根据货物的高度调节舱内若干舱板的高度，解决了货物超高难题；而且滚装船尾舱口宽达 12 米，船尾跳承重可达 40 吨，解决了超宽、超重大件货物进舱的难题，使特殊大件货物在运输中的货损降到最低限度，实现货物运输的高效率。

（资料来源：http：//www. cnewl. com）

讨论：滚装船在超大件货物运输时起到什么作用？

第一节　管道运输概述

一、管道运输的概念与分类

随着经济的发展，特别是西气东输工程的实施，管道运输有了飞速的发展。可以说，管道运输是衡量一个国家能源与运输业是否发达的特征之一，也是国民经济综合运输的重要组成部分。

（一）管道运输的定义

管道运输是随着石油的生产而产生并不断发展。管道运输作为一种特殊的运输方式，它的运输工具就是管道，是固定不动的，只是货物本身在管道内移动，即管道运输是将运输通道和运输工具合二为一的一种专门运输方式。

管道运输是货物在管道内借用高压气泵的压力被输送到目的地的一种运输方式。为了增加运量、加速周转，现代管道管径和气压泵功率都有很大增加，管道里程也越来越长，有的甚至长达数千千米。此外，现代管道不仅可以输送原油、各种石油成品、化学品、天然气等液体和气体物品，而且还可以运送矿砂、碎煤浆等。

（二）管道运输货物的分类

管道运输货物可分为以下 4 类：

（1）液体。该类货物主要是各类油品，包括原油、成品油和液态烃（液化石油气和液化气）。

（2）气体。该类货物主要包括天然气、二氧化碳和氮气等。

（3）固体浆体、散料。该类货物又可分为煤浆、各类矿浆和粮食类小颗粒固体。

（4）其他。随着管道运输技术的不断发展，未来管道运输的货物也会有所增多，像信件、垃圾等货物也可进行管道输送。

（三）货物运输管道的种类

管道货物运输通常按照所输送物品的不同，可分为：

（1）原油管道。原油一般具有比重大、黏稠和易于凝固等特性。所以针对原油的特性、管道运输需要采用不同的输送工艺。其运输特点为输量大、运距长、收油点和交油点少。世界上的原油85%以上是通过管道输送的。

（2）成品油管道。成品油管道用于输送汽油、煤油、柴油、航空煤油和燃料油，以及从油气中分离出来的液化石油气等成品油。成品油管道的任务是将炼油厂生产的大宗成品油输送到各大城镇附近的成品油库，然后用油罐汽车转运给城镇的加油站或用户。成品油管道运输的特点是批量多、交油点多。因此，管道的起点段管径大，输油量大；经多处交油分输以后，输油量减少，管径也随之变小，这也形成了成品油管道多级变径的特点。

（3）天然气管道。输送天然气和油田伴生气的管道，包括集气管道、输气干线和供配气管道。就长距离运输而言，输气管道是指高压、大口径的输气干线。

（4）固体料浆管道。固体料浆管道输送方法是将固体粉碎，与适量的液体配置成可泵送的浆液，再用泵按液体管道输送工艺进行输送。到达目的地后，将固体与液体分离送给用户。

相关链接

> 我国已建设的特大型管道运输基础设施有西气东输工程，总投资超过1400亿元，其主要任务是将新疆塔里木盆地的天然气送往豫、皖、浙、沪等地区。该管线以新疆塔里木轮南油田为起点，沿线经过新疆、甘肃、宁夏、陕西、山西、河南、安徽、江苏、浙江10个省份，最后抵达上海。西气东输工程包括塔里木盆地天然气资源勘探开发、塔里木至上海天然气长输管道建设以及下游天然气利用配套设施建设。主干管道全长4000千米左右，输气规模设计为年输商品气120亿立方米，目前已成为我国第一条大口径、长距离、高压力、多级加压、采用先进钢材并横跨长江下游宽阔江河的现代化、世界级天然气干线管道。

二、管道运输的特性

管道运输将运输通道和运输工具合二为一，高度专业化，适于运输气体和液体货物，并且永远是单方向运输。

（一）管道运输的优点

管道运输具有以下优点：

（1）不受地面气候影响，自然条件限制少，可连续作业和全天运行。

（2）运输的货物无须包装，节省包装费用。

（3）货物在管道内移动，货损、货差小。

（4）经营管理比较简单。

（5）成本低，运量大，且方便。

（6）运行维护简单，需用人员少，可走捷径，施工简单，占地也少。

（7）有利于环境保护，无震动，也无噪音和粉尘等污染。

（二）管道运输的局限性

管道运输的局限性包括：

（1）适用范围小，通常适用于运输货量大、货源足、线路长而种类固定的物种。

（2）机动灵活性差，每种管道只能运输一种产品。

（3）固定投资大，技术要求高，受地形影响较大，如地形起伏太大，则管道建设困难。

三、管道运输的发展历史及趋势

中国是世界上最早使用管道运输流体的国家。早在公元前200多年，古人就已建造了用打通的竹管连接起来的管道，运送卤水。这可以说是现代管道运输的雏形。

1865年10月，美国人锡克尔用管径50毫米的熟铁管，修建了世界上第一条9000米长的管道，用于输送石油，他在沿线设了三台泵，每小时输油13立方米。

第二次世界大战期间，美国修建了当时称雄世界的两条长距离管道：一条是原油管道，从得克萨斯州到宾夕法尼亚州，全长2158千米，管径600毫米，日输原油47770立方米；另一条是成品油管道，从得克萨斯州到新泽西州，全长2745千米，日输成品油37420立方米。这么长的距离，如何保证运输的通畅并保持一定的速度呢？这是由于在其全线按一定距离就会设有泵站。泵站配有电动离心泵和程序启停及调节运量的设施。

20世纪70年代以后，由于科学技术的发展，管道运输又有了长足的进步，一些大型管道相继问世。1972年，苏联与东欧各国建成“友谊”输油管道，总长9700千米，管径为1220毫米和820毫米，年输原油1亿吨。沿线每隔80~110千米设置一个泵站，保证输油管正常工作。1977年，美国在阿拉斯加州也建成了一条世界著名的深入北极圈的输油管道，全长1277千米，管径1220毫米，沿线穿越3条山脉、34条河流和长700千米的冻土带。阿拉斯加管道共有12个中间泵站，每个泵站有4台专用的航空燃气轮机，整个管道年输油能力为1亿吨。

世界著名的输气管道当属横贯加拿大全境的管道，该管道总长8500千米，管径500~1000毫米，中间设46座压气站，年输气量达300亿立方米。整个系统的管道和压气站，由多伦多市中心控制室用计算机进行遥控，并在屏幕上显示有关数据。日常维护使用双螺旋桨飞机在低空50米巡逻飞行，并定期派出人员在地面检查。

目前世界上输煤量最大的是美国里梅萨煤浆管道，起点是美国亚利桑那州的卡因塔露天煤矿，终点是内华达州的莫哈夫电厂，全长439千米，管径为457毫米和305毫米。这条管道1970年建成，年输煤量为450万吨。

我国的管道运输起步较晚，发展也比较缓慢。1958年，建成克拉玛依-乌鲁木齐长距离输油管道，全长295千米。1963年在四川修建了从川南到重庆的输送天然气管道，全长

54.7 千米。目前中国各种用途的运输管道总长为 11.2 万千米。

小贴士

管道运输由于具有运量大、运输成本低、易于管理等特点而备受青睐，呈快速发展的趋势。随着科学技术的发展，各国越来越重视输煤管道的研究和应用，管道运输也将会发挥越来越大的作用。

四、管道运输方式

现今管道运输货物业务，常见于城市生活和工业生产的自来水输送系统、污水排放系统、煤气或天然气输送系统及工业石油输送系统等。而管道运输则主要是指用管道来输送煤炭、矿石、邮件、垃圾等固体货物的运输系统。

运送固体货物的管道货物运输业务一般有以下几种方式。

（一）水力管道运输

水力管道运输原理是把需要运送的粉末状或小块状的固体浸在水里，依靠管内水流，顺流运行。管道沿线设有压力水泵站，维持管内水压、水速。管道起点设有调度室，控制整个管道运输。终点设有分离站，把所运货物从水中分离出来，并进行入库前的脱水、干燥处理。这种水力管道运输的缺点是固体货物损耗较大，管道磨损严重，一些不能同水接触的货物的运输会受到限制。

（二）气力集装箱管道运输

气力集装箱管道运输同水力管道运输的主要区别是用高压气流代替高压水流，推动集装箱在管内运行。由于气流压力较大，集装箱大小和管道直径配合适宜，箱体沿管道壁顺气流运行，运输速度可达每小时 20~25 千米。管道两端设有调度室、装卸货站，用电子技术自动控制。气力集装箱管道运输除用来运输矿物、建筑材料外，一些国家还用来运送邮包、信件和垃圾等。其主要缺点是动力消耗太大，对集装箱的耐压技术要求较高。

（三）水力集装箱管道运输

水力集装箱管道运输同水力管道运输的原理一样，但却是预先用装料机把货物装在用铝合金或塑料制成的圆柱形集装箱内，让集装箱在水流中运行。管道终点设有接收站，用卸料机把货物从箱内卸出，空箱从另一管道回路送回起点站。其优点是货物和能源的消耗以及管道磨损都较小。

（四）真空管道气压集装箱运输

真空管道气压集装箱运输是在管道两端设立抽气、压气站。抽出集装箱前进方向一端的空气，在集装箱后面送入一定气压的空气，通过一吸一推，使集装箱得以运行。其对箱体和管壁的光滑度、吻合度要求较高，但动力消耗较小。

（五）电力牵引集装箱管道运输

电力牵引集装箱管道运输是靠电力传送带或缆索牵引集装箱在管内的水中漂浮前进。使用这种方法使管道不承受压力，所以可用廉价材料制作管道。

小思考

（1）管道运输具有哪些优缺点？
（2）管道运输的物品按输送货物的形态可分为哪几种类型？

第二节　特种货物运输概述

一、危险品运输管理

（一）危险品的概念和特征

根据我国国家标准《危险货物分类和品名编号》（GB 6944—2012）的规定，危险品是指具有易爆炸、易燃、毒害、感染、腐蚀、放射性等危险特性，在运输、储存、生产、经营、使用和处置中，容易造成人身伤亡、财产损毁或环境污染而需要特别防护的物质和物品。所以危险品应具有以下三项特征：

（1）具有易爆炸、易燃、毒害、感染、腐蚀、放射性等特性。这是危险品造成火灾、中毒、灼伤、辐射伤害与污染事故的基本条件。

（2）容易造成人身伤亡、财产损毁或环境污染。这是指危险品在运输、装卸、储存和保管过程中，在一定外界因素作用下，如受热、明火、摩擦、震动、撞击、洒漏、与性质相抵触的物品接触等，发生化学变化所产生的危险效应，不仅会使危险品本身遭到损失，而且还会危及人身安全和破坏周围环境。

（3）需要特别防护。这主要指除一般所说的轻拿轻放、谨防明火等普通货物运输需要注意的事项以外，还必须有针对各类危险品本身的物理化学特性所采取的特别防护措施。例如，有的爆炸品需添加抑制剂，有的有机过氧化物需控制环境温度，有的危险品需要特殊包装等。

（二）危险品的分类

《危险货物分类和品名编号》将危险品按其主要特征和运输要求分为如下 9 类。

1. 爆炸品

爆炸品是指受到高热、摩擦、撞击、震动或其他外界作用，能迅速地反应，瞬时产生大量气体和热量，形成巨大的压力而发生爆炸，对周围环境造成破坏的物品。

爆炸现象根据爆炸时所进行的不同变化可分为物理爆炸和化学爆炸。物理爆炸是指物质因状态或压力发生突变（物理变化）而形成的爆炸现象，如锅炉爆炸、压缩气瓶爆炸等；

化学爆炸是指物质因得到起爆能量而迅速进行分解（化学变化），同时生成大量的气态物质和大量的热，使气体产物具有高温、高压，并迅速膨胀做功的化学反应过程，如炸药及爆炸性药品的爆炸。

爆炸物品在发生爆炸反应时具有的三个特征：反应速度快，释放大量的热，产生大量气体。

决定爆炸品爆炸性能强弱的因素有感度、威力、猛度、安定性等。感度（亦称敏感度）是指爆炸品在外界作用下，发生爆炸反应的难易程度；威力是指爆炸时的做功能力，即炸药爆炸时对周围介质的破坏能力；猛度是指炸药的猛烈程度，又称猛性作用，即炸药爆炸后爆轰产物对周围物体（如混凝土、建筑物等）破坏的猛烈程度。炸药的安全性和炸药的安定性（稳定性）为炸药的储存、运输组织管理提供依据，它是指炸药在一定存储期间和存储条件下，不改变自身的物理性质和化学性质，即炸药在相当长的时间内不发生分解而使化学成分及其性能保持不变的能力。

2. 气体

这里的气体主要包括易燃气体、非易燃无毒气体和毒性气体，一般呈压缩或液化的形式进行运输。当气体受热、撞击或强烈震动时，容器内压力急剧增大，致使容器破裂爆炸，或导致气瓶阀门松动漏气，酿成火灾等事故。其危险主要表现在：

（1）耐压容器破裂或爆炸的危险。

（2）气体物质化学性质引起的危险，如引起火灾、爆炸、中毒、灼伤、冻伤等危险事故。

3. 易燃液体

易燃液体是指易于燃烧的液体、液体混合物或在溶液或悬浮液中含有固体物质的液体，但不包括由于其危险性已列入其他类项的液体。该类物品的闪点等于或低于61℃，在常温下易挥发，其蒸汽和空气混合能形成爆炸性混合物，部分易燃液体还具有毒性或麻醉性。

易燃液体货物的危险性主要有以下表现：

（1）挥发性和易燃性。易燃液体及其挥发出来的蒸气，如遇明火，极易燃烧。易燃液体与强酸或氧化剂接触，反应剧烈，能引起燃烧和爆炸。

（2）爆炸性。当易燃液体挥发出的蒸气与空气混合，达到爆炸极限时，遇明火就会引起爆炸。

（3）麻醉性和毒害性。易燃液体的蒸气，大都有麻醉作用，如长时间吸入乙醚蒸气会引起麻醉，失去知觉，深度麻醉或长时间麻醉甚至可能死亡。

（4）易积聚静电性。大部分易燃液体的绝缘性能都很高，而电阻率大的液体一定能呈现带电现象。

（5）污染性。一些易燃液体被认为是对海洋环境有害的海洋污染物。

4. 易燃固体、自燃物品和遇湿易燃物品

此类物品易于引起和促成火灾。其具有以下特征：

（1）燃点低，易燃或自燃。

（2）遇水、遇酸、遇氧化物时会发生剧烈化学反应。

（3）易与氧化剂形成爆炸性混合，具有爆炸性和毒害性。

5. 氧化性物质和有机过氧化物

氧化性物质是指本身未必可燃，但通常会放出氧或促使其他可燃物燃烧的物质，如硝酸钾、氯酸钾、过氧化钠、过氧化氢（双氧水）等。有机过氧化物是指分子组成中含有过氧基的有机物，其本身易爆易燃、极易分解，对热、震动与摩擦极为敏感，如过氧化二苯甲酰、过氧化乙基甲基酮等。

6. 毒害品和感染性物品

毒害品是指经吞食、吸入或与皮肤接触后，累积达一定的量，能与体液和组织发生生物化学作用或生物物理变化，扰乱或破坏肌体的正常生理功能，引起暂时性或持久性的病理状态，甚至危及生命的物品，如四乙基铅、氢氰酸及其盐、苯胺、硫酸二甲酯、砷及其化合物以及生漆等。感染性物品是指含有致病的微生物，能引起人体病态甚至死亡的物质。

毒害品按其化学性质又可分为有机毒害品和无机毒害品两大类。有机毒害品具有可燃性，遇明火、高温或与氧化剂接触会引起燃烧爆炸。而毒害品燃烧时，一般又都会放出有毒气体，加剧了毒害品的危险性。

相关链接

> 某些物质进入动物体内，能与肌体的体液或器官组织发生生物化学作用或生物物理作用，破坏正常生理功能，引起某些器官和系统的暂时性或永久性病理变化，这些物质就被称为毒物或毒害物品，亦即我们平时所说的致病、致癌、致畸的“三致”物质。毒物的形态一般是固体、液体或气体，尤以气体、蒸气、雾、烟、粉尘等形态活跃于生产环境而污染空气，可经呼吸道、消化道、皮肤进入人体。

7. 放射性物品

放射性物品指含有放射性核素且放射性活度和比活度均高于国家规定的豁免值的物品。放射性物质有固体、粉末、晶粒、液态和气态等多种物理形态，如铀、钍的矿石及其浓缩物等。

放射性物质具有以下特性：

（1）放射性的衰变和半衰变期。放射性物质的原子核由于放出某种粒子而转变为新核的变化叫衰变。半衰变期是指放射性物质的原子数目因衰变而减少到原来的一半所需时间。对于运输来说，了解半衰期十分重要。对半衰期短的放射性物质要优先运输，不能久储。对于一个在半衰期内不能运达目的地的放射性物质，公路运输不宜受理。在《公路危险货物运输规则》中规定了托运半衰期短的放射性货物，应在运单上注明允许运送期限，其期限不得少于运输送达所需时间。

（2）射线的剂量。剂量当量表示人体对一切射线所吸收能量的剂量单位。吸收剂量率是指单位时间内所受的剂量当量，也可称为辐射水平。时间越短，剂量当量越大，货物的辐射水平越高，危险越大。

（3）最大容许剂量。人体所受到对身体健康没有危害的最大射线照射量。

8. 腐蚀品

腐蚀品是指凡从包装内渗漏出来后，接触人体或其他货物，在短时间内即会在被接触表面发生化学反应或电化学反应，造成明显破坏现象的物品，如硝酸、硫酸、氧磺酸、盐酸、甲酸、溴乙酸、冰醋酸、氢氧化钠、甲醛等。

有些危险货物，往往同时具有腐蚀、易爆、易燃、氧化和毒害性质中的几种，如果腐蚀性占主要地位，即把该物品划为腐蚀品，以便于运输储存管理，但不能因此忽视其具有的其他危险性。腐蚀品是化学性质非常活跃的物质，能与很多金属、非金属及动植物机体等发生化学反应，在与很多物品或人体接触后，都能产生程度不同的腐蚀性。

9. 杂类

本类危险品是指在运输过程中呈现的危险性质不包括在上述 8 类危险品的物品，包括磁性物品、具有麻醉和毒害及类似性质的物质等。比如，能造成飞行机组人员情绪烦躁或不适，以致影响飞行任务的正确执行和危及飞行安全的物品（榴莲、大蒜油等）。

（三）危险品的确认

仅凭危险品的定义分类标准来确认某一货物是否为危险品，在具体操作上常有困难，承托双方也不可能对众多的危险品在需要运输时再做技术鉴定和判断，由此有可能还会引起承托各方的矛盾。所以，各种运输方式在确认危险货物时，都采取了列举原则。国家发布了《危险货物品名表》（GB 12268—90），列举了危险货物的具体品名；各运输方式都颁布了本运输方式的《危险货物运输规则》（简称《危规》）。各《危规》都在所附的《危险货物品名表》中收集、列举了本规则范围内具体的危险货物的名称。

办理危险货物托运时应注意以下事项：

（1）向已取得道路危险货物运输经营资格的运输业户办理托运。

（2）在托运单上填写清楚危险货物品名、规格、件重、件数、包装方法、起运日期、收发货人详细地址及运输过程中的注意事项。对有特殊要求或凭证运输的危险货物，必须附有相关单证，并在托运单备注栏内注明。

（3）托运下列危险货物，应当持有有关证件，具体如下：

1）爆炸物品和需凭证运输的化学危险物品，应当持有公安部门签发的爆炸品准运证或化学危险品准运证。

2）放射性物品应当持有指定的卫生防疫部门核发的包装表面污染及辐射水平检查证明书。

3）货物性质与灭火方法相抵触的危险货物，必须分别填写托运单，以防止混装而引发重大事故。

4）托运未列入《汽车运输危险货物品名表》的危险货物新品种，需提交生产或经营单位主管部门审核的《危险货物鉴定表》，经省级公路运输管理局批准后办理运输。

凡未按以上规定办理危险货物托运，由此发生运输事故的，由托运人承担全部责任。

【提示】货物运输过程中的不封货物，有危险、超限、笨重、鲜活易腐、贵重等特点，且对装卸、运送和保管等作业有其特殊要求，这类货物统称为特殊货物。特殊货物的运输组织，不仅应当符合普通货物运输的规定外，同时还应当遵守危险货物运输的组织特殊要求。

（四）危险物品品名编号

1. 编号的组成

危险物品品名编号由五位阿拉伯数字组成，是根据《危险货物分类和品名编号》（GB 6944—86）以及《危险货物品名表》（GB 12268—90）来确定的，分别表示危险品所属的类别、项号和顺序号。

2. 编号的表示方法

编号的表示方法如图 7-1 所示。例如，品名为煤气的编号为 GB No. 23023，表明该危险物品为第 2 类第 3 项有毒气体（顺序号为 023）。

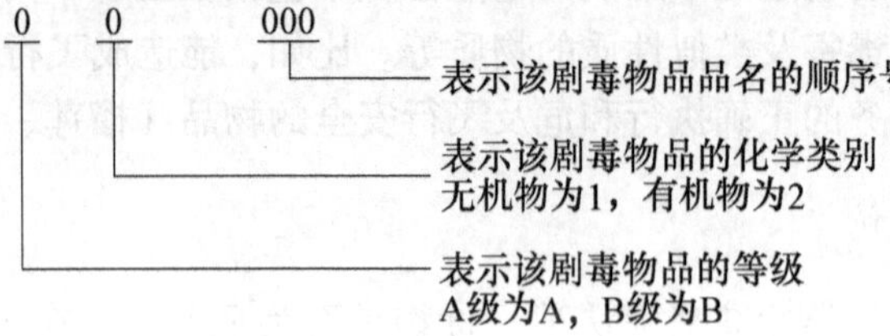

图 7-1　危险物品编号表示

每一危险物品指定一个编号。某些性质基本相同、运输条件和灭火、急救方法也都相同的危险物品，也可使用同一编号。

（五）危险品的运输包装

1. 危险品包装的作用

危险品运输包装是用来保护产品数量完整和质量不受损坏，防止在正常运输过程中发生燃烧、爆炸、腐蚀、毒害、放射性核辐射等事故的重要条件之一，也是安全运输的基础。危险品运输包装的作用在于：

（1）防止因接触雨雪、阳光、潮湿空气和杂质使产品变质，或发生剧烈的化学反应而造成事故。

（2）减少货物在运输过程中受到的碰撞、震动、摩擦和挤压，使其在包装的保护下处于完整和相对稳定状态。

（3）防止因货物撒漏、挥发以及性质相互抵触的货物直接接触，而发生污染运输设备及其他货物等事故。

（4）便于运输过程中的装卸、搬运和保管，做到及时运输。

2. 危险品包装的基本安全要求

危险品包装的基本安全要求包括：

（1）包装的材质、种类、封口应根据所盛装货物的性质来确定。例如：氢氟酸有强烈的腐蚀性，能侵蚀玻璃，所以不能用玻璃容器盛装；氨气或乙胺溶解于水中就会生成氢氧化铵或乙胺水溶液，这时因其状态发生了变化，所以就可以用铁桶盛装；剧毒和易燃的气体有使人中毒和着火的危险，且气瓶内压力很高，封口必须特别严密；碳化钙（电石）等类危险品遇水或潮湿空气就会产生（乙炔）气体，所以盛装碳化钙的铁桶除充氮气外，一般不能密封，应留有排除（乙炔）气体的小孔。

（2）包装及其容器要有一定的强度。强度包括包装材料的强度和包装的强度。包装材料的强度根据其应力的大小来确定；包装的强度除了和材料本身的强度有关外，还与包装的结构、加工工艺、加工质量有关。包装强度的检验内容通常包括跌落试验、堆码试验、液压试验、气密性试验等。

（3）包装应有适当的衬垫材料。包装要根据危险货物的特性和需要，采用适当的材料和正确的方法对货物进行衬垫，以防止在运输过程中内外包装之间、包装和包装之间以及包装和车辆之间、装卸机械之间发生冲撞、摩擦、震动，从而避免包装破损。同时，有些包装的衬垫还能防止液体货物挥发和渗漏。

（4）包装应能经受住一定范围内温度、湿度变化的影响。不同地域的环境温度、湿度各不相同，有时甚至差别很大，这便要求货物的包装能适应温度、湿度的变化。包装的防潮措施应从以下两方面考虑：

1）应采用防潮衬垫，如塑料袋、耐油纸、干燥剂等。

2）包装本身也应具有一定的防潮性能，如具有防水性的油性纸箱。

（5）包装的容积、质量和形式应便于装卸和运输。考虑到包装强度对包装容积的影响，根据《危险货物运输包装通用技术条件》的规定，对危险品包装的最大容积与最大质量的限制做出规定：钢桶（1A）最大包装质量为400千克，容量不超过450升；钢罐（3A）最大包装质量为120千克，容量不超过60升；木质琵琶桶最大包装质量为400千克，容量不超过250升；木板箱，胶合板箱最大包装质量为400千克；再生木板箱最大包装质量为100千克；纺织品袋、塑料薄膜袋、纸袋最大包装质量为50千克，容量不超过30升。

经过试验合格的包装，都应在其明显部位标注清晰持久的包装试验合格标志（由联合国统一规定）。

（六）运输企业资质及流程规范

1. 危险品运输企业资质

危险品运输企业资质包括：

（1）危险品运输的承运资格。各运输方式对运输企业承运危险品的资格没有统一的规定。在各运输方式中，接触面最广、对环境影响最大的是公路汽车运输。我国交通部对汽车危险品承运人的主体资格做了如下严格的规定：

1）拥有与所从事危险品运输范围相适应的停车场站、仓储设施等，并符合国家《消防条例》的规定。

2）运输危险品的车辆、装卸机械和工具等，必须符合《汽车危险货物运输规则》规定的技术条件和要求。

3）从业人员必须掌握危险品基础知识，熟悉公路危险品运输的技术业务和有关安全管理的规章，政治思想、技术业务素质符合岗位规范要求。对于直接从事危险品运输、装卸、理货等业务的工作人员，必须经过培训、考核，并取得道路运政管理机关颁发的《道路危险货物运输操作证》才能上岗。

4）从事公路危险品运输的单位必须拥有健全的安全生产规程、岗位责任制度、车辆设备维修制度、安全管理制度和监督保障体系。

（2）危险品运输的资质凭证。危险品运输的资质凭证是证明危险品承运人的基本资质符合规定要求，并经办理申报手续获准从事危险品运输作业的凭证。对公路运输而言，资质凭证的具体内容如下：

1）道路运输经营许可证。该证须由公路运政管理部门审批、发放，并加盖“危险货物运输”字样的公章。

2）工商营业执照。从业者凭道路运输经营许可证，向当地工商行政管理部门办理《工商营业执照》。

3）道路营业运输证。该证是在办理了道路运输经营许可证和工商营业执照后，按营运车辆数量从管辖道路运政管理机关领取的，一车一证，随车同行。

4）道路非营业运输证。该证是非营业性公路危险品运输车辆运行的凭证，是在办理了非营业性公路危险品运输手续后，凭批准文件从主管公路运政的管理机关领取的，一车一证，随车同行。

5）公路危险品运输车辆标志。该标志的功能是在装运危险品的车辆运行和存放时向人们示警，以利于加强安全警戒和安全避让，保障安全生产。该标志可分为两类：一类是国家规定的印有黑色“危险品”字样的三角形小黄旗；另一类是有的地方性法规规定的印有黑色“危险品”字样的黄色三角灯。

6）危险货物作业证。该证是危险品运输作业人员从事危险品装卸、保管、理货等作业的凭证。按职业岗位规范的要求，凡从事公路危险品作业的人员，必须经过规定内容的技术业务培训，方准上岗。

7）公路危险品运输企业的安全工作合格文件。该文件是指公安、消防部门按国家消防法规的规定，对公路危险品运输车辆的安全技术状况、运输设施的安全措施、生产安全制度、作业人员素质、消防设施和措施等进行审验合格后，发给的凭证文件。

2. 危险品运输流程规范

危险品运输要经过托运受理、储存保管、装卸堆垛、运送、送达交付等环节，每一环节均有其规范的业务流程。

托运受理的业务要点如下：

（1）在受理前必须对货物名称、性能、防范方法、形态、包装、单件重量等情况进行详细了解并注明。

（2）问清包装、规格和标志是否符合国家规定要求，必要时到现场进行直接了解。

（3）新产品应检查随附的技术鉴定书是否有效。

（4）检查按规定需要的“准运证件”是否齐全。

（5）做好运输前的准备工作，装卸现场、环境要符合安全运输条件，必要时应赴现场勘察。

（6）到达车站、码头的爆炸品、剧毒品、一级氧化剂、放射性物品（天然铀、钍类除外）等，在受理前应派专业人员赴现场检查包装等情况，对不符合安全运输要求的，应请托运人处理后再受理。

储存保管的业务要点如下：

（1）危险品入库前必须进行检验。入库应有入库单和交接手续，入库后要登账，出库后要销账。入库时要详细核对货物品名、规格重量、容器包装等。发现品名不符、包装不合规格或容器渗漏时，必须立即移至安全地点处理，不得进库。

（2）化学危险品仓库的安全检查，每天必须进行两次。对性质不稳定、容易分解变质的物品应定期进行测温，做好记录。入库储放的每种物品应于明显处标明其名称、燃烧特征及灭火方法，某些需要特别储存条件的应另外标明。

（3）仓库进出货物后，对可能遗留或散落在操作现场的危险品，要及时进行检查、清扫和处理。

（4）仓库区内严禁一切明火。

（5）允许进入仓库区的运货汽车应有特殊的防火设备。汽车与库房之间，应划定安全停车线，一般为5米。严禁在仓库区内检修汽车。

（6）不准在库房内或在危险品堆垛的附近进行试验、分装、打包、封焊及其他可能引起火灾的任何不安全操作。每天工作结束时，应做防火检查，关闭门窗，切断电源。库房内不准住宿，不准在库房内或危险品堆垛旁休息。

（7）仓库内的避雷针、电线和建筑设施，应定期检查。

（8）化学危险品仓库须根据规模大小，设有足够的消防水源、必需的消防器材及抢救防护用具等，并经常进行检查保养，以免失效。

（9）仓库应设有严格的人员出入库、机械操作、明火管理等安全管理制度。对某些剧毒的、贵重的、易爆的危险品，要严格贯彻双人保管、双人收发、双人领料、双本账、双锁管理的“五双管理制度”。

（10）危险品出库必须认真复核。要准确按照合法凭证规定的货位编号、品名、规格、国别或产地、发站和收货人、包装、件数等，把货物交付提货人员或装入有关车辆及其他运输工具。在货物出仓前，对每批货物必须实行两人以上的复核制。

装卸堆垛的业务要点如下：

（1）进行危险品装卸操作时，必须穿戴防护用具。防护用具使用后，要分别单独清洗、消毒，以防交叉污染和扩大污染。

（2）装卸操作人员在进入危险品的货仓（舱）和集装箱前，应先开仓（舱）通风，排除可能产生聚积的有毒气体。

（3）进行危险品装货堆垛时，装卸人员应认真检查货物包装（包括封口）的完好状况，破包不进仓（舱）。

（4）各种装卸机械、工夹具用于危险品的装卸，其安全系数要比普通货物大一倍以上。

（5）进行危险品装卸作业时，必须严格遵守各类货物的装卸操作规程，做到轻装、轻卸，防止货物撞击、重压、倒置，严禁摔甩、翻滚。

（6）装卸危险品前要准备好相应的消防器材和急救用品。按危险品的危险程度进行装卸，最危险的货物应最后装货、最先卸货。

（7）危险性能相抵触或消防方法不同的危险品不能混载在同一运送工具或同一舱里。不同性质危险品的配装按各运输方式《危规》有关货物配装的规定进行。

（8）装卸气瓶不得肩扛、背负、冲击及溜坡滚动，气瓶的防护帽必须齐全紧固；装卸易燃易爆物品，装卸作业现场必须远离火种、热源，操作人员不得身带火种和穿着有铁钉的鞋；装卸遇水反应的危险品，雨雪天禁止作业，茶水汤桶不得带入作业现场；装卸氧化剂前，必须检查堆垛氧化剂的舱面，不得有任何酸类、煤木屑、糖面粉、硫磷金属粉末等及其他各种可燃物质的残留物；装卸毒害品的作业过程中及完工后，手脸未经清洗消毒时，不准进食、饮水、吸烟。

(9) 危险品的堆垛必须确保稳妥、整齐、牢固，以便于点数，不易倒垛。各种形式的包装的堆垛方式和堆垛的大小、高低都必须符合运送工具和货物性质的要求。各种桶都不能横卧堆垛，而必须直立错位堆垛，桶口必须向上。各种箱都不准横置、倒置。各种袋的封口必须一致向外，箱袋在对位堆垛一定的高度后必须错位。任何易碎的内容器，如无外包装可以在仓库存放，但不准堆垛、不装载即运送；如有外包装，但没有封盖可以由陆上运输方式装载运送，但不准堆垛，禁止空运和海运。

(10) 货物在运输工具的货舱里堆垛以后，必须采取紧固措施，使货物在运送过程中不因运输器震荡、晃动、摇摆而倒塌或移垛。货物在运输器里装载的位置，必须符合各运输方式的有关装载规定，如航空运输中磁性物质要远离驾驶舱等。

运送的业务要点如下：

(1) 详细审核托运单的内容，发现问题要及时弄清情况，再安排运行作业。

(2) 必须按照货物性质和托运人的要求安排车班、车次，如无法按要求安排作业时，应及时与托运人联系进行协商处理。

(3) 运输危险品必须配备随车人员，途中应经常检查，发现问题，需及时采取措施。车辆中途临时停靠、过夜，应安排人员看管。随车人员严禁吸烟。行车作业人员不得擅自变更运行作业计划，严禁擅自拼装、超载。

(4) 运输大批量烈性易燃、易爆、剧毒和具有放射性的物品时，必须做重点安排，必要时召开专门会议，制订运输方案。

(5) 安排大批量爆炸物品与剧毒物品跨省、市运输时，应安排有关负责人员带队，指导装卸和运送，确保安全生产。

(6) 有特殊注意事项，应在行车单上注明。

(7) 运输途中，危险品如有丢失、被盗，应立即报告当地交通运输主管部门和公安部门查处。

(8) 要注意气象预报，掌握雨雪和气温的变化。

送达交付的业务要点如下：

(1) 危险品运抵目的站后，一般由目的站的装卸人员卸货入库等候收货人取货。卸货完毕应办理交接手续。自此，运送人的职责已履行，危险品的保管责任由目的站承担。目的站应迅速通知收货人领取货物。在待领期间，目的站应对危险品进行妥善保管。即使收货人逾期不领，也不能因此免除承运人（目的站）的保管责任。

(2) 危险品运达后因故不能及时卸货，在待卸期间行车人员应负责对所运危险品的看管，同时应及时与托运人取得联系，妥善处理。

(3) 在危险品待领期间，如果货物发生变化危及安全，目的站有临时处置的权责，但最好是与当地公安部门共同进行，以有利于赔偿纠纷的解决。

二、超限货物运输管理

（一）超限货物的概念

超限货物是指货物装车后超长、超高、超宽、超重，运输时需要有关部门配合进行排障、护送的货物。超限货物运输牵涉公路管理、公安交通、电信电力、绿地树木等专管部门，必须得到这些部门的同意、支持和配合，采取相应措施，大件货物运输才能顺利进行。

（二）超限货物运输的含义

在公路运输中，超限货物运输是指使用非常规的超重型汽车列车（车组）载运外形尺寸和重量超过常规车辆装载规定的大型物件的公路运输。其对超限货物的判别标准如下：

（1）装载后车与货的总重量超过所经路线的限载标准，通常指 20 吨以上的单体货物或不可解体的成组（捆）货物。

（2）货物长度超过 14 米，宽度超过 4 米。

（3）载重车辆最小转弯半径大于所经路线设计弯道半径。

（4）装载总高度超过 5 米；通过电气化铁路平交道路道口时，装载总高度超过 4.2 米；通过无轨电车线路时，装载总高度超过 4 米；通过立交桥和人行过街天桥时，装载总高度超过桥下净空限制高度。

在铁路运输中，超限货物运输是指货物装车后，在平直线路上停留时，货物的高度和宽度有任何部位超过机车车辆限界或特定区段装载限界的或者在平直线路上停留虽不超限，但行经半径为 300 米的曲线线路时，货物内侧或外侧的计算宽度仍然超限的货物的运输。其对超限货物的判别标准如下：

（1）由线路中心线起算，货物的一侧任何部位的实测宽度或计算宽度超出机车车辆限界时，此种超限称为一侧超限。一侧超限按列车运行方向，又可分为左侧超限或右侧超限。

（2）由线路中心线起算，货物两侧任何部位的实测宽度和计算宽度均超出机车车辆限界时，此种超限称为两侧超限。两侧超限又可分为对称超限和非对称超限。

（3）根据超限货物在不同高度超出机车车辆限界的部位，又可分为：

1）上部超限。有轨面起高度超过 3600 毫米，有任何部位超限者。

2）中部超限。有轨面起高度全 250~3600 毫米，有任何超限者。

3）下部超限。有轨面起高度至 150~1250 毫米，有任何部位超限者。

（三）超限货物运输特点

1. 特殊装载要求

当超重货物要装载在超重型挂车上时，需用超重型牵引车牵引和顶推。这种超重型车组是非常规的特种车组，车组装上超限货物后，往往重量和外形尺寸大大超过普通汽车列车。因此，超重型挂车和牵引车都是用高强度钢材和大负荷轮胎制成的，价格昂贵。

2. 特殊运输条件

途经道路和空中设备必须满足运输车辆重量和所运货物的通行要求。道路要有足够的宽度、净空以及良好的曲度，桥涵要有足够的承载能力，有时还要分段封闭交通。这些要求在一般道路上往往难以满足，必须事先进行勘测。且还需要公路管理、公安交通、电信电力、绿化环保等部门的通力合作，超限货物运输才能顺利进行。

3. 特殊安全要求

超限货物一般均为国家重点工程的关键设备，因此必须确保其安全，万无一失。超限货物运输可以说是一项系统工程，要根据有关运输企业的申请报告，组织有关部门、单位对运输路线进行勘察筛选，对地空障碍进行排除，对超过设计荷载的桥涵进行加固；制定运输护送方案；在运输中，进行现场调度，搞好全程护送，协调处理发生的问题等。

（四）超限运输流程规范

1. 公路超限货物运输流程

一般来说，公路超限货物运输企业的组织工作主要包括：

（1）办理托运。由大型物流托运人（单位）向已取得大型物件运输经营资格的运输业户或其代理人办理托运。托运人必须在（托）运单上如实填写大型物件的名称、规格、件数、件重、起运日期、收发货人详细地址及运输过程中的注意事项。凡未按此要求办理手续或运单填写不明确，由此发生运输事故的，由托运人承担全部责任。

（2）理货。其工作内容主要包括：

1）调查超限货物的几何形状和重量。

2）调查超限货物的重心位置和质量分布情况。

3）查明货物承载位置及装卸方式。

4）查看特殊超限货物的有关技术经济资料；完成书面形式的理货报告。

（3）验道。其工作内容主要包括：

1）查验运输沿线全部道路的路面、路基、纵向坡度、横向坡度及弯道超高处的横坡坡度、道路的竖曲线半径、通道宽度及弯道半径。

2）查验沿线桥梁涵洞、高空障碍。

3）查看装卸货现场、倒载转运现场。

4）了解沿线地理环境及气候情况。

5）最后根据上述查验结果预测作业时间，编制运行路线图，完成验道报告。

（4）制订运输方案。其主要内容包括：

1）配备牵引车、挂车组及附件。

2）配备动力机组及压载块。

3）确定限定最高车速。

4）制定运行技术措施。

5）配备辅助车辆。

6）制订货物装卸与捆扎加固方案。

7）制订和验算运输技术方案。

8）完成运输方案书面文件。

（5）签订运输合同。根据托运方填写的委托运输文件及承运方进行理货分析、验道、制定运输方案的结果，承托双方签订书面形式的运输合同。其主要内容包括：

1）明确托运与承运甲乙方、超限货物数据及运输车辆数据、运输起讫地点、运距与运输时间。

2）明确合同生效时间、承托双方应负责任、有关法律手续及运费结算方式、付款方式等。

（6）线路运输工作组织。该环节的关键是建立临时性的大型物件运输工作领导小组，专门负责实施运输方案，执行运输合同和进行对外联系。领导小组下设行车、机务、安全、后勤生活、材料供应等工作小组及工作岗位，实行运输工作岗位责任制。

（7）运输统计与结算。运输统计是指完成大型物件运输工作各项技术经济指标的统计。运输结算指完成运输工作后按运输合同的有关规定结算运费及相关费用。

2. 铁路超限货物运输流程

根据《铁路超限超重货物运输规则》的规定，承运人在每条铁路正线（区段）、每个车站（含专用铁路、专用线）办理超限、超重货物运输，均须按规定取得资质许可。在运输业务中，承托双方应遵循以下流程及规范：

（1）托运人托运超限、超重货物时，除按一般货运手续办理外，还应提供超限超重货物说明书、计划装载加固方案等资料。

对超限、超重的大型设备，托运人应在设计的同时考虑经铁路运输的可行性，必要时应分部制造。对通行上有困难的货物，应采取改变包装和拆解货体等措施，尽可能降低超限、超重程度。

（2）车站受理超限、超重货物时，应认真审查托运人提出的有关技术资料，测量货物外形尺寸和重心位置，必要时应组织有关部门共同研究。审查后，以超限超重货物运输请示电报向铁路局请示装运办法。

（3）铁路局接到批示或抄送的电报后，应结合管内的实际情况及时批转。管内通行确实有困难时，应在收到电报之日起 3 个工作日内以电话和电报通知发局和电报批示单位。车站接到铁路局批示电报后，应按装载加固方案及时组织装车。

（4）装车后，车站应根据货物特点做好标记、记录、检查确认运输线路限界、与其他部门的沟通与协调等工作。

（5）运输途中，铁路局必须加强对超限、超重车运行途中的检查，落实区段负责制。

三、鲜活易腐货物运输管理

（一）鲜活易腐货物的概念

鲜活易腐货物是指在运输过程中，需要采取一定措施，以防止出现死亡或腐烂变质等问题的货物。公路运输的鲜活易腐货物主要有鲜鱼虾、鲜肉、瓜果、蔬菜、牲畜、观赏野生动物、花木秧苗、蜜蜂等。铁路运输的鲜活易腐货物主要有肉及某些肉制品、鱼及某些鱼制品、奶及某些奶制品、蛋及某些蛋制品、油脂、水果和蔬菜、酵母、水、鲜活植物、部分罐头食品、活鱼等。

大多数细菌最适宜的繁殖温度是 25～35℃，当温度降到-18℃以下则可完全停止细菌的繁殖。由于温度对微生物的生存具有重要影响，目前保证易腐货物质量最普遍、最有效的方法就是冷藏法。冷藏能抑制微生物的繁殖，又能减缓呼吸作用，延长其生命，维持其抗病能力，因而能有效保持易腐货物的质量。此外，还有保温、防寒、加温、通风等各种技术措施来保持易腐货物在运输中的质量。

相关链接

> 微生物作用又称为生物作用，主要指霉菌、病菌的作用，食品在微生物分泌出的酶和毒素作用下迅速分解，成为适合微生物繁殖的营养物质。随着微生物以几何级数繁殖，越来越加速食品的分解、消耗，最终导致其腐败变质。
>
> 呼吸作用又称为生物化学作用，指植物性的食品虽离开母株，但本身仍有生命活动，吸收氧气，放出二氧化碳、水分和热量。它们用呼吸作用产生的免疫功能抵御外界微生物的入侵，但以消耗自身体内的营养物质为代价，所以水果、蔬菜的这个活动过程称为后熟作用。
>
> 化学作用又称氧化作用，即果、蔬碰伤使表皮受损后，果、蔬为抵抗微生物的入侵，自身会加强呼吸作用，使食品碰伤部位的成分被氧化，生成黑褐色的物质，这就加速了自身的成熟过程，从而很快导致腐败变质。

（二）鲜活易腐货物的运输特点

鲜活易腐货物的运输特点包括：

（1）品类多，运距长，组织工作复杂。我国出产的鲜活货物有几千种之多，性质各不相同，运距长，加之南北方气温相差大，不仅同一地区在不同季节需要不同的运输条件，就是在同一季节，当车辆行经不同地区时，也要变换运输条件。在一次运送过程中，可能兼有冷藏、保温和加温三种运送方法，鲜活货物的组织工作与普通货物相比要复杂得多。

（2）季节性强，运量波动大。鲜活货物大部分是季节性生产的农副产品，水果集中在三、四季度，南菜北运集中在一、四季度，水产品集中在春秋汛期。在收获季节，运量猛增；在淡季，运量明显降低。

（3）运输时间紧迫。大部分鲜活货物极易变质，必须以最短的时间、最快的速度及时运输，否则会影响到货物原来的质量。

（4）易受外界气温、湿度和卫生条件的影响。鲜活易腐货物一般比较娇嫩，对温度要求不同，热了容易腐烂，冷了容易冻坏，干了容易干缩，碰到卫生条件不好容易被微生物侵蚀，使易腐货物腐烂变质、活动物病残死亡。

（5）某些鲜活货物须配备专门的运载设施和工具。运输途中需要特殊照料的一些货物，如牲畜、家禽、蜜蜂、花木秧苗等的运输，须配备专用车辆和设备，如铁路冷藏车、冷藏汽车、冷藏船、冷藏集装箱等低温运输工具。沿途专门照料。

（6）运输具有更多的不确定性和风险。由于货物特点、季节性、环境条件等方面的影响，鲜活易腐货物运输波动性较强，并带来多种安全风险。

（7）运输成本较高。由于鲜活货物在运输过程中环节多、需要更为先进的设备和技术、需要采取更多的照料等，所以鲜活货物的运输需要投入更多的资金来购买运输工具、建设信息系统，因此需要花费更多的费用。

（三）鲜活易腐货物运输设备

鲜活易腐货物含有蛋白质、脂肪、糖、维生素等大量有机物质，由于微生物的破坏和有生命个体的呼吸作用用的消耗，会迅速变质甚至完全腐败。

冷藏车是运送易腐货物的主要工具。冷藏车的特点是车体隔热，气密性好，车内有冷却装置，在温热季节能在车内保持比外界气温低的温度，在寒季还可以用来不加冷保温运送或加温运送。但由于它的主要设备和主要用途是“冷藏”，所以称为冷藏车。

我国冷藏车分为：

（1）加冰冷藏车。加冰冷藏车车内有冰箱、排水设备以及通风循环设备。加冰冷藏车由于受冷源的限制，不能保持-8℃以下的温度，同时降温比较缓慢，车内温度不能灵活控制，运行途中还需要加冰加盐，因此运送速度较慢。

（2）机械冷藏车。机械冷藏车由于使用制冷机，在外界气温较高的条件下，在车内可以获得与冷库相同水平的低温，能够在更广泛的范围内调节温度并可在车内保持更均匀的温度，因而能更好地保持鲜活易腐货物的质量。车内备有电源，便于实现制冷、加温、通风、循环的自动化。它不需要在途中停留补充冷源，可以缩短运输时间，加速货物送达。机械冷藏车与加冰冷藏车相比，也存在一些缺点：造价高，维修复杂，需要配备专业乘务人员；由于是成组运行，一次装卸货物批量较大，因此在运用上也不够灵活。

目前，国外除采用加冰冷藏车和机械冷藏车外，还大力发展鲜鱼车、牛奶车等特种车，我国也在试制冷藏集装箱。

（四）鲜活易腐货物的运输组织方式及要求

1. 鲜活易腐货物的运输组织方式

鲜活易腐货物运输的特殊性在于要求及时运达，因此，在运输过程中，必须严格遵守“3T”原则，即鲜活易腐品的最终质量取决于流通时间（Time）、温度（Temperature）和产品的耐藏性（Tolerance）。“门到门”直达运输和即时运输方式能够满足鲜活易腐货物运输的特殊性要求。

（1）“门到门”直达运输。该方式可以减少运输环节，最大限度地减少物品运输在途时间，降低物品腐败变质的机会。除公路运输本身能够实现“门到门”运输外，航空、铁路、水路运输应该与公路运输联合以实现“门到门”运输。

“门到门”直达运输除要求具备一定的交通运输条件之外，还需要配备合适的运输工具，做好运输计划及各个环节的衔接，特别是与客户直接相连的两端更需要合适的工具及双方良好的协作，更多时候需要采用联合运输方式。

（2）即时运输。即时运输是指按照运输计划要求或客户突然提出的运输要求及时组织运输活动的方式。当接到客户突然提出的订单后，企业能够根据产品特点、货运量、时间及地点要求，迅速制订运输方案、组织运输工具、安排作业人员、组织各个环节业务活动，以便将货物及时送达目的地。

即时运输的突出特点是及时响应、快速送达。它要求运输企业具有快速响应客户需求的能力以及高效的组织能力，同时企业必须具备相应的条件和应急反应能力，如良好的运输车辆和装卸搬运工具、先进的信息系统、较高的管理水平和较高素质的员工等。

2. 鲜活易腐货物运输业务的基本要求

鲜活易腐货物的运输应做到快装快运、轻装轻卸、防热防冻、平稳运输。其基本要求如下：

（1）托运人托运鲜活易腐品，应当提供最长允许运输时限和运输注意事项，按约定时间办理托运手续。不同热状态的货物不得按一批运输。

（2）政府规定需要进行检疫的鲜活易腐品，应当出具有关部门的检疫证明。包装要适合鲜活易腐品的特性，不致污染、损坏其他货物。

（3）配载运送时，应对货物的质量、包装和温度要求进行认真检查，要严格符合规定。应根据货物的种类、运送季节、运送距离和运送地点确定相应的运输服务方法，及时组织适合的工具予以装运。

（4）鲜活易腐品装载前，必须认真检查车辆等工具的完好状态，并注意清洗和消毒。同时，应根据不同货物的特点确定其装载方法。例如：为保持冷冻货物的冷藏温度，要紧密堆垛；水果、蔬菜等需要通风散热的货物，必须在货件之间保留一定的空隙；怕压的货物必须在车内加隔板，分层装载。

（5）需要特殊照料的鲜活易腐品，应由托运人自备所需设施，必要时由托运人派人押运。

小贴士

冷链物流是以冷冻工艺学为基础，以制冷技术和信息技术为手段，以连续冷藏方法提供货物的运输、仓储、配送、包装、加工、信息服务，以及其他一系列增值服务的活动或过程。冷链运输的对象包括必须在低温甚至冷冻状态下保存的特殊货物，如药品、试剂、疫苗、医疗器械等，还包括如上所介绍到的鲜活易腐货物。

小思考

（1）试述危险品运输业务流程规范。

（2）超限货物运输组织要点包含哪些？

（3）鲜活易腐货物运输组织有哪些特点？

（4）查阅资料，了解《危险货物分类和品名编号》（GB 6944—2012）、《危险货物品名表》（GB 12268—2012）的基本内容。

案例分析

案例 1　国家管网公司构建“全国一张网”实现油气长输管道互联互通

业界高度关注的国家管网公司于 2019 年 12 月 9 日正式挂牌成立，国家管网公司将构建“全国一张网”，实现油气长输管道的互联互通，更好地保障国家能源安全，促进油气行业高质量发展，是我国深化油气体制改革的关键一步，将加速推进我国油气干线管网的建设步伐。

国家管网公司主要负责全国油气干线管道等设施建设，以及原油、成品油、天然气的管道输送，并负责全国油气干线管网运行的统一调度，定期向社会公开剩余管输和储存能力，实现基础设施向所有符合条件的用户公平开放，形成上游油气资源多主体多渠道供应、中间统一管网高效集输、下游销售市场充分竞争的“X+1+X”油气市场体系。

国家管网公司党组副书记、新闻发言人李辉：国家管网公司将积极推进管网建设和互联互通，加快构建“全国一张网”，与行业伙伴一道推动形成更富生机活力的油气产业新局面，提高油气资源配置效率，保障能源安全稳定供应，让广大百姓享受到更加清洁、便利的能源利用。

截至2018年，我国天然气管道干线为7.6万千米，总长度远低于管网发达国家，目前中国人均天然气管线长度仅为世界平均水平的1/2，业内专家表示，国家管网公司的成立，将推进我国油气管网建设速度。

国家发改委价格监测中心高级经济师刘满平：2025年要求我们尤其是管网规划里面要达到16.3万千米，目前我们国家只有7.6万千米，所以说我们在5年之内要达到这么高的目标，极大的需要加大我们管网的投资。

（资料来源：2019年12月9日央视财经《正点财经》）

案例思考题：

（1）查阅资料并结合本案例，分析并总结国家管网公司挂牌成立的意义。

（2）结合本章所学知识，分析国家管网公司的成立代表着管道运输行业未来怎样的一种发展趋势？

案例2 赤壁市危险货物道路运输事故

2010年3月5日上午9时15分，107国道赤壁市官塘发生一起危险化学品道路运输事故，造成两死一伤。

一、事故经过

2010年3月4日下午，武汉银联物流有限公司的一辆车型东风-DFL4251A2货车（车牌：鄂A-ZJ162、鄂A3548挂大型货车），在咸宁市恒宇物资贸易有限公司装载电石（碳化钙），全车总重量76.4吨（皮重18.72吨，净载重57.68吨）。司机罗某（男，47岁，汉族，初中文化，系赤壁市官塘驿镇大贵村人），3月4日晚8时将装载的货物（电石）连车带货停在家门口。当晚天降小雨。3月5日上午大约9时左右司机罗某将货物准备送往湖南郴州，走到车旁准备上车之际，车上的电石发生爆炸。此时有3个行人路过，致使两死一伤。

二、事故原因的初步分析

司机罗某对危险货物运输的意识淡薄，在未取得相应从业资格证书，未掌握所运载电石性质、危害特性的情况下，没有采取有效防范措施将电石严密遮盖，是引发事故的直接原因。

咸宁市恒宇物资贸易有限公司将危险物品委托不具备危险物品运输资质车辆和未取得相应从业资格证书驾驶人员运输，是引发事故的间接原因。

武汉银联物流有限公司车辆（鄂 A-ZJ162）不具备运输危险物品资质，没有任何防护措施和危险物品警示标志，从事运输，是引发事故的间接原因。

事故引发的原因初步分析：产生的乙炔气体遇行人吸烟、车辆尾气、雷电发生爆炸或气体浓度过高产生自燃爆炸。

三、事故处理情况

事故发生后，省、咸宁市二级安监部门领导及赤壁市有关领导第一时间赶赴现场参与指挥救援，公安、消防 100 多名武警、干警和安监、交通及事故发生地官塘驿镇政府一起参与抢险救援。其处理情况具体如下：

（1）由市公安局牵头成立事故调查和赔偿资金追讨组。

（2）市政府办公室牵头，由安监、劳动、工会、交通等相关职能部门组成的事故善后协调处理组，多次组织协商达成对死者付某赔偿协议，一次性赔偿××万元；死者遗体已火化并运回鄂州。

（3）受伤者于 3 月 7 日转武汉市第三医院治疗，已支付入院、医药等费用×万元。后期治疗费用由市公安局向事故责任方追讨，安监局暂派专人保管支付，并形成纪要。

（4）死者唐某无直属亲属来协调处理，遗体暂放市殡仪馆保管。

（资料来源：郑宁主编：《物流运输管理》，上海财经大学出版社 2019 版，第 123 页）

案例思考题：

（1）请分析该起事故酿成的主要原因有哪些？

（2）该起事故的发生及处理给予我们哪些启示？

第八章　集装箱运输和多式联运

JIZHUANGXIANG YUNSHU HE DUOSHI LIANYUN

【学习目标】

（1）掌握集装箱运输的概念与特点；

（2）掌握集装箱运输管理的基本内容；

（3）理解多式联运的概念与特征；

（4）掌握国际多式联运的方式；

（5）熟悉多式联运单证与运费结构。

引导案例

我国多式联运的发展趋势

多式联运的发展，会影响到经济空间布局变化和运输结构调整，关乎一个国家内陆市场开放水平，关乎经济运行效率和经济发展动能转换，关乎贸易便利化的营商环境。多式联运系统连接国际、国内两大市场，系统要素的完善和合理配置，能为开拓新的国际经贸合作提供基础性支撑和战略性引领。以欧美国家的发展经验看，当一个国家要解决内陆市场开放、道路交通拥堵、运输污染物排放过高、物流效率提升等重大问题时，都会把多式联运作为战略性工程，举政府之力构建高效便捷统一的多式联运系统。

我国多式联运经过几十年的徘徊，近年来一系列突破性的政策和举措，以空前力度推动我国多式联运进入提速发展时期。近几年，铁水联运、公铁联运、国际铁路联运和陆空联运总量均有较大增幅，多式联运产业实践持续开展。最为重要的表现是铁路企业在多式联运系统建设中越来越成为主力，不论是各铁路公司还是三大铁路专业运输公司及所属企业，在集装箱多式联运市场中全面发力。

商品车滚装、散改集、多式联运整合平台、高铁货运、全程冷链、液化气、钢材特种箱运输等业态涌现，业务组织模式不断创新，联运产品日益丰富，运营形式更加多样。我国多式联运示范工程覆盖公铁、海铁、国际铁路联运、陆空联运等多种联运方式，加速了我国多式联运产业实践，引领物流业朝着高质量的方向发展。

讨论：根据上述案例，试分析和总结什么是多式联运，多式联运又有哪些主要形式？

第一节　集装箱运输概述

一、集装箱运输的概念

集装箱运输是对传统的以单件货物进行装卸运输工艺的一次重要革命，是当代世界最先进的运输工艺和运输组织形式，是件杂货运输的发展方向，也是交通运输现代化的重要标志。集装箱运输具体是指以集装箱这种大型容器为载体，将货物集合组装成集装单元，运用大型装卸机械和大型载运车辆进行装卸、搬运作业和完成运输任务的运输方式。它可以用于海洋运输、铁路运输、航空运输、公路运输、内河运输以及多式联运等多种运输方式。

开展集装箱运输必须具备一些基本条件，其中最主要的有两个条件：

（1）要有稳定而大量的集装箱适箱货源。由于国际集装箱运输大部分采用定期班轮运输，开航日期、时间和停靠港口的时间是固定的，如果货源不足，就可能造成运营亏损。

（2）集装箱运输要有良好的基础设施。开展国际集装箱运输的基础设施除了集装箱船舶、集装箱外，还要有快速装卸集装箱的大型现代化集装箱港口或码头，以及发达的内陆运输系统，以保证进出口集装箱的及时集散。这就要求公路、铁路、内河运输能满足集装箱运输的要求。

二、集装箱运输的特点

（一）高效益的运输方式

1. 简化包装，大量节约包装费用

为避免货物在运输途中受到损坏，必须有坚实的包装，而集装箱具有坚固、密封的特点，其本身就是一种极好的包装。使用集装箱可以简化包装，有的甚至无须包装，实现件杂货无包装运输，可大大节约包装费用。

2. 减少货损、货差，提高货运质量

由于集装箱是一个坚固密封的箱体，集装箱本身就是一个坚固的包装。货物装箱并铅封后，途中无须拆箱倒载，一票到底，即使经过长途运输或多次换装，也不易损坏箱内货物。集装箱运输可减少被盗、潮湿、污损等引起的货损和货差，深受货主和船公司的欢迎，并且由于货损货差率的降低，减少了社会资源的浪费，具有很好的社会效益。

3. 减少营运费用，降低运输成本

由于集装箱的装卸基本上不受恶劣气候的影响，船舶非生产性停泊时间缩短。又由于装卸效率高、装卸时间缩短，对船公司而言，可提高航行率，降低船舶运输成本；对港口而言，可以提高泊位通过能力，从而提高吞吐量，增加收入。

（二）高效率的运输方式

传统的运输方式具有装卸环节多、劳动强度大、装卸效率低、船舶周转慢等缺陷，而集装箱运输完全改变了这种状况。

首先，普通货船装卸，一般每小时为 35 吨左右，而集装箱装卸，每小时可达 400 吨左右，装卸效率大幅度提高。同时，由于集装箱装卸机械化程度很高，因而每班组所需装卸工人数很少，平均每个工人的劳动生产率大大提高。

其次，由于集装箱装卸效率很高，受气候影响小，船舶在港停留时间大大缩短，因而船舶航次时间缩短，船舶周转加快，航行率大大提高，船舶生产效率随之提高，从而提高了船舶运输能力，即在不增加船舶艘数的情况下，可完成更多的运量，增加船公司收入，由此，高效率导致高效益。

（三）高投资的运输方式

集装箱运输虽然是一种高效率的运输方式，但是它同时又是一种资本高度密集的行业。

首先，船舶公司必须对船舶和集装箱进行巨额投资。根据有关资料，集装箱船每立方英尺（折合 0.028 立方米）的造价约为普通货船的 3.7~4 倍。集装箱的投资相当大，开展集装箱运输所需的高额投资，使得船舶公司的总成本中固定成本高达 2/3 以上。

其次，集装箱运输中的港口的投资也相当大。专用集装箱泊位的码头设施包括码头岸线和前沿、货场、货运站、维修车间、控制塔、门房及集装箱装卸机械等，耗资巨大。

再次，为开展集装箱多式联运，还需有相应的内陆设施及内陆货运站等，为了配套建设，就需要兴建、扩建、改造、更新现有的公路、铁路、桥梁、涵洞等，这方面的投资更是惊人。可见，没有足够的资金开展集装箱运输，实现集装箱化是困难的，必须根据财力量力而行，最后实现集装箱化。

（四）高协作的运输方式

集装箱运输涉及面广、环节多、影响大，是一个复杂的运输系统工程。集装箱运输系统包括海运、陆运、空运、港口、货运站，以及与集装箱运输有关的海关、商检、船舶代理公司、货运代理公司等单位和部门。如果互相配合不当，就会影响整个运输系统功能的发挥，如果某一环节失误，必将影响全局，甚至导致运输生产停顿和中断。因此，要求搞好整个运输系统各环节、各部门之间的高度协作。

（五）适于组织多式联运

由于集装箱运输在不同运输方式之间换装时，无须搬运箱内货物而只需换装集装箱，这就提高了换装作业效率，适于不同运输方式之间的联合运输。在换装转运时，海关及有关监管单位只需加封或验封转关放行，从而提高了运输效率。

此外，由于国际集装箱运输与多式联运是一个资金密集、技术密集及管理要求很高的行业，是一个复杂的运输系统工程，这就要求管理人员、技术人员、业务人员等具有较高的素质，才能胜任工作，才能充分发挥国际集装箱运输的优越性。

三、集装箱的定义与分类

（一）集装箱的定义

国际集装箱运输标准制定的权威机构国际标准化组织对集装箱的概念给出了一个描述性的定义，目前我国有关国家标准对集装箱概念的界定也沿用了此定义。

集装箱是一种运输设备，应满足下列要求：

（1）具有足够的强度，可长期反复使用。

（2）适用一种或多种运输方式运送，途中转运时，箱内货物不需换装。

（3）具有快速装卸和搬运的装置，便于从一种运输方式转换成另一种运输方式。

（4）便于货物装满和卸空。

（5）具有1立方米及以上的容积。

（二）集装箱的分类

1. 按用途分类

按用途分类，集装箱可以分为：

（1）干杂货集装箱。干杂货集装箱又称为干货集装箱、杂货集装箱，是应用最广泛的一种集装箱，主要用于装运普通散杂货物，如纺织产品、日用百货、电子产品、小型机械等。在全球集装箱的总保有量中，80%以上为干杂货集装箱。它一般为一端或两端开门，具有良好的密封性和防水、防湿性，本身也是良好的包装。对温度、湿度等环境条件要求较小的普通货物均可用其装运。

（2）散货集装箱。散货集装箱专用于运送无包装的固体散货，如谷物、泥沙、面粉等。货物包装材料的节约为货主创造可观经济效益的同时，也对集装箱的设计和构造提出了严格的要求，需要其具备更可靠的防湿、密闭性能。该类集装箱的材质主要有玻璃钢质、钢质、铝质等，分别用于装运密度不同的货物。

（3）保温集装箱。保温集装箱用于运送对温度变化敏感、需要保温的货物，如精密仪器、化工原料、食品等。其箱壁都采用导热率低的特殊材料制成，隔热性能良好；运输需要保持低温的货物时，常采用干冰等制冷剂作为冷媒；装运生鲜、水果、蔬菜等货物时要采用设有通风孔的专用保温集装箱，保持空气流通。

（4）冷藏集装箱。冷藏集装箱主要用于运送新鲜水果、蔬菜、禽肉等，也可用于运送其他有冷藏需求的特殊货物。此类集装箱与普通保温集装箱的区别在于其运输过程中通过内置或外置的冷冻机装置保持箱内恒定低温环境。

（5）罐式集装箱。罐式集装箱用于运送散装液体货物，如酒类、油类、药品、化学制品、液体食品等。此类集装箱具有内外双层结构，外部是符合集装箱标准尺寸的长方形框架，内部是用于装盛液体的液罐。为确保运输质量和安全，罐式集装箱一般设有隔热层、加热器、安全阀门等附属装置，其装卸、储藏都需要专门的作业程序、设施和场所。

（6）特殊结构集装箱。特殊结构集装箱是指为满足特种货物的运输需要，虽然在长、宽、高指标上与标准集装箱一致，但在具体结构上与标准集装箱有所区别的集装箱。其包括：

1）开顶集装箱。此类集装箱具有可拆卸安装的钢质、布顶，主要运送大型、重型货物，如钢铁、机械等。

2）台架式集装箱。又称为框架集装箱，去掉箱顶和侧壁，用于运送超长、超重货物。由于其开放式结构不具备水密性，因此在海上运输时一般置于船舱内，且不能装运防水要求较高的货物。

3）平台集装箱。此类集装箱在台架式集装箱的基础上再去掉四周的端柱和顶部的侧梁，仅保留底板，更方便运送尺寸超过常规标准的货物。

（7）特种集装箱。特种集装箱又称为专用集装箱，用于运输某些特定商品，包括汽车集装箱、牲畜集装箱、服装集装箱等。这些集装箱专门设计有便于某一特定商品运输的装置，如汽车集装箱内置防滑设备；牲畜集装箱内设通风窗、饲料槽、排水口；服装集装箱内置固定衣架等。

2. 按材质分类

按材质分类，集装箱可分为：

（1）钢质集装箱。钢质集装箱是目前集装箱采用的最普遍的一种材质，其具有强度高、结构坚固、密封性好、制造成本低等优点。缺点是较为笨重、不利于装卸，装载货物重量受限，抗腐蚀能力不强，使用寿命短。

（2）铝质集装箱。铝质集装箱一般用铝镁合金制成，在国际货物运输中的应用日益增多。铝质集装箱克服了钢质集装箱自重较重的缺陷，能装载更重的货物，并且还具有抗腐蚀性较强、不生锈、弹性好、使用寿命长等优点。其缺点是造价偏高，焊接性不如普通钢质集装箱。

（3）玻璃钢质集装箱。玻璃钢质集装箱的箱壳是用含有玻璃纤维、合成树脂等成分的混合原料制成的，是一种具有广阔发展前景的新式集装箱。在强度、抗腐蚀性、防湿性、隔热性上，玻璃钢质集装箱具有显著的优势，其缺点是自重较大且制造成本高。

3. 按尺寸分类

集装箱按外形尺寸的标准规范可分为国际标准集装箱、国家标准集装箱和公司标准集装箱。目前世界上绝大多数国家和航运公司都采用了国际标准化组织集装箱技术委员会制定的国际集装箱标准。按照此标准，根据载重大小集装箱又可分为大型箱（载重 10 吨以上）、中型箱（载重 5~10 吨）和小型箱（5 吨以下）3 种。

四、集装箱运输系统的组成

（一）适箱货源

并不是所有的货物都适合于集装箱运输，适合用集装箱运输的货物大致可分为四类：

（1）物理与化学属性适合于通过集装箱进行运输，且货物本身价值高，对运费的承受能力大的货物。

（2）物理与化学属性适合于通过集装箱进行运输，货物本身价值较高，对运费的承受能力较大的货物。

（3）物理与化学属性上可以装箱，但货物本身价值较低，对运费的承受能力较差的货物。

（4）物理与化学属性不适于装箱，或者对运费的承受能力很差，从经济上看不适于通过集装箱运输的货物。

【提示】以上第一种货物称为“最佳装箱货”，第二种货物称为“适于装箱货”，第三种货物称为“可装箱但不经济的装箱货”，第四种货物称为“不适于装箱货”。集装箱运输所指的适箱货源，主要是前两类货物。对于适箱货源，采用集装箱方式运输是有利的。

（二）标准集装箱

除了国际标准集装箱外，各国还有一些国内和地区标准集装箱，如我国国家标准中，就有两种适于国内使用的标准集装箱（5D、10D）。

（三）集装箱船舶

集装箱船舶经历了一个由非专业到专业转化的过程。最早的集装箱船舶是件杂货与集装箱混装的，没有专门装载集装箱的结构。如今，国际海上集装箱运输使用的集装箱船舶均已专业化，且船型越来越大；内河运输的集装箱船大多是由原来的驳船改建而成。

（四）集装箱码头

集装箱水路运输的两端必须有码头，以便装船与卸船。早期的集装箱码头与件杂货码头交叉使用，是在件杂货码头的原有基础上配备少量用于装卸集装箱的机械，来处理混装的件杂货船舶上的少量集装箱。现代化的集装箱码头已高度专业化，码头前沿岸机配置、场地机械配置、堆场结构与装卸工艺配置均完全与装卸集装箱配套。

（五）集装箱货运站

集装箱货运站在整个集装箱运输系统中发挥了“承上启下”的重要作用，是一个必不可少的基本要素。集装箱货运站按其所处的地理位置和不同的职能，可分为设在集装箱码头内的货运站、设在集装箱码头附近的货运站和内陆货运站。集装箱货运站的主要职能与任务是：

（1）集装箱货物承运、验收、保管与交付。

（2）拼箱货的装箱和拆箱作业。

（3）整箱货的中转。

（4）实箱和空箱的堆存和保管。

（5）票据单证的处理。

（6）运费、堆存费的结算等。

（六）集装箱卡车

集装箱卡车主要用于集装箱公路长途运输、陆上各节点（如码头与码头、码头与集装箱货运站、码头与铁路办理站）之间的短驳以及集装箱的“末端运输”（将集装箱交至客户手中）。

（七）集装箱铁路专用车

集装箱铁路专用车主要用于铁路集装箱运输，即主要用于集装箱的陆上中、长距离运输和所谓的“陆桥运输”。

第二节　集装箱运输的运营管理

一、集装箱的箱务管理

做好集装箱的箱务管理对降低集装箱运输总成本、减少置箱投资、加快集装箱的周转、提高企业经济效益具有重要意义。集装箱箱务管理的主要内容包括集装箱的调运、备用、保管、交接、发放、检修以及灭失处理等，涉及港、航、路、站等诸多部门。

（一）集装箱的调运

集装箱的调动是某港的剩余空箱调动到空箱不足的港口的过程，主要涉及船公司、场站、中转站、港口等部门。

集装箱运输总公司下设的箱管部，负责统一管理整个公司的集装箱，并与各航线经营人密切配合，合理调配集装箱。箱管部会根据港口及地区的集装箱保有量，制定周、月度空箱调运计划，在向航线经营人发送集装箱调运计划通知书，并经认可后，向代理公司发布调箱指令，同时抄报箱管分部和航线经营人。

对于开放港口，航线经营人应根据箱管分部的集装箱调运计划通知书和箱管分部发布的调箱指令，检查并落实装船。而对于封闭港口（不允许提、还箱的港口），航线经营人应与地区箱管分部和港口箱管代理共同协商，做好封闭区域港口间的集装箱平衡工作，并根据封闭区内的集装箱合理保有量，积极做好进、出封闭区的集装箱调运工作。港口箱管代理应做好集装箱现场管理工作，落实空箱调运计划，发现问题应及时向有关各方反映，以便及时解决问题。对于计划外用箱，应向有关箱管分部和箱管部提出计划外用箱申请。如果在分部地区内可解决，就由地区内协调解决；如果地区内解决有困难，则由箱管分部报箱管部予以解决。对于港口或地区的集装箱空箱总量超过合理保有量的一定比例，并已堆存一定时间的，可以认为该港口或地区集装箱积压。对积压在封闭港口内的空箱，有关箱管分部应建议航线经营人积极组织回空，必要时应通报箱管部采取有效措施予以解决。

空箱的调运有以下几种情况：

（1）港到港的调运，又包括国际调运和国内调运。

（2）港到堆场、货运站之间的调运。

（3）堆场、货运站之间的调运。

（4）临时租用箱调运。

（5）还箱调运。

（6）其他调运。

小贴士

对于拆空的集装箱，一般由货方（或其代理人）、内陆承运人负责还箱，集装箱在修理、清洗、改装、熏蒸、检验后，箱管部门应做好调运计划，联系运输公司将集装箱运至指定地点，以使集装箱满足载货要求，加快集装箱的周转速度。

（二）集装箱的分配及使用

集装箱的分配及使用一般应遵循以下原则：

（1）当港口集装箱充裕时，按船舶开离时间顺序分配用箱。

（2）当港口集装箱不足时，应首先保证本月调进空箱量大的航线经营人所属船舶用箱，再考虑运距长的货物用箱。

（3）对去往集装箱严重积压的港口的货物要控制放箱。

（4）要保证有重要运输协议、特殊运输时限要求的货物的用箱。

（5）要保证特种货物和特种用箱的需求。

（三）集装箱的堆存与保管

集装箱进入场站后，场站应按双方协议规定，按照不同的海上承运人将空箱和重箱分别堆放。空箱按完好箱和破损箱、污箱、自有箱和租箱的类别分别堆放。场站应对掌管期限内的集装箱和集装箱内的货物负责，如有损坏或灭失由场站承担责任，未经海上承运人同意，场站不得以任何理由将其堆存的集装箱占用、改装或出租，否则应承担相应的经济责任。

场站应根据中转箱发送的不同目的地，按船、按票集中堆放，并严格按海上承运人的中转计划安排中转。

（四）集装箱的发放和交接

集装箱的发放和交接，应根据进口提货单、出口订舱单、场站收据以及这些文件内列明的集装箱交付条款，实行集装箱设备交接单制度。从事集装箱业务的单位必须凭集装箱代理人签发的集装箱设备交接单办理集装箱的提箱（发箱）、交箱（还箱）、进场（港）、出场（港）等手续。托运人、收货人、内陆承运人或从事集装箱业务的有关单位，不得将集装箱用于设备交接单规定以外的用途；必须按规定的时间和地点交箱、还箱。集装箱提离场站后，严禁随意套箱、换箱，凡需要套箱、换箱的，必须事先征得集装箱所有人的同意，否则套箱、换箱者应承担由此引起的责任和损失。

（五）集装箱的修理及维护保养

集装箱在运输、装卸、搬运、堆存过程中由于种种原因而造成损坏的，由箱管部及箱管分部的技术管理部门对集装箱的维修做出统筹计划并组织实施。港口箱管代理人可在授权范围内按照报修程序组织修理。

（六）集装箱灭失、损坏的处理

海上国际集装箱运输的各区段承运人，港口、内陆集装箱中转站，集装箱货运站对其所管辖的集装箱和集装箱货物的灭失、损坏负责，并按照“交接前由交方承担，交接后由接方承担”的原则划分责任。如果在交接后180天内，接方能提出证据证明交接后的集装箱货物的灭失、损坏是由交方原因造成的，交方应按有关规定负赔偿责任。

（七）箱务管理现代化

由于箱务管理具有跨行业、跨地区、跨国界的特点，因此，必须实现大范围、多机种、远距离的计算机网络管理系统，使企业内部的单机管理系统与各港、航、路、站相关部门联网组成综合信息管理网络系统，实现信息的交换和自动处理，使每个集装箱的状态和地理位置的变化都能自动、实时地反馈到各有关部门，提高生产效率，充分发挥集装箱运输的优势，实现箱务管理现代化。

二、集装箱运输的关系人

集装箱运输的关系人主要包括以下几个。

（一）经营集装箱物流运输的实际承运人

实际承运人是指掌握运输工具，经营集装箱运输的承运人，如经营集装箱运输的船公司、联营公司、公路集装箱运输公司、航空集装箱运输公司等。通常他们拥有大量的集装箱，便于集装箱的周转、调拨、管理以及与船舶的衔接。

（二）无船承运人

无船承运人是指在集装箱运输中，从事集装箱货运的揽货、装箱、拆箱、内陆运输及经营中转站或内陆站业务的专业机构，可以具备实际运输工具，也可不具备。他们在承运人与托运人之间起着中介桥梁的作用。

(三) 集装箱租赁公司

集装箱租赁公司专门经营集装箱的出租业务，是随着集装箱运输的发展而兴起的一种新兴行业。集装箱租赁对象主要是一些较小的运输公司、无船承运人以及少数货主。

(四) 联运保赔协会

联运保赔协会是一种由船公司互保的保险组织，对集装箱运输中可能遭受的一切损失进行全面统一的保险。

(五) 集装箱码头（堆场）经营人

集装箱码头（堆场）是办理集装箱重箱或空箱装卸、转运、保管、交接的场所。集装箱码头（堆场）经营人是具体办理集装箱在码头的装卸、交接、保管的部门，它受托运人（或其代理人）以及承运人（或其代理人）的委托提供各种集装箱运输服务。

(六) 货主

集装箱运输中的货主包括托运人和收货人。

【提示】此外，集装箱运输系统中提到的集装箱货运站也属于集装箱运输的关系人。它是在内陆交通比较便利的大中城市设立的提供集装箱交接、中转或其他运输服务的专门场所。

三、集装箱运输单证

(一) 集装箱运输的主要单证

1. 设备交接单

设备交接单也称为设备收据，是集装箱所有人或租用人委托集装箱装卸区、货运站或内陆中转站与货方（即用箱人或其代表）交接集装箱及其他机械设备的凭证，由借方和出租方共同签字。

2. 场站收据

场站收据也称为码头收据，是海上承运人委托集装箱装卸区货运站或内陆中转站在收到整箱货或拼箱货后签发的国际集装箱运输专用出口单证。一般由发货人或其代理人根据船公司或其他运输经营人制定的格式进行填制，并跟随货物一起运至集装箱码头堆场或集装箱货运站，由接收货物的一方在收据上签字后交还给发货人，证明托运的货物已收到。

3. 交货记录

交货记录是集装箱堆场和集装箱货运站向收货人或其代理人交货的凭证，是证明船公司责任终止的单证。

(二) 集装箱运输的其他单证

1. 订舱单

订舱单是船公司或其他承运人在接受发货人（或托运人）的订舱时，根据发货人的口头或书面申请，记载货物托运的情况，用以安排集装箱货物运输而制作的单证。其主要内容有货名、件数、包装式样、标记、重量、尺码、目的港、装运期限、结汇期限、能否分批运输、转船运输等。

2. 订舱清单

订舱清单是船公司或其代理公司根据订舱单所记载的内容绘制的不同货物的交接地、装卸地一览表。

3. 装箱单

装箱单是详细记载每一个集装箱内所装货物的名称、数量及箱内货物积载情况的唯一单证。在以集装箱为单位进行运输时，集装箱装箱单是一张极其重要的单证，它是货物申报、交接的依据，单证上所记载的货物和集装箱的重量则是计算船舶吃水差和稳性的基本数据。当发生货损、货差时，它还是处理事故索赔的原始依据之一。

4. 批注清单

集装箱码头堆场或集装箱货运站在接收货物时，如果发现货物有异状，应将这一异状的内容、程度记载在场站收据的备注栏内，然后再根据这些内容编制成一份单证。这份单证就是批注清单。

5. 装货单

装货单是由承运人或其代理人签字盖章的单证。它既是货物办理托运的凭证，又是通知船上接受承运货物装船的凭证。

6. 装货清单

装货清单是由承运人或其代理人根据本航次所托运的货物，按先后到港次序把性质相近的货物加以归类后制成一张装货单的汇总清单。

7. 提单

提单是由集装箱运输经营人或其代理人在收到或接管货物后签发给发货人或托运人的一种凭证。提单也是证明运输物品已被接收或装船，并待进行海上运输后，在指定港口把货物交给正当的提单持有人的一种有价证券。同时还是运输公司和货主间的一种运输合同。

8. 空箱交接单

空箱交接单是货主使用船公司的集装箱时填写的单证。船公司依此指示集装箱保管人将空箱交给此单证的持有人。

9. 保函

在集装箱运输过程中，承运人的责任是从接收货物时算起，因而对货物接收前已发生的货物和集装箱损害均详细地记载在场站收据上，继而将这一记载转移至提单，从而在事实上构成不清洁提单。对于批注提单，银行不接受结汇。发货人欲向银行结汇，习惯做法是消除这一批注内容，或由发货人提出由发货人负责赔偿因提单上的不诚实记载而使承运人遭受损失的内容的证书，这一证书就是保函。

10. 货物托运单

货物托运单是指由托运人（发货人或货运代理人）根据买卖合同和信用证上的有关条款规定，向承运人或其代理人办理货物运输的书面凭证。

相关链接

> 在集装箱运输过程中，围绕集装箱的验收、提取、装卸、堆存、拆箱、收费、“一关三检”等，有许多信息和单证需要处理。电子数据交换系统（EDI）是一个比较先进的系统，它利用网络技术，可以实现集装箱运输信息、单证的电子化处理，以及船期、船舶抵港等动态信息的电子传送，港口、航船都可以通过EDI方便获取所需信息，从而大大提高港口调度的工作效率和集装箱的运输效率。

四、集装箱货物装箱方式

集装箱货物装箱方式根据集装箱货物装箱数量可分为整箱和拼箱两种。

（一）整箱（FCL）

整箱是指货主自行将货物装满整箱以后，以箱为单位托运的集装箱。这种情况通常在货主有足够货源装载一个或数个整箱时采用，除有些大的货主自己置备集装箱外。一般情况下，都是向承运人或集装箱租赁公司租用一定的集装箱。空箱运到工厂或仓库后，需要在海关人员的监管下，货主把货装入箱内，加锁、铅封后交承运人并取得场站收据，最后凭收据换取提单或运单。

（二）拼箱（LCL）

拼箱是指承运人（或代理人）接受货主托运的数量不足整箱的小票货运后，根据货类性质和目的地进行分类整理，把去同一目的地的货，集中到一定数量拼装入箱。由于一个箱内由不同货主的货物拼装在一起，所以称为拼箱。拼箱货的分类、整理、集中、装箱（拆箱）、交货等工作均在承运人码头集装箱货运站或内陆集装箱转运站进行。

五、集装箱货物交接方式

（一）整箱交、整箱接（FCL/FCL）

货主在工厂或仓库把装满货后的整箱交给承运人，收货人在目的地以同样整箱接货。货物的装箱和拆箱均由货方负责。

（二）拼箱交、拆箱接（LCL/LCL）

货主将不足整箱的小票托运货物在集装箱货运站或内陆转运站交给承运人，由承运人负责拼箱和装箱运到目的地货站或内陆转运站，并由承运人负责拆箱，并通知收货人凭单接货。货物的装箱和拆箱均由承运人负责。

（三）整箱交、拆箱接（FCL/LCL）

货主在工厂或仓库把装满货后的整箱交给承运人，在目的地的集装箱货运站或内陆转运站则由承运人负责拆箱后，各收货人再凭单接货。

（四）拼箱交、整箱接（LCL/FCL）

货主将不足整箱的小票托运货物在集装箱货运站或内陆转运站交给承运人，由承运人分类调整，把同一收货人的货集中拼装成整箱，运到目的地后，承运人以整箱交，收货人以整箱接。

小贴士

最能发挥集装箱优越性的交接方式中，以整箱交、整箱接效果最好。集装箱货物交接地点和交接方式的关系见表 8-1。

表 8-1　集装箱货物交接地点和交接方式

集装箱货物交接地点	特　征	集装箱货物交接方式
门到门	全程为集装箱运输	整箱交、整箱接
门到场站	从门到场站为集装箱运输，由场站到门是货物运输	整箱交、拆箱接
场站到门	从门到场站为货物运输，由场站到门是集装箱运输	拼箱交、整箱接
场站到场站	除中间一段为集装箱运输外，两端内陆运输均为货物运输	拼箱交、拆箱接

六、集装箱运输作业程序

集装箱运输作业包括：

（1）托运。托运是指货物单位向承运部门提送运输计划。

（2）承运。承运是指承运部门接受了托运人的运输请求后，及时制定集装箱运输计划，并将预配清单计划送达集装箱码头或车站；车站或码头凭此发放空箱和办理货物交接。

（3）领发空箱。整箱货的空箱一般由货物托运人直接向集装箱码头或车站领取。

（4）报检。发货人或货运代理应按照国家有关法规并根据商品特性，在规定期限内填写好申报单，分别向商检、卫检、动植物检疫等口岸监管部门报请审核或查验。货物以免检放行或经查验处理后出具有关证书放行。

（5）货物装箱。拼装货物的装箱由集装箱货运站根据承运部门的计划清单，核对场站收据中注明的接受托运的货物，按记载装箱要求与电子计算机打印或人工计算制定装箱清单，并按装箱单在站内装箱。整箱货则由托运人按整箱货装箱要求在自己的场内或仓库装箱。

（6）发运。装好货的集装箱要按承运部门的规定时间送至指定的集装箱堆场或码头。

（7）集装箱交接。集装箱码头或车站对已铅封的重箱，按海关或加封部门检验清单签收交接；对未加铅封或不符合加封条件的集装重箱，则必须验收随箱货物交接单据中所记载的货物，验收无误后在交接收据上签收。

（8）换取提单。货物托运人凭经签字后的场站收据向承运部门或其代理部门换取提单，然后凭码头运费收据计算联向承运人支付运费或向银行结汇。

(9) 集装箱装车或装船。车站根据自己编制的集装箱装车计划装车，码头根据船舶记载图装船。

(10) 单证资料传送。船公司或其代理应于船舶开航前 24 小时向船方提供提单副本、舱单、装箱单等全部资料，并于启航后采用传真、电子邮件等方式向卸货港发出卸船的必要资料。

此外，通过集装箱出口货运流程（见图 8-1）和集装箱进口货运流程（见图 8-2）的对比，可说明不同运输方式和专业部门间组织作业的程序有所不同。

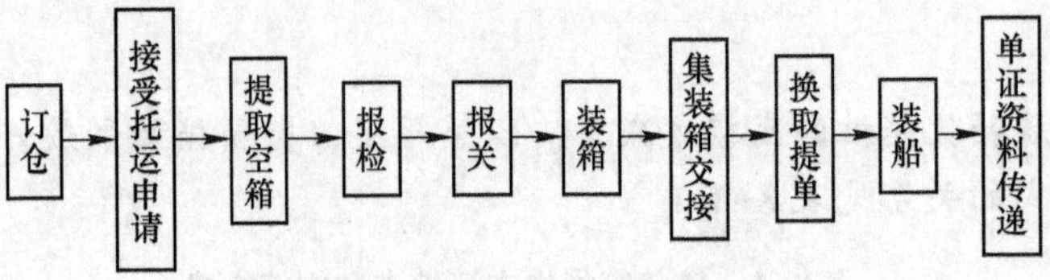

图 8-1　集装箱出口货运流程图

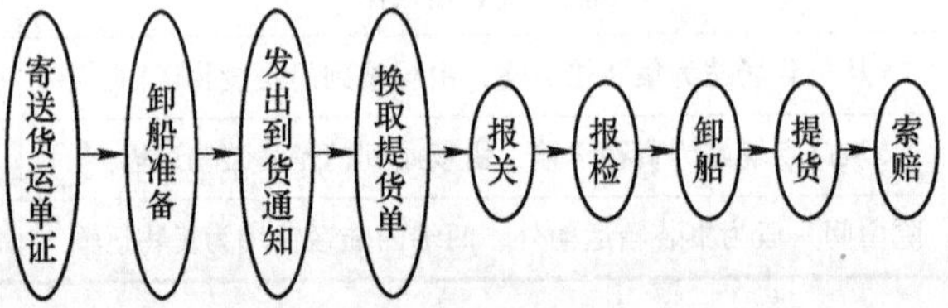

图 8-2　集装箱进口货运流程图

小思考

(1) 集装箱运输的定义是什么，它有哪些类型？

(2) 开展集装箱运输需要具备哪些基本条件？

(3) 简述集装箱交接的主要方式。

第三节　国际多式联运

多式联运是随着集装箱运输的发展而产生并发展起来的新型运输方式。集装箱运输的优越性无法通过单一的运输方式充分发挥出来，组织铁路、水运、公路等多种运输的集装箱联运就成为现代化运输的必然产物。

一、国际多式联运概述

（一）多式联运的定义及条件

多式联运又称为综合一贯制运输，是以集装箱为运输单元，将不同的运输方式有机组合在一起，构成连续、综合性的一体化货物运输。在国际间进行的多式联运，也称为国际多式联运。《联合国国际多式联运公约》将国际多式联运定义为：“国际多式联运是按照多式联运合同以至少两种不同的运输方式，由多式联运经营人将货物从一国境内接管货物的地点运至另一国境内指定交付货物的地点。”

国际多式联运是由多种运输方式组合而成的综合性一体化运输。因此，开展国际多式联运应具备比单一运输方式更为先进、更为复杂的技术条件。这些条件包括：

（1）建立国际多式联运线路与集装箱货运站。确定建立一条多式联运线路，首先需要进行国际货物流向、流量的调查，在此基础上，选择货物流量较大且较稳定的路线；其次，要考虑联运线路的全程应具备适当规模的运输能力；最后，由于国际多式联运通常是以集装箱运输为主，所以联运线路需要有一定的装卸、运送集装箱的设备条件。

（2）建立国内外联运网点。经营国际多式联运必须根据业务的需要，建立国内外业务合作网，负责办理国内外运输、交接手续等。

（3）制定多式联运单一费率。采用单一费率是国际多式联运的基本特征之一，因此经营多式联运要制定一个单一的联运包干费率。国际集装箱多式联运全程运费主要由运输费用（国内外内陆段运费、海运段运费或国际铁路、航空运费）、经营管理费用以及利润三大部分组成。该单一费率因货物的交接地点和业务项目的不同而异。

（4）制定国际多式联运单据。作为国际多式联运经营人，必须具有自己的多式联运单据或提单。多式联运单据是经营人与货主之间的运输合同的证明，具有有价证券的性质，可以进行转让或向银行抵押借款。

（二）多式联运的特征

1. 必须与发货人订立多式联运合同

货物在全程运输中无论使用了几种运输方式，作为负责全程运输的多式联运经营人必须与发货人订立多式联运合同。多式联运合同明确了多式联运经营人和货主之间的合同关系，是确定两者之间权利、义务、责任、豁免的依据。这是国际多式联运的主要特征，也是区分国际多式联运与传统运输方式的重要依据。

2. 国际多式联运经营人必须对全程运输负责

国际多式联运经营人作为一个独立的法律实体，对货物负有履行合同的责任并承担自接收货物起到交付货物时止的全程运输责任，以及对货物在运输中因灭失、损坏、迟延交付所造成的损失负赔偿责任。无论货物在运输过程中的哪一个区段发生灭失或损坏，货主都可向国际多式联运经营人提出索赔要求。

3. 不仅使用至少两种不同的运输方式，而且必须是该不同运输方式下的连续运输

这是辨别多式联运的重要特征。为履行单一运输合同而进行的该合同所规定的短途货物接送业务，不属于多式联运。

4. 签发一张多式联运单证

多式联运经营人签发一张多式联运单证，并制定多式联运单一费率，依此计收全程运费。多式联运单证是指证明多式联运合同以及国际多式联运经营人接收货物并负责按合同条款交付货物所签发的单据，同时也是一种物权证明和有价证券。

二、国际多式联运的优点

（一）同一化、简单化

货物运输中所有一切运输事项均由多式联运经营人负责办理。而托运人只需办理一次托运，订立一份运输合同，一次支付费用，一次保险，便可省去托运人办理托运手续的诸多不便。同时，由于多式联运采用一份货运单证，统一计费，因而也可简化制单和结算手续。

（二）减少中间环节，提高货运质量

在国际多式联运方式下，各个运输环节和各种运输工具之间配合密切，衔接紧凑，货物所到之处中转迅速及时，大大减少货物的在途停留时间，从根本上保证了货物安全、迅速、准确、及时地运抵目的地，因此也相应地降低了货物的库存量和库存成本。同时，多式联运通过集装箱为运输单元进行直达运输，尽管货运途中需经多次转换，但由于使用专业机械装卸，且不涉及箱内货物，因而货损货差事故大为减少，由此也极大地提高了货物的运输质量。

（三）降低运输成本，节省运杂费用

由于多式联运可实行门到门运输，因此对于货主来说，在货物交由第一承运人以后即可取得货运单证，并据以结汇，从而提前了结汇时间。这不仅有利于加速货物占用资金的周转，而且可以减少利息的支出。此外，由于货物是在集装箱内进行运输的，因而也可相应地节省货物的包装、理货和保险等费用的支出。

（四）提高运输管理水平，实现运输合理化

在多式联运开展以前，各种运输方式的经营人各自为政，使得其经营业务范围受到限制，货运量也相应受限。而通过不同的运输经营人共同参与多式联运，经营的范围则大大扩展，同时也最大限度地发挥其现有设备作用，选择最佳运输线路组织合理化运输。

三、国际多式联运的组织形式

（一）陆桥运输

陆桥运输是指以专用集装箱运输列车或卡车为工具，以贯穿大陆的铁路或公路为中间桥梁，将大陆两端的集装箱海运航线连接起来的运输方式。比起单纯的海上运输，陆桥运输能缩短运输距离、节省运输时间、降低运输成本。世界上主要的陆桥运输路线有以下几条：

（1）亚欧大陆桥。亚欧大陆桥有新老不同的路线。老亚欧大陆桥又称西伯利亚大陆桥，东起俄罗斯远东地区符拉迪沃斯托克（海参崴）等港口，贯穿亚欧大陆，西至俄罗斯、西欧、北欧各国港口。该大陆桥两端海运连接了以日本为主的远东各国家和地区以及欧洲各国，是世界主要的大陆桥运输线路之一。新亚欧大陆桥又称陇海兰新亚欧大陆桥，

东起中国连云港，西至荷兰鹿特丹，利用我国的陇海、兰新铁路和中亚、欧洲铁路，连接远东和欧洲地区。它克服了老亚欧大陆桥中俄罗斯远东港口冬季结冰封冻的难题，并缩短了运输距离。

相关链接

2012 年 8 月，被称作第 3 条亚欧大陆桥的渝新欧国际铁路正式开通运营。渝新欧铁路始发于重庆西站，经西安、兰州、乌鲁木齐，从边境口岸新疆阿拉山口进入哈萨克斯坦，再经俄罗斯、白俄罗斯、波兰到达德国的杜伊斯堡，全程 11179 千米。这条铁路的正式开通运营，为我国西部地区产品开辟了一条经铁路运输进入欧洲市场的黄金通道。

（2）北美大陆桥。北美大陆桥东起美国东部大西洋沿岸港口，西至美国西部太平洋沿岸港口，横穿了整个北美大陆，主要方便来自日本、远东地区的货物，经过集装箱海运运抵美国西海岸后通过公路、铁路的陆上运输方式运抵美国东海岸，再换装集装箱船运往欧洲。

（3）北美小陆桥。北美小陆桥与北美大陆桥类似，区别在于北美小陆桥运输的最终目的地为美国东海岸及加勒比海地区的沿海港口，而北美大陆桥运输的最终目的地则为欧洲。该路线比由日本、远东地区至美国东海岸的全海运路线节省约 1/4 的时间和路程。

（二）海陆联运

海陆联运是国际多式联运的主要方式，是以海运为主要运输方式，以航运公司为主体，签发国际多式联运提单，与航线两端的内陆运输部门联合开展联运业务。当今世界主要的海陆联运路线有以下几条：

（1）北美至欧洲的大西洋航线；

（2）北美至亚洲的太平洋航线；

（3）欧洲至远东的地中海—苏伊士运河—印度洋航线。

小贴士

欧洲至远东路线是国际多式联运中业务最繁忙、联运经营人参与数量最多的路线。

（三）海空联运

海空联运是一种新兴的国际多式联运形式，其优点是在运输时间上短于单纯的海运，而在运输费用上少于单纯的空运。最先采用海空联运方式的是远东—欧洲、远东—北美路线。随着国际航空运输的发展以及国际货运航空路线的不断开辟，在远东—中南美、远东—非洲等远程运输路线上也出现了海空联运。海空联运中转枢纽一般位于那些既有深水良港，又有国际性枢纽空港的城市，如亚洲的香港、新加坡，欧洲的马赛，北美的旧金山、洛杉矶等城市。

四、国际多式联运的业务程序

（一）接受托运申请，订立多式联运合同

多式联运经营人根据货主提出的托运申请和自己的运输路线等情况，决定是否接受货主的申请。如果接受，在双方协商有关事项后，发货人或其代理人填写场站收据，多式联运经营人在对其编号并盖章后留下货物托运联，将其他单联交还给发货人或其代理人，证明多式联运经营人接受了委托申请，多式联运合同已经订立并开始执行。

（二）空箱的发放、提取

国际多式联运中使用的集装箱一般应由经营人提供。如果双方协议由发货人自行装箱，则多式联运经营人应签发提箱单或者将租箱公司或分运人签发的提箱单交给发货人或其代理人到指定的堆场提箱，准备装货。如果是拼箱货，则由多式联运经营人将所用空箱调运至接收货物的集装箱货运站，做好装箱准备。

（三）出口报关

出口报关事项一般应由发货人（或其代理人）办理，也可委托多式联运经营人代为办理。若联运从港口开始，则在港口报关；若是从内陆地区开始，则应在附近的内陆地海关办理报关。

（四）货物装箱及交接

由发货人自行装箱的货物，在发货人（或其代理人）领回空箱后，在海关人员的监管下组织装箱、加封，填写装箱单，并将货物运至规定的地点。多式联运经营人验收后在场站收据正本上签章，并将其交给发货人或代理人。

拼箱货物的发货人应负责将货物送到指定的集装箱货运站，货运站则需要按多式联运经营人的指示装箱。多式联运经营人在货运站验收货物后在场站收据上签章，并将其交给发货人或代理人。

（五）订舱及安排货物运送

多式联运合同订立之后，经营人应制定该合同涉及的集装箱货物的运输计划，并按照运输计划洽定各区段的运输工具，与选定的各实际承运人订立各区段的分运合同。

（六）办理货物运输保险

发货人自行办理或承担费用由多式联运经营人代为办理货物运输保险。货物运输保险可以是保全程，也可以分段投保。多式联运经营人则应投保货物责任险和集装箱保险。

（七）签发多式联运提单，组织完成货物的全程运输

多式联运经营人的代表收取货物后，经营人应向发货人签发多式联运提单，在签发提单之前，还应向发货人收取全部应付运费。

在接收货物后，多式联运经营人要组织各区段实际承运人、各派出机构及代表共同协调工作，完成全程中各区段的运输和衔接工作。

（八）货物运输过程中的海关业务

货物运输过程中的海关业务主要包括货物及集装箱进口国的通关手续、进口国内陆段保税（海关监管）运输手续及结关等内容。如果陆上运输需要通过其他国家的海关和内陆运输线路时，还应包括这些国家海关的通关及保税运输手续。这些涉及海关的手续一般多由多式联运经营人的派出机构或代理办理，也可由各区段的实际承运人作为多式联运经营人的代表代为办理。由此产生的全部费用应由发货人或收货人承担。

（九）货物到达交付

货物运至目的地后，由目的地的代理通知收货人提货。收货人付清全部费用后，多式联运经营人收回提单签发提货单（交货记录），收货人凭提货单到指定的地点提取货物。如果是整箱货，收货人将货物取出，并将集装箱运回指定的堆场，运输合同即告终止。

五、国际多式联运单证

多式联运单证是指国际多式联运经营人对经由两种以上不同运输方式运输的货物所出具的全程提单。国际多式联运经营人对全程运输承担责任。

【提示】多式联运单证在实践中一般称为国际多式联运提单，是证明国际多式联运合同和国际多式联运经营人接管货物并保证按照合同条款交付货物的单证，也是货物所有权的证明，可以用来结汇、流通、抵押等。国际多式联运提单是国际多式联运中最主要的运输单证。

（一）国际多式联运提单的分类

国际多式联运提单可分为以下两类：

（1）可转让的多式联运单证（不记名提单）。其类似于提单，具有三种功能，即多式联运合同的证明、货物收据与物权凭证功能。

（2）不可转让的多式联运单证（记名提单）。其类似于运单（如海运单、空运单），具有两种功能，即多式联运合同的证明和货物收据，但它不具有物权凭证功能。如果多式联运单证以不可转让的方式签发，多式联运经营人交付货物时，应凭单证上记名的收货人的身份证明向其交付货物。

（二）国际多式联运提单的内容

根据《联合国国际多式联运公约》，多式联运提单应载明下列事项：

（1）货物的品类、识别货物所必需的主要标志。如果属危险货物，其危险特性应明确声明，包件数、货物的毛重或其他方式表示的数量等，所有这些事项均由发货人提供。

（2）货物的外表状况。

（3）国际多式联运经营人的名称和主要营业场所。

（4）发货人、收货人（必要时可有通知人）名称。

（5）国际多式联运经营人接管货物的地点和日期。

（6）交付货物的地点。

（7）双方明确协议的交付货物地点，交货的时间、期限。

（8）表示该提单为可转让或不可转让的声明。

（9）多式联运提单签发的地点和日期。

（10）国际多式联运经营人或经其授权人的签字。

（11）经双方明确协议的有关运费支付的说明，包括应由发货人支付的运费及货币，或由收货人支付的其他说明。

（12）有关运输方式、运输路线、转运地点的说明。

（13）有关声明与保留。

（14）在不违背签发多式联运提单所在国法律的前提下，双方同意列入提单的其他事项等。

（三）国际多式联运提单的签发

国际多式联运经营人在收到货物后，凭发货人提交的收货收据（在集装箱运输时，一般是场站收据正本）签发多式联运提单，根据发货人的要求，可签发可转让或不可转让提单中的任何一种。签发提单前应向发货人收取合同规定的和应由其负责的全部费用。

六、多式联运运费

多式联运已突破传统海运“港—港”的范围，而向两岸延伸，因此多式联运运费的基本结构，除包括海运段外，还包括一端内陆或两端内陆的运费。

多式联运运费的基本结构由内陆运输费（主要是公路运费、铁路运费或内河运费，包括托运费、储仓费、转运费、服务费等）、码头装卸包干费、海运费等组成。

公路运费的计算公式为：

$$\text{公路运费}=\text{基本运费}+\text{附加运费} \tag{8-1}$$

式中，基本运费是指公路运输中的托运费，按箱型、箱尺寸和运距计算；附加运费是指在公路运输中发生的其他费用，如车辆延滞费、上下车费、人工延滞费、辅助装卸费以及其他附加费等。

公路运费的计算方式主要有计程运费、计时包车运费、包箱运费和短程运费。

铁路运费的计算公式为：

$$\text{铁路运费}=\text{基本运费}+\text{附加运费} \tag{8-2}$$

式中，基本运费是指铁路运输中的托运费，按箱型、箱尺寸和运距计算；附加运费是指办理铁路运输而发生的有关附加费用，如送取费、暂存费、换装费、代理费以及新路费、集装箱建设基金等。

海运运费的计算公式为：

$$\text{海运运费}=\text{基本运费}+\text{附加运费} \tag{8-3}$$

式中，基本运费是指任何一种货物运输收取的最基本的运费，是海运运费的主要组成部分，包括船舶的折旧或租金、燃油费、修理费、港口使用费、管理费和职工工资等；附加运费是指在海运过程中货物的特殊处理费用，如转船费、起重费、选港费、更改目的港费等，此外还包括受国际经济和国际贸易影响所产生的成本费用，如油价上涨、被迫绕航、汇率变动、港口拥挤等。

在集装箱海运中，为简化运费计算，班轮公司通常采用包箱费率的计算方法，并公布不同航线的运价。

码头装卸包干费在集装箱运输方式下，大多采用集装箱装卸包干形式，按箱计收装卸包干费。

小思考

（1）多式联运的特征有哪些？

（2）简述多式联运的主要业务程序。

案例分析

案例1　集装箱运输在粮食物流中的应用

我国现有粮食加工企业近2.1万家，年生产能力1.88亿吨。近几年，由于对农业生产的结构性调整，我国的粮食生产逐渐向优势产区集中，品种和质量也呈多元化发展趋势。相应地，粮食流通也出现了一些新的特点，对现有的粮食流通体系提出了新的要求。因此，建立现代化的粮食物流体系已经成为我国粮食产业发展的必然要求。其中，粮食集装箱运输是一个重要的方面。

粮食集装箱运输是指以集装箱作为包装物和运输工具所进行的粮食运输。其做法是：将粮食直接装入集装箱封好，然后将集装箱运到火车站或集装箱码头，运往全国各地的用户手中或国外的买主手中。

与通常的集装箱运输一样，粮食集装箱运输具有许多优点。

首先，使用机械化作业，减轻了工人的劳动强度；节约了人力，使装卸效率大大提高；手续简化，减少了运输环节上的理货交接程序；利用集装箱多式联运，缩短了在途时间，保证市场供应；等等。

其次，由于粮食集装箱运输本身就是集装箱运输的一个子系统，因此，可以充分利用现有的通用集装箱装卸设备，而不必另建专用的粮食流通设施，大大减少了基本建设投资。正因为如此，虽然与粮食运输的其他方式相比（如散粮运输），集装箱运输的成本要略高一些，但由于节约了设备投资的资金，粮食的集装箱运输还是能节约不少资金投入。

再次，现代信息系统推动了粮食集装箱运输的发展。比如，用集装箱分别装运不同质量等级的小麦，面粉制造厂就能根据每个集装箱上条形码标明的小麦品种和正确的品质特征分别取出搭配进行面粉加工，节省了诸多中间环节和费用。

最后，粮食集装箱运输在降低整个粮食物流系统的成本方面更具有优势。据有关专家估计，采用集装箱运输粮食的周转时间要比散装缩短近70%。周转时间的缩短为买方带来的是缩短订货周期、大量减少库存、降低生产成本、提高农产品的竞争能力，同时也使卖方能够尽快收回资金，加快资金流通速度。另外，集装箱可以用于临时储粮。集装箱储粮的灵活性大，在收购季节库存不足的时候，可用于临时储粮；收购淡季仓容有余，集装箱则可以投入运输。集装箱临时储粮还可以减少环境污染、改善作业条件、降低劳动强度、节省劳动消耗，以及按照品种、质量、等级进行粮食保管，满足用户多品种小批量的需求。

（资料来源：汪时珍、张爱国主编：《现代物流运输管理》，安徽大学出版社 2009 年版，第 81 页）

案例思考题：

(1) 请结合案例，说明集装箱运输相对于其他运输的优点。

(2) 与通用集装箱运输相比，你认为粮食集装箱运输过程中要注意哪些问题？

案例 2　医疗供应公司

卡罗尔·帕森斯（Carol Parsons）是某医疗供应公司（MSC）的国际物流部副总裁，最近同跨大西洋公会协定（TACA）的会员承运人举办了一系列的谈判会，刚刚返回。谈判的结果是，帕森斯同 TAA 公司签订了一项服务合同，提高了 MSC 的产品从美国运到欧洲的海洋运输的运价，提高的比例是 20%。此外，海洋运输的运价中不包括货物运进/运出港口的地面运输费用。运价的提高使得 MSC 公司要同欧洲的医疗用品和设备生产商在欧盟市场上开展有效竞争，就必须竭尽全力。

MSC 位于美国宾夕法尼亚州的阿伦敦，每年大约要从费城和巴尔的摩的东海岸港口运输 2500 箱 40ft 集装箱的货物，其中大部分运输要通过费城。帕森斯同 TACA 组织谈判签订的 1996 年服务协定制定了一个从阿伦敦经过两个港口至最终在欧洲的内陆目的地的全程运价，运价中包括地面运输费用。现在，TACA 不仅向 MSC 收取提高了 20%的运价，除去了地面运输，它还将费城排除作为停泊港口，这意味着 MSC 的集装箱现在只能通过巴尔的摩或者纽约来运输。比起从费城运输，这将增加集装箱的地面运输费用。

在谈判过程中，帕森斯强调，1996 年 MSC 雇用 TACA 的会员进行了大量的运输业务，但 TACA 并不放弃它的立场，坚持提高运费，排除地面运输部分。为了能够强化自己的立场，TACA 的成员一致同意在 8 年时间内减少船只运输容量的 20%左右，并对擅自提供超过协定的运量标准的成员建立刚性的惩罚措施。在同 TACA 签订 1998 年货运协定以前，帕森斯同非跨大西洋公会协定的承运人签订了一个运输 2500 箱 40ft 集装箱的费率协定。但是 TACA 减少运量的策略使得大多数大型和中型托运人不得不在这 4 个承运人那里寻找运输货物的船位，所以增加了费率的压力。对非跨大西洋公会协定承运人运输船位的需求是如此强烈，以至于帕森斯不能保证在 1998 年的前 3 个月是否肯定有船位运货，他排除非公会承运人作为可行的选择。

帕森斯还研究了经加拿大运输货物到欧洲的可能性。集装箱由铁路运送到蒙特利尔，然后将其转装到加拿大的船上由海洋航线运到欧洲。然而，鉴于对运输船位增加的需求及服务于美国的 TACA 会员收取的越来越高的运价，加拿大的承运人也调整了他们的运价，以求同 TACA 收取的运价相一致。

面对 1998 年的这些费用增加，帕森斯正试图研究一种战略在 1999 年对付 TACA，部分原因是她认为 1999 年类似的行动还会被美国—亚洲公会采用，TACA 超级公会战略标准是所有贸易线路的一个趋势。

（资料来源：《运输管理》（第 5 版）John J. Coyle，Edward J. Bardi Robert A. Novack）

案例思考题：

(1) TACA 所采取的行动的基本经济原理是什么，从短期和长期来看它们会产生什么影响？

(2) 你建议卡罗尔·帕森斯在 1999 年采取什么行动方针，在接下来的 8 年内又可以采用什么行动方针？

第九章　物流运输决策管理

WULIU YUNSHU JUECE GUANLI

【学习目标】

（1）理解把握物流运输决策的内容；

（2）掌握和运用物流运输合理化的方法；

（3）熟悉各种运输方式的特征和运输方式的选择方法；

（4）掌握物流运输线路问题的解决办法；

（5）了解物流运输节点选址的决策方法。

引导案例

家乐福中国的运输策略

家乐福中国在网络设计方面主要体现为运输网络分散度高。即社会上一般流通企业都自己建立仓库及其配送中心，而家乐福的供应商直送模式决定了它的大量仓库及配送中心事实上都是由供应商自己解决的，受家乐福集中配送的货物占极少数。这样的经营模式不但可以节省大量的建设仓库和管理费用，商品运送集中配送也更方便，而且能及时供应商品或下架滞销商品。这不仅对家乐福的销售，对供货商了解商品销售情况也是相当有利的。

在运输方式上，除了较少数需要进口或长途运送的货物使用集装箱挂车及大型货运卡车外，由于大量商品来自本地生产商，故较多采用送货车。这些送货车中虽有一小部分是家乐福租赁的车辆，但绝大部分是供应商自己长期为家乐福各店送货的车辆，所以家乐福并没有自己的运输车队，也省去了大量的运输费用。

在配送方面，供应商直送的模式下，商品来自多条线路，而无论各供应商还是家乐福自己的车辆都采用了“轻重配载”的策略，有效利用了车辆的各级空间，使单位货物的运输成本得以降低，进而在价格上取得主动地位。

讨论：根据案例归纳总结家乐福中国的运输策略。

第一节　物流运输决策概述

一、物流运输决策的主要内容

物流运输决策是指从物流系统的总体目标出发，充分利用各种运输方式的优点，以运筹学等数量方法建立模型与图表，选择和规划合理的运输路线和运输工具，以最短的路径、最少的环节和最少的费用，组织好物质产品的运输活动，避免不合理运输情况和次优化的出现。

决策是行动的基础，有效的运输决策往往能提高企业效益。企业的物流运输决策一般包含以下三个方面。

（一）运输方式的选择

我国目前基本的运输方式有5种，其分别为公路运输、铁路运输、航空运输、水路运输和管道运输。每种运输方式在速度、货运规模、货运成本和灵活性方面均有不同的特点，需要根据产品的特性加以选择。高价值的货物、产品可得性要求高的货物，往往选择高效率的运输方式，如航空运输；相反，低价值的货物、客户服务水平要求低的货物则可以选择较廉价的运输方式。

（二）运输路径和网络的选择

路径是指产品运输的路线；网络是指产品运输的地点与路径的总和。运输路线的选择是在一定的交通运输网络中，对某种产品在供应地点与需求地点之间的运输路线所作的规划和选择。这是运输决策中最重要的一类问题。它直接关系到产品能否准确及时地送到客户手中，以及配送成本的增加或降低。

（三）运输批量和运输时间的选择

运输批量往往需要根据货物的订购批量、运输费率进行调整，以达到整车运输量的要求，降低运输成本。运输时间则是根据货物交付时间的规定及货物运输的在途时间进行确定。如果采用铁路运输、水路运输或者航空运输，还需要根据列车、轮船或航班的班次进行调整，灵活性较低；相比之下，公路运输在实践中的灵活性较大。

二、物流运输合理化

物流运输合理化是在保证货物运量、运距和流向的需求，以及中转环节合理化的前提下，能以合适的运输方式、最少的运输环节、最短的运输里程、最少的运输工具及最低的运输成本，将货物从生产地运到消费地。物流运输合理化是物流运输管理的关键，其意义可以从以下几个方面理解。

（一）提高运输效率

合理运输可以促进各种运输方式的合理分工，充分利用现有运输工具，选择最佳的运输线路，以最快的时间和速度到达目的地，提高运输效率；以最小的社会运输劳动耗费，及时满足国民经济的运输需要；加速货物流通，既可及时供应市场，又可降低流通费用，加速资金周转，减少货损货差，取得良好的社会效益和经济效益。

（二）降低物流成本

合理运输能节约运输费用，降低物流成本。运输费用是构成物流费用（成本）的重要组成部分。在物流过程中，运输作业所消耗的活劳动和物化劳动占最大比例。据统计，物流成本中运输费用的支出约占 30%，如果把运输过程中的装卸搬运费也加上，其比例只会更大。通过运输方式、运输工具和运输线路的选择，实现物流运输合理化必然会缩短运输里程或提高运输工具的运用效率，从而达到节约运输费用、降低物流成本的目的。

（三）加快物流速度

合理的运输不仅缩短了运输时间，还加快了物流速度。运输时间的长短决定着物流速度的快慢，所以，物品运输时间是决定物流速度的重要因素。合理组织物品的运输，可使被运输物品的在途时间尽可能地缩短，达到到货及时的目的，由此可以降低库存物品的数量，实现加快物流速度的目标。从宏观角度讲，物流速度的加快，节约了物品的库存量，节约资金的占用，相应地提高了社会物质产品的使用效率。

（四）节约运力和资源

合理的运输不仅可以节约运力，缓解运力紧张的状况，还能节约能源，克服许多不合理的运输现象，提高货物的通过能力。同时，物品运输的合理化，还可以降低运输部门的能源消耗，提高能源的利用率，有助于消除运输中人力、物力、财力的浪费，提高商品的运输质量，减轻需求方的负担。

相关链接

运输合理化需要解决的问题有：

（1）对流运输。对流运输是指同一种货物，或彼此间可以互相代用而又不影响管理、技术及效益的货物，在同一线路上或平行线路上做相对方向的运送，而与对方运程的全部或一部分发生重叠交错的运输。对流运输也是不合理运输中最突出、最普遍的一种。

（2）空车无货载行驶。空车无货载行驶是指因调运不当、货源计划不周、不采用运输社会化而形成的空驶。

（3）迂回运输。迂回运输是指可以选取短距离进行运输而不采用，却选择路程较长的路线进行运输的一种不合理形式。其往往是由于计划不周、地理不熟、组织不当等原因造成的。

（4）重复运输。重复运输是指增加了非必要的中间环节，一般表现在浪费装卸劳力，增加入库作业和负担等方面的一种形式。

此外，还有过远运输、无效运输、倒流运输等不合理运输的形式。在实际的运输决策中，这些问题都需要考虑到。

三、物流运输方式的选择

（一）运输方式选择的影响因素

当从起点到终点可以有多种运输方式时，运输方式的选择就显得尤为重要。而最终确定选择何种运输方式，还取决于多方面的因素。从非市场因素的角度考虑，影响运输方式选择的因素主要有以下几项。

1. 货物的性质

货物的价值、单件重量和体积、形状、危险性、变质性等都是影响运输方式选择的重要因素。一般来说，价值低、体积大的货物，尤其是散装货物，比较适合于铁路运输或水路运输；重量轻、体积小、价值高的货物或对时间要求较高的鲜活易腐货物适合于航空运输；石油、天然气、碎煤浆等适宜选择管道运输。

2. 运输量

运输量对运输工具的选择也有重大影响。一般来说，15 吨以下的货物宜采用公路运输；15~20 吨的货物可采用公路运输或铁路运输；20 吨以上的货物宜采用铁路运输；数百吨以上的粗大笨重货物，可选择船舶运输。

3. 运输距离

运输距离的远近影响到使用各种运输工具运送货物时间的长短，关系到满足客户需要程度及运输工具的选择。一般情况下，运距在300千米以内，宜采用公路运输；300~500千米的区间可采用铁路运输；500千米以上的可采用船舶运输，如果货物价值高也可采用航空运输。

4. 运输时间

运输时间是一个重要的运输服务指标，涉及客户要求、服务水平高低，直接影响运输方式的选择。对于市场急需的商品，承运人必须选择速度快的运输工具，如航空运输或汽车直达运输；反之则可以选择成本较低相应的速度也就较慢的运输工具。

5. 运输成本

运输成本会因货物的种类、重量、体积、运距的不同而不同，此外当运输工具不同，运输成本也会有所不同。运输成本的高低将直接受到不同经济实力运输企业承受能力的制约，并直接影响企业经济效益的高低，所以运输成本会影响到某种运输方式或联合运输的选择。在做运输决策时，不能仅考虑运输活动本身的费用，还要考虑其他相关的仓储、装卸、搬运等费用，也就是要考虑总成本。

6. 运输工具的可得性

由于受具体时间、地点等条件的限制，不是所有承运人都能很容易地获得所需要的运输工具。例如，将木材从大兴安岭运到北京，采用水路运输是最经济的，因为木材是散装的，不需要专门的保护，而且能接受较长时间的运输，但大兴安岭没有水路，因而，只能通过汽车运输到火车站，然后再通过铁路运到北京。这个例子说明，在选择运输方式时，往往只能在现有的实际运输工具中进行选择。

7. 运输的安全性

运输的安全性包括所运输货物、运输工具、运输人员的安全及公共安全。对运输人员和公共安全的考虑也会影响货物的安全措施，进而影响运输方式的选择。例如，对于危险品运输要采取更加安全的措施，而在地面，运输中采取的安全措施又远没有在空运中那样严格，这是因为航空运输安全与否造成的后果远比其他运输方式更为严重。

8. 其他影响因素

除上述列举的影响运输方式选择的因素外，还有法律环境、经济环境、社会环境的变化等因素。例如，随着物流量的增大，噪声、振动、大气污染、海洋污染、交通事故等问题日益严重，政府为解决这些问题而制定的法律、法规相继出台，并日益严格；对于公路运输超载货物、超速运行的现象，对于航空、水路、铁路、公路运输中特种货物的运输，政府分别做出相应的规定等，这些都会影响运输方式的选择。

（二）运输方式的定性选择

运输方式的定性选择主要是指对各种相关因素进行定性分析或对比来选择某种运输方式。

1. 单一运输方式的选择

单一运输方式就是选择一种运输方式提供运输服务。可以根据五种基本运输方式的优势、特点（见表 9-1），结合运输需求选择恰当的运输方式。

表 9-1　各种运输方式的特点比较

运输方式	速　度	运　量	运　价	适合货物
航空运输	最快	少	最昂贵	贵重、急需、时间紧迫
水路运输	最慢	最多	最便宜	大宗货物、时间宽松
公路运输	较慢	较少	较贵	灵活性高，路程较短
铁路运输	较快	较多	较便宜	货运量大，时间较紧
管道运输	较慢	大	便宜	气体，液体

2. 多式联运的选择

多式联运就是选择使用两种及其以上的运输方式联合起来提供运输服务。多式联运的主要特点是选择不同的运输方式，以最合理、最有效的方法实现货物运输过程。多式联运的组合方法有很多，但在实际中，这些组合并不都是实用的，一般只有铁路与公路联运、公路或铁路与水路联运得到了较为广泛的应用。

铁路与公路联运（即公铁联运，或称驮背运输）是指在铁路平板车上载运卡车拖车，通常运距比正常的卡车运输长。它综合了卡车运输的方便、灵活与铁路长距离运输经济的特点，运费通常比单纯的卡车运输要低。这样，卡车运输公司可以延伸其服务范围，而铁路部门也能够分享到某些一般只由卡车公司单独运输的业务，同时托运人也得以在合理价格下享受到长距离门到门服务的便捷。因此，铁路与公路联运成为最受欢迎的多式联运方式。

公路或铁路与水路联运，也称为鱼背运输，是将卡车拖车、火车车厢或集装箱转载到驳船或船舶上进行长途运输。这种使用水路进行长途运输的方式，是最便宜的运输方式之一，在国际多式联运中应用广泛。

此外，航空与公路联运应用也较广泛，即将航空货运与卡车运输结合起来，这种方式所提供的服务和灵活性可与公路直达运输相比拟。

（三）运输方式选择的综合评价法

综合评价法是运输方式选择中的一种重要的定量分析方法，是根据影响运输方式选择的 4 个因素（经济性、迅速性、安全性和便利性）进行综合评价，根据评价结果选择出合理的运输方式的选择方法。使用综合评价选择法的具体步骤如下。

1. 确定运输方式的评价因素

根据运输系统的目标要求，可以选择运输方式的经济性、迅速性、安全性和便利性 4 个因素对各个运输方式进行综合评价与选择。

2. 确定各评价因素的值及其权重

假设以 F_1、F_2、F_3、F_4 分别表示运输方式的经济性、迅速性、安全性和便利性的值，并且用 w_1、w_2、w_3、w_4 表示这 4 个因素的权重，则某一运输方式的综合评价值可表示为：

$$F = w_1F_1 + w_2F_2 + w_3F_3 + w_4F_4 \tag{9-1}$$

如果可供选择的运输方式有公路（A）、铁路（B）、水路（C）、航空（D），则运输方式的综合评价值分别为：

$$F(\mathrm{A}) = w_1F_1(\mathrm{A}) + w_2F_2(\mathrm{A}) + w_3F_3(\mathrm{A}) + w_4F_4(\mathrm{A})$$

$$F(\mathrm{B}) = w_1F_1(\mathrm{B}) + w_2F_2(\mathrm{B}) + w_3F_3(\mathrm{B}) + w_4F_4(\mathrm{B})$$

$$F(\mathrm{C}) = w_1F_1(\mathrm{C}) + w_2F_2(\mathrm{C}) + w_3F_3(\mathrm{C}) + w_4F_4(\mathrm{C})$$

$$F(\mathrm{D}) = w_1F_1(\mathrm{D}) + w_2F_2(\mathrm{D}) + w_3F_3(\mathrm{D}) + w_4F_4(\mathrm{D})$$

对于 F_1、F_2、F_3、F_4 的确定，常使用简单算术平均数、结构相对数确定各评价因素值的方法。

（1）经济性 F_1 的确定。经济性主要表现为费用（运输费、包装费、装卸费、管理费等）的节省。在运输过程中，总费用支出越少，则经济性越好。设上述4种运输方式所需费用分别为 $G(\mathrm{A})$、$G(\mathrm{B})$、$G(\mathrm{C})$、$G(\mathrm{D})$，则平均值为：

$$G = \frac{G(\mathrm{A}) + G(\mathrm{B}) + G(\mathrm{C}) + G(\mathrm{D})}{4}$$

这时，4种运输方式的经济性分别为：

$$F_1(\mathrm{A}) = \frac{G(\mathrm{A})}{G}, \quad F_1(\mathrm{B}) = \frac{G(\mathrm{B})}{G}, \quad F_1(\mathrm{C}) = \frac{G(\mathrm{C})}{G}, \quad F_1(\mathrm{D}) = \frac{G(\mathrm{D})}{G}$$

（2）迅速性 F_2 的确定。运输方式的迅速性是用从发货地到收货地所需的时间表示的。显然，其所需要时间越少，迅速性越好。设上述4种运输方式所需的天数分别为 $H(\mathrm{A})$、$H(\mathrm{B})$、$H(\mathrm{C})$、$H(\mathrm{D})$，则平均值为：

$$H = \frac{H(\mathrm{A}) + H(\mathrm{B}) + H(\mathrm{C}) + H(\mathrm{D})}{4}$$

这时，4种运输方式的迅速性分别为：

$$F_2(\mathrm{A}) = \frac{H(\mathrm{A})}{H}, \quad F_2(\mathrm{B}) = \frac{H(\mathrm{B})}{H}, \quad F_2(\mathrm{C}) = \frac{H(\mathrm{C})}{H}, \quad F_2(\mathrm{D}) = \frac{H(\mathrm{D})}{H}$$

（3）安全性 F_3 的确定。安全性通常以货物的货损、货差率来表示。货损率越低，安全性越好。设上述4种运输方式的货损率分别为 $K(\mathrm{A})$、$K(\mathrm{B})$、$K(\mathrm{C})$、$K(\mathrm{D})$，则平均值为：

$$K = \frac{K(\mathrm{A}) + K(\mathrm{B}) + K(\mathrm{C}) + K(\mathrm{D})}{4}$$

这时，4种运输方式的安全性分别为：

$$F_3(\mathrm{A}) = \frac{K(\mathrm{A})}{K}, \quad F_3(\mathrm{B}) = \frac{K(\mathrm{B})}{K}, \quad F_3(\mathrm{C}) = \frac{K(\mathrm{C})}{K}, \quad F_3(\mathrm{D}) = \frac{K(\mathrm{D})}{K}$$

（4）便利性 F_4 的确定。运输方式的便利性可根据代办运输点的经办时间与货物运到代办点的运输时间差来衡量，时间差越大，表明便利性越高。设上述4种运输方式的时间差分别为 $L(\mathrm{A})$、$L(\mathrm{B})$、$L(\mathrm{C})$、$L(\mathrm{D})$，则平均值为：

$$L = \frac{L(\mathrm{A}) + L(\mathrm{B}) + L(\mathrm{C}) + L(\mathrm{D})}{4}$$

这时，4种运输方式的便利性分别为：

$$F_4(\mathrm{A}) = \frac{L(\mathrm{A})}{L}, \quad F_4(\mathrm{B}) = \frac{L(\mathrm{B})}{L}, \quad F_4(\mathrm{C}) = \frac{L(\mathrm{C})}{L}, \quad F_4(\mathrm{D}) = \frac{L(\mathrm{D})}{L}$$

由于 F_1、F_2、F_3、F_4 的大小与其相应的表示因素呈负相关，所以可将它们取负值，使 4 种评价值得以统一，然后再进行综合评价值的计算。

关于权重大小的确定，一般要结合货物本身的特征及其他多方面因素，并尽可能吸取实际工作者或有关专家的意见。

3. 确定运输方式的综合评价值

根据上述计算的 4 种运输方式的不同评价因素的值及其权重，就可以计算出 4 种运输方式的综合评价值 F(A)、F(B)、F(C)、F(D)。其中，综合评价值最大者即为合理的运输方式。

【例 9-1】 某公司要在汽车、火车、轮船 3 种运输方式中选择一种。如果确定经济性、迅速性、安全性和便利性为影响因素，对应的评价指标分别为总费用、运输天数、货损货差率、运输与经办时间差，假定它们的权重分别为：$w_1=0.3$，$w_2=0.2$，$w_3=0.2$，$w_4=0.3$。已知各个运输方式评价指标值，总费用：汽车 5，火车 4，轮船 3；运输天数：汽车 1，火车 2，轮船 3；货损货差率：汽车 0.2，火车 0.4，轮船 0.3；运输与经办时间差：汽车 2，火车 4，轮船 6。用综合评价法确定最合理的运输方式。

【解】 根据已知条件，按照综合评价选择法的步骤，将计算结果填入表 9-2 中。

表 9-2 各评价因素的值及计算结果

F_{ij}	经济性			迅速性			安全性			便利性		
指标 G_i	总费用 G_1			运输 G_2			货损货差率 G_3			运输与经办时间差 G_4		
运输方式 j	汽车 1	火车 2	轮船 3	汽车 1	火车 2	轮船 3	汽车 1	火车 2	轮船 3	汽车 1	火车 2	轮船 3
指标值 G_{ij}	G11 5	G12 4	G13 3	G21 4	G22 5	G23 9	G31 0.2	G32 0.4	G33 0.3	G41 2	G42 4	G43 6
$\bar{G}_i=\sum G_{ij}/3$	4			6			0.3			4		
$F_{ij}=G_{ij}/G\bar{G}_i$	5/4	4/4	3/4	4/6	5/6	9/6	0.2/0.3	0.4/0.3	0.3/0.3	2/4	4/4	6/4

根据 $w_1=0.3$，$w_2=0.2$，$w_3=0.2$，$w_4=0.3$，可以计算各运输方式的综合评价值：

F_1(汽车) $=0.3\times(-5/4)+0.2\times(-4/6)+0.2\times(-0.2/0.3)+0.3\times2/4=-0.49$

F_2(火车) $=0.3\times(-4/4)+0.2\times(-5/6)+0.2\times(-0.4/0.3)+0.3\times4/4=-0.43$

F_3(轮船) $=0.3\times(-3/4)+0.2\times(-9/6)+0.2\times(-0.3/0.3)+0.3\times6/4=-0.28$

结论：轮船综合评价最好，应选择轮船运输。

（四）运输方式选择的成本比较法

定量分析常用另一种方法是成本比较法，它主要是根据不同运输方式在一定的运输环境条件下所花费的成本高低来进行评价与选择运输方式。由于不同的运输方式会影响仓储费用的高低，所以这里的成本是包括运输费用、仓储保管费用等在内的总成本。它们的关系为：总成本=运输费用+保管费用。由于运输具有储存功能，保管费用除了仓储保管费用之外，还包括运输过程中的保管费用。其计算公式为：

$$运费=货物数量\times运输单价 \tag{9-2}$$

仓储费=平均储存数量×储存单价×储存时间　　(9-3)

运输过程保管费=货物数量×储存单价×储存（运输）时间　　(9-4)

【例 9-2】 某造纸厂从工厂向距客户较近的地区仓库运货，铁路运输平均运输时间为 10 天，汽车运输时间为 7 天（节省 3 天），每节省 1 天可降低 2%的库存。铁路运输每包纸运价为 0.2 元，公路为 0.3 元，年需求量为 100000 包，每年每包纸库存费用为 6 元。若采用铁路运输，为满足需求一年需运 10 次，而公路要运 20 次。确定采用何种运输方式才能使总费用最低。

【解】 假定不考虑前端工厂库存费用。仓库平均库存量按照平均每次运输的量计算，即：

铁路运输仓库平均库存量=100000/10=10000(包)

汽车运输时间相对于铁路节省 3 天，则可降低库存 3×2%=6%，所以其库存量为(100000/20)×0.94 包。

铁路和公路运输各项费用计算见表 9-3。

表 9-3　铁路和公路运输各项费用计算

运输方式	铁　路	公　路
运输费用	0.2×100000=20000	0.3×100000=30000
仓库的存储费用	6×10000=60000	6×5000×0.94=28200
运输过程中的存储费用	6×100000×10/365≈16438	6×100000×7/365≈11507
总费用	96438	69707

通过表 9-3 可以看出，选择汽车运输更节省费用。

小贴士

除了上述的综合评价法和成本比较法，运输方式的定量分析还包括竞争因素法。在存在竞争的环境中，不能只考虑直接成本，还要考虑运输方式对库存成本、运输绩效对物流渠道成员购买选择的影响。所以在竞争激烈的环境中，相比于成本比较法，显然竞争因素法更贴合实际，但其操作性较差。

小思考

（1）什么是运输合理化，运输合理化的意义是什么？

（2）影响运输方式选择的因素有哪些？

（3）物流运输决策的主要内容有哪些？

第二节　运输路线的优化决策

运输路线的选择影响设备和人员的利用，合理的运输路线可以降低运输成本、提高运输效率。运输路线优化主要是对单一车辆从起点到终点间的行车路线进行设计和优化。优化的目标可以是行车时间最短、距离最短或运输费用最少，一般统称为最短路径问题。

一、运输路线制订的原则

（一）距离相近的客户站点聚类

车辆的运送路线应将相近的客户站点串联起来，由一辆车提供送货服务，这样才能使总的行车时间最短。如图 9-1 所示，图 9-1(a)所示客户站点串联起来运行路线较长，应尽量避免；图 9-1(b)各停留点串联起来之后，车辆运行线路较图 9-1(a)短，更为合理，是合理的划分方案。

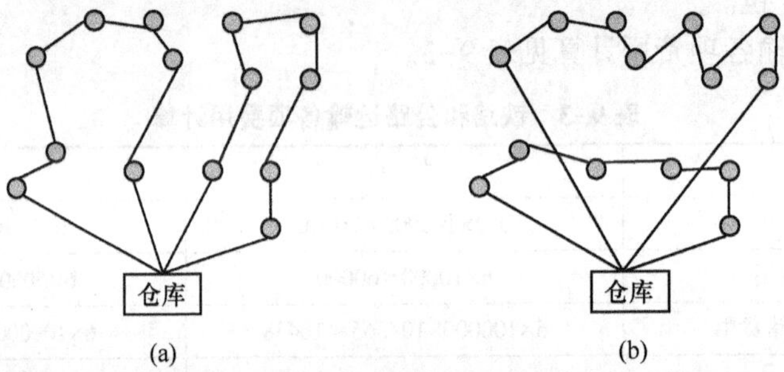

图 9-1　相邻客户串联

（二）避免交叉的行车路线

安排运货车辆的行车路线时，应避免各路线之间交叉，应该呈水滴状。如图 9-2 所示，图 9-2(a)行车路线上有一次交叉，不甚合理，应尽量避免；图 9-2(b)各停留点串联起来之后，运行路线上无交叉现象，较为合理。

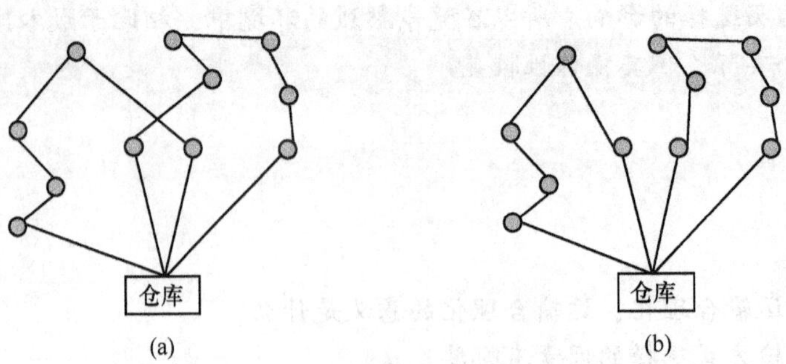

图 9-2　避免交叉的行车路线

（三）就远点开始设计路线

合理的运行路线应从离仓库最远的客户站点开始，将该集聚区的客户站点划分为一个站点群，指派一辆载货能力满足该站点群需要的车辆完成运输。之后再选择另一个最远的客户站点，划分另一个站点群，分派另一辆货车完成运输，按此程序进行下去，直至所有站点的货物都分配给运货车辆。这样可使最远集聚区的站点得以优先妥善安排车辆，以确保服务重点和难点完成。

（四）合理安排提货送货

提货应尽可能在送货过程中进行，以减少交叉路程量。提货混在送货过程中进行，需要做到合理安排，这取决于送货车辆的形状、提货量以及所提货物对车辆内后续送货通道的影响程度。

（五）选择载重量合适的车辆

在运输货物时，对聚类的站点群，最好使用一辆载重量大到能将路线上所有站点所要求运送的货物都能装载的送货车，这样可将服务各停留点的总的运行距离或时间最小化。

正确地利用上述原则能制定出满意（不一定必须是最优的）、现实、可行的合理路线和时间安排。当遇到特殊的约束条件时，在考虑上述原则的基础上，也要依靠实际的经验处理。

单一车辆的配送路线规划可分为以下两种类型，即起讫点不同的车辆路线和起讫点重合的车辆路线问题。

二、起讫点相同的路线规划

起讫点相同的运输线路问题主要是指车辆从设施点出发访问一定数量客户后又返回到原来的出发点的线路确定问题。现实生活中存在着许多类似的问题，比如某物流配送中心须把各种货物配送给某一片区的销售门店，然后返回。这也就是运筹学中常见的旅行商问题。

下面介绍几种求解方法。

（一）简单贪婪算法

当节点数较少的情况下，可用简单贪婪算法求解最佳路线，其步骤如下：

（1）第一步，选择距出发点最近的客户位置。

（2）第二步，在没有选择的位置中选择与当前已选择位置距离最近的顾客位置。

（3）第三步，如果所有位置都选了便停止，否则返回到第二步。

【例 9-3】 从配送中心 A 出发，送货到 B、C、D 三个客户需求站，任意两点间的距离见表 9-4 所示。求最佳配送路径。

表 9-4 站点至各客户的距离

距离	A	B	C	D
A	0	22	25	28
B	22	0	16	19
C	25	16	0	24
D	28	19	24	0

【解】　按上述方法求解，步骤如下：

（1）第一步，选择距出发点最近的客户位置。由于 B 点距 A 点最近，故先选择 B 点。

（2）第二步，再从剩下的位置中选距离当前已选择的位置最近的客户位置，即找出离 B 点最近的点，从表中可知这一点是 C 点。

（3）第三步，如果所有位置都被选择了，则停止；否则返回到第二步。

由于只剩下 D 点没被选择，所以 D 成为继 C 点之后的客户。然后返回 A。

这样，可求出最佳送货路线，配送顺序为：

$$A \to B \to C \to D \to A$$

$$总行驶距离 = 22+16+24+28 = 90$$

（二）节约里程法

节约里程法又称为节约算法，是指用来解决运输车辆数目不确定的车辆路径问题（VRP）的著名的启发式算法。

节约里程法的基本思路如下。

设配送中心为 P_0，N 个零售商分别是 P_1，P_2，…，P_N，已知任意两个节点 P_i 和 P_j 之间的最短距离 d_{ij}（i，$j=0$，1，2，…，N）。从配送中心为两个零售商 P_i 和 P_j 的送货路线方案有两个，即连接这两个零售商合并送货和分别向两个零售商直接送货，前者比后者节约的运输距离为：$s_{ij}=d_{0i}+d_{0j}-d_{ij}$。根据三点的位置关系，节约量 $s_{ij} \geqslant 0$。

【例 9-4】　已知配送中心 P。向 5 个用户 P 配送货物，其配送路线网络、配送中心与用户的距离以及用户之间的距离见表 9-3，路线上的数字表示两节点之间的距离。配送中心有 3 台 2 吨卡车和 2 台 4 吨卡车两种车辆可供使用。试利用节约里程法制定最优的配送方案。设卡车行驶的速度平均为 40 千米/小时，优化后的方案比单独向各用户分送可节约多少时间？

【解】　第一步，作运输里程表，列出配送中心到用户及用户间的最短距离（见表 9-5）。

表 9-5　运输里程表

需要量/吨	P_0					
1.5	8	P_1				
1.7	8	12	P_2			
0.9	6	13	4	P_3		
1.4	7	15	9	5	P_4	
2.4	10	16	18	16	12	P_5

第二步，由运输里程表，按节约里程公式，求得相应的节约里程数（见表 9-6 括号内）。

表 9-6　节约里程表

需要量/吨	P_0					
1.5	8	P_1				
1.7	8	12（4）	P_2			

续表 9-6

需要量/吨	P_0					
0.9	6	13（1）	4（10）	P_3		
1.4	7	15（0）	9（6）	5（8）	P_4	
2.4	10	16（2）	18（8）	16（0）	12（5）	P_5

第三步，将节约里程 S_{ij} 进行分类，按从小到大顺序排列（见表 9-7）。

表 9-7　节约里程排序表

序号	路线	节约里程	序号	路线	节约里程
1	P_2P_3	10	6	P_1P_5	2
2	P_3P_4	8	7	P_1P_3	1
3	P_2P_4	6	8	P_2P_5	0
4	P_4P_5	5	9	P_3P_5	0
5	P_1P_2	4	10	P_1P_4	0

第四步，确定单独送货的配送路线。

$$8+8+6+7+10=39$$

所以，得　　　　初始方案配送距离 $=39\times2=78$（千米）

第五步，根据载重量约束与节约里程大小，将各客户节点连接起来，形成二个配送路线，即 A、B 两种配送方案。

（1）配送路线 A：$P_0 \to P_2 \to P_3 \to P_4 \to P_0$

运量　　　　$q_A=q_2+q_3+q_4=1.7+0.9+1.4=4$（吨）

用一辆 4 吨车运送，节约距离　$S_A=10+8=18$（千米）

（2）配送路线 B：　　　　$P_0 \to P_1 \to P_5 \to P_0$

运量　　　　$q_B=q_5+q_1=2.4+1.5-3.9$（吨）<4 吨车

用一辆 4 吨车运送，节约距离 $S_B=2$ 千米

第六步，与初始单独送货方案相比，计算总节约里程与节约时间。

总节约里程　　　　$\Delta S=S_A+S_B=20$（千米）

与初始单独送货方案相比，可节约时间

$$\Delta T=\Delta S/V-20/40=0.5\text{（小时）}$$

（三）扫描法

扫描法是一种比较简便的确定车辆运行路线的方法，其求解所得方案的误差率在 10% 左右。在实际工作中需要快速安排运输路线的场合，所以这样的误差率通常是可以接受的。

扫描法由两个阶段组成：

第一个阶段是将停留点的货运量分配给送货车；

第二个阶段是安排停留点在路线上的顺序。

【提示】 由于扫描法是分阶段操作的，因此有些时间方面的问题，如路线上的总时间和停留点工作时间的约束等可能会难以妥善处理。

扫描法包括以下步骤：

（1）将仓库和所有的停留点位置画在地图上或坐标图上。

（2）在仓库位置放置一直尺，直尺指向任何方向均可，然后顺时针或逆时针方向转动直尺，直到直尺交到一个停留点，判断累计的装货量是否超过送货车的载重量或装载容积（首先要使用最大的送货车辆）。如果是，则将最后的停留点排除后将路线确定下来，再从这个被排除的停留点开始继续扫描，从而开始一条新的路线。这样扫描下去，直至全部的停留点都被分配到路线上。

（3）对每条运行路线安排停留点顺序，以求运行距离最小化。

三、起讫点不同的运输路线优化

当运送商品的开始地点与收货地点都不同时，对单个起点和终点的网络运输路线选择问题，在不考虑其他运输因素的情况下，一般用最短路线法求解。最短路线的度量单位可能是时间、距离或费用等。其具体求解方法主要有迭代法、标号法两种。

（一）迭代法

最初，除起点外，所有节点都被认为是未解的，即均未确定是否在选定的运输路线上。计算从起点开始，基本步骤如下：

（1）第 n 次迭代的目标。找出第 n 个距起点最近的节点（$n=1, 2, \cdots$），重复此过程，直到所找的最近节点是终点为止。

（2）第 n 次迭代的输入值。在前面的迭代过程中，找出 $n-1$ 个距起点最近的节点，及其距起点最短的路径和距离。这些节点和起点统称为已解的节点，其余的称为未解的节点。

（3）第 n 个最近节点的候选点。每个已解的节点直接和一个或多个未解的节点相连接，这些未解的节点中以最短路线连接的即是候选点。

（4）第 n 个最近节点的计算。将每个已解节点及其候选点之间的距离和从起点到该已解节点之间的距离加起来，总距离最短的候选点即是第 n 个最近的节点，也就是起点到达该点最短距离的路径。

【例 9-5】 某家运输公司签订了一项运输合同，要把 A 市的一批货物运送到 B 市。该公司根据这两个城市之间可选择的行车路线的地图，绘制了如图 9-3 所示的公路网络。图中的圆圈也称为节点，代表起点、目的地和与行车路线相交的其他城市。箭矢或称为分支，代表两个节点之间的公路，每一条公路上都标明运输里程。

图 9-3 可以看出，从 A 市出发到达 B 市，可以有很多条路线可供选择。如何选择运输路线才能使从 A 市到 B 市的总路程最短？

根据运筹学中最短路径算法，寻找最短路线，就是从最后一段开始，用由后向前逐步递推的方法求出各点到终点的最短路线，最终求得由起点到终点的最短路线。

【解】 首先，将图 9-3 的路线问题看成四个阶段的问题，由 S_1 到 S_2、S_3、S_4 为第一阶段；由 S_2、S_3、S_4 到 S_5、S_6、S_7 为第二阶段；由 S_5、S_6、S_7，到 S_8、S_9 为第三阶段；由

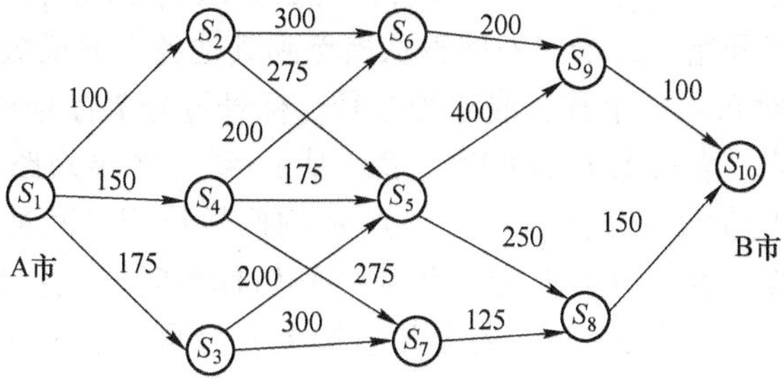

图 9-3　公路网络

S_8、S_9到 S_{10}为第四阶段。下面引进几个符号：$d(S_i,\ S_j,)$ 为 S_i 到 S_j 的距离，$f(S_i)$ 为 S_i 到终点的最短距离。

在第四阶段，目前状态可以是 S_8 或 S_9，可选择的下一状态是 S_{10}，所以有

$$f(S_8)=d(S_8,\ S_{10})=150$$
$$f(S_9)=d(S_9,\ S_{10})=100$$

在第三阶段，目前状态可以是 S_5 或 S_6 或 S_7，可以选择的下一状态为 S_8 或 S_9，所以有

$$f(S_5)=\min\begin{Bmatrix} d(S_5,\ S_8)+f(S_8) \\ d(S_5,\ S_9)+f(S_9) \end{Bmatrix}=\min\begin{Bmatrix} 250+150 \\ 400+100 \end{Bmatrix}=400$$
$$f(S_6)=d(S_6,\ S_9)+f(S_9)=200+100=300$$
$$f(S_7)=d(S_7,\ S_8)+f(S_8)=125+150=275$$

在第二阶段，目前状态可以是 S_2 或 S_3 或 S_4，可以选择的下一状态为 S_5 或 S_6 或 S_7，所以有

$$f(S_2)=\min\begin{Bmatrix} d(S_2,\ S_6)+f(S_6) \\ d(S_2,\ S_5)+f(S_5) \end{Bmatrix}=\min\begin{Bmatrix} 300+300 \\ 275+400 \end{Bmatrix}=600$$
$$f(S_4)=\min\begin{Bmatrix} d(S_4,\ S_6)+f(S_6) \\ d(S_4,\ S_5)+f(S_5) \\ d(S_4,\ S_7)+f(S_7) \end{Bmatrix}=\min\begin{Bmatrix} 200+300 \\ 175+400 \\ 275+275 \end{Bmatrix}=500$$
$$f(S_3)=\min\begin{Bmatrix} d(S_3,\ S_7)+f(S_7) \\ d(S_3,\ S_5)+f(S_5) \end{Bmatrix}=\min\begin{Bmatrix} 300+275 \\ 200+400 \end{Bmatrix}=575$$

在第一阶段，目前状态只有 S_1，可以选择的下一状态为 S_2 或 S_3 或 S_4，所以有

$$f(S_1)=\min\begin{Bmatrix} d(S_1,\ S_2)+f(S_2) \\ d(S_1,\ S_4)+f(S_4) \\ d(S_1,\ S_3)+f(S_3) \end{Bmatrix}=\min\begin{Bmatrix} 100+600 \\ 150+500 \\ 175+575 \end{Bmatrix}=650$$

通过最短路径算法计算，可知从 S_1（出发点）到 S_{10}（终点）的最短运输路程为 650 千米（权数路径距离），所走的最优路线采用“顺序追踪法”来确定。最优运输路径为 $S_1 \to S_4 \to S_6 \to S_9 \to S_{10}$。

（二）标号法

标号法也称为 Dijkstra 标号法，其计算原理是：若（v_1，v_2，v_3，…，v_{n-1}，v_n）是从

v_1到v_n的最短路径，则（v_1，v_2，v_3，…，v_{n-1}）也必是从v_1到v_{n-1}的最短路径，因此可采用标号的方法，从始点开始，逐步向外搜索从始点到其他各点的最短路径。

从始点v_1开始，给每点一个数，或称为标号。标号可分T标号与P标号两种：T为临时标号，P为固定标号。给v_j点P标号时，表示从v_1到v_j的最短路长。给v_j点一个T标号时，表示从v_1到v_j的估计最短路长。一个点v_j的标号只能是两种标号之一。若为T标号，则需要进一步修改，直到成为P标号为止。开始标号时规定：给始点v_1标上P标号为0，给其他各点都标上T标号为∞。凡是没有标上P标号的点，标以T标号，以便用来进一步计算该点的P标号。已得到P标号的点不再改变标号。一旦终点得到P标号，算法停止。

【例9-6】　在某货运公司优化路线的决策中，试设计图9-4中的仓库v到运输站点v的最短路径，并计算里程。

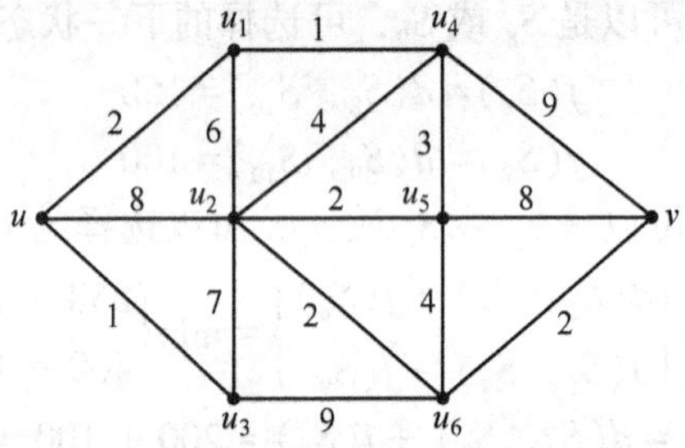

图9-4　网络示意图

【解】　(1) 从点u出发，给u标号$P(u)=0$，其余各点标号$T(u_i)=\infty$。

(2) 同点u相邻的未获得P标号的点有u_1、u_2、u_3，$\min\{d(u, u_1), d(u, u_2), d(u,u_3)\}=\min\{2, 8, 1\}=1$，故给最小值对应的点$u_3$标号$P(u_3)=1$。

(3) 同点u_3相邻的未获得P标号的点有u_2、u_6，以及同点u相邻的未获得P标号的点有u_1、u_2，$\min\{d(u, u_1), d(u, u_2), d(u_3, u_3), d(u_3, u_6)\}=\min\{2, 8, 1+7, 1+9\}=2$，故给最小值对应的点$u_1$标号$P(u_1)=2$。

(4) 同点u_1相邻的未获得P标号的点有u_2、u_4，以及同点u_3相邻的未获得P标号的点有u_2、u_6，$\min\{d(u_1、u_2), d(u_3、u_4), d(u_3、u_2), \mathrm{d}(u_3、u_6)\}=\min\{2+6, 2+1, 1+7, 1+9\}=3$，故给最小值对应的点$u_4$标号$P(u_4)=3$。

(5) 同点u_4相邻的未获得P标号的点有u_2、u_5、v，以及同点u_3相邻的未获得P标号的点有u_2和同点u_3相邻的未获得P标号的点有u_2、u_6，$\min\{d(u_1, u_2), d(u_3, u_2), d(u_3,u_6), d(u_4, u_2), d(u_4, u_5), d(u_4, v)\}=\min\{2+6, 1+7, 1+9, 3+4, 3+3, 3+9\}=6$，故给最小值对应的点$u_5$，标号$P(u_6)=6$。

(6) 同点u_5相邻的未获得P标号的点有u_2、u_6、v，以及同点u_4相邻的未获得P标号的点有u_2、v，同点u_1相邻的未获得P标号的点有u_2，同点u_3相邻的未获得P标号的点有u_2、u_6，$\min\{d(u_1, u_2), d(u_3, u_2), d(u_3, u_6), d(u_4, u_2), d(u_4, v), d(u_5, u_2), d(u_5,u_6), d(u_5, v)\}=\min\{2+6, 1+7, 1+9, 3+4, 3+9, 6+2, 6+4, 6+8\}=7$，故给最小值对应的点$u_2$标号$P(u_2)=7$。

(7) 同点u_2相邻的未获得P标号的点有u_6，以及同点u_5相邻的未获得P标号的点有

u_6、v，同点 u_4 相邻的未获得 P 标号的点有 v，同点 u_3 相邻的未获得 P 标号的点有 u_6，$\min\{d(u_3,\ u_6),\ d(u_4,\ v),\ d(u_5,\ u_6),\ d(u_5,\ v),\ d(u_2,\ u_6)\}=\min\{1+9,\ 3+9,\ 6+4,\ 6+8,\ 7+2\}=9$，故给最小值对应的点 u_6 标号 $P(u_6)=9$。

（8）同点 u_6 相邻的未获得 P 标号的点有 v，以及同点 u_5 相邻的未获得 P 标号的点有 v、同点 u_4 相邻的未获得 P 标号的点有 v，$\min\{d(u_5,\ v),\ d(u_4,\ v),\ d(u_6,\ v)\}=\min\{6+8,\ 3+9,\ 9+2\}=11$，故给最小值对应的点 v 标号 $P(v)=11$。

终点 v 得到 P 标号，算法结束。于是可知，从 u 到 v 的最短距离为 11，可导出从 u 到 v 的路径 $u\rightarrow u_1\rightarrow u_4\rightarrow u_2\rightarrow u_6\rightarrow v$ 就是最短路径。

四、最佳运输量的选择

在实际运输中，经常会遇到多个供应商给多个超市供应货物，或是把不同工厂生产的同一产品分配给不同客户的问题。这类问题的起点和终点都不唯一，称为多起讫点问题。这时的运输决策就需要合理安排供应商（或工厂）与超市（或客户）之间的运输量，并给出一种既满足客户需求又使总成本最小的运输策略。这类问题可以运用运筹学中的运输问题模型解决。

假定有 m 个产地，n 个销地：

a_i——第 i 产地的供应量，$i=1,\ 2,\ \cdots,\ m$。

B_j——第 j 销地的需求量，$j=1,\ 2,\ \cdots,\ n$。

C_{ij}——从产地 i 到销地 j 的单位运费，$i=1,\ 2,\ \cdots,\ m$；$j=1,\ 2,\ \cdots,\ n$。

x_{ij}——产地 i 到销地 j 的调运数量。

求解最佳调动方案，即求解所有 x_{ij} 的值，使总的运输费用 $\sum_{i=1}^{m}\sum_{j=1}^{n}c_{ij}x_{ij}$ 达到最少。决策变量为 x_{ij}。

则其数学模型形式为：

$$\min z=\sum_{i=1}^{m}\sum_{j=1}^{m}c_{ij}x_{ij} \tag{9-5}$$

$$\begin{cases}\sum_{i=1}^{m}x_{ij}\geqslant b_j, & j=1,\ 2,\ \cdots,\ n\\ s.t.\ \sum_{j=1}^{n}x_{ij}\leqslant a_i, & i=1,\ 2,\ \cdots,\ m\\ x_{ij}\geqslant 0, & \text{对所有的 } i,\ j\end{cases}$$

根据该问题中总需求量 $\sum_{i=1}^{m}a_i$ 与总供应量 $\sum_{j=1}^{m}b_i$ 的关系，可将运输问题分为两类：

（1）当 $\sum_{i=1}^{m}a_i=\sum_{j=1}^{m}b_i$ 时，为平衡型运输问题；

（2）当 $\sum_{i=1}^{m}a_i\neq\sum_{j=1}^{m}b_j$ 时，为不平衡型运输问题。

【例 9-7】 供需双方在协商后签订了一份供货合同，合同规定供给方向 6 个地区（记为 B_1、B_2、B_3、B_4、B_5、B_6）提供某种物资并负责物资的运输，同时规定 B_2 和 B_4 的物资只能由产地 A_1 或 A_2 调入。各地的供给量、需求量以及运价见表 9-8。求满足合同要求的最优调运方案。

表 9-8　供需关系与运价表

产地＼销地	B_1	B_2	B_3	B_4	B_5	B_6	供给量
A_1	3	5	7	9	2	8	150
A_2	1	3	2	6	4	5	180
A_3	2	2	6	3	4	6	120
需求量	70	80	40	140	60	60	450

【解】 合同要求 B_2 和 B_4 的物资只能由 A_1 和 A_2 供给，形成了 B_2、B_4 对 A_3 的封锁。将 C_{32} 和 C_{34} 改为 M（在应用计算机计算时 M 可取一个确定的数，如 M=50），根据表 9-8 所示，应用表上作业法对这个问题可得最优调运方案。

表 9-9　供需平衡表

产地＼销地	B_1	B_2	B_3	B_4	B_5	B_6	a_i
A_1	3	5	7	9	2	8	150
A_2	1	3	2	6	4	5	180
A_3	2	M	6	M	4	6	120
b_j	70	80	40	140	60	60	450

采用线性规划软件 LINGO11.0 求解，编制程序如下：

```
model:
！3 发点 6 收点运输问题；
sets:
warehouses/whl..wh 3/: capacity;
vendors/vl..v 6/: demand;
links (warehouses, vendors): cost, volume;
end sets
！目标函数；
min=@sum (links: cost * volume);
！需求约束；
@for (vendors (J):
@sum (warehouses (I): volume (I, J)) =demand (J));
！产量约束；
```

```
@for (warehouses (I):
@sum (vendors (J): volume (I, J) ) <=capacity (I) );
! 这里是数据;
data:
capacity=150 180 120;
demand = 70 80 40 140 60 60;
cost = 3  5  7  9  2  8
       1  3  2  6  4  5
       2  50  6  50  4  6
enddata
end
```

在LINGO的默认模型窗口输入以上代码，然后点击工具条上的规划求解按钮即可得出结果（见表9-10）。

表9-10 最优调动方案表

销地 / 产地	B_1	B_2	B_3	B_4	B_5	B_6
A_1	10	80			60	
A_2			40	140		0
A_3	60					60

小思考

设配送中心P_0。向7个用户P_i（$i=1, 2, \cdots, 7$）配送货物，其配送路线网络、配送中心与用户的距离以及用户之间的距离如图9-5所示，图中括号内的数字表示客户的需求量（单位：吨），线路上的数字表示两结点之间的距离（单位：千米），现配送中心有2台4吨卡车和2台6吨卡车两种车辆可供使用。则：

（1）试用节约里程法制定最优的配送方案。

（2）设配送中心在向用户配送货物过程中单位时间平均支出成本为45元，假定卡车行驶的平均速度为25千米/小时，优化后的方案比单独向各用户分送可节约多少费用？

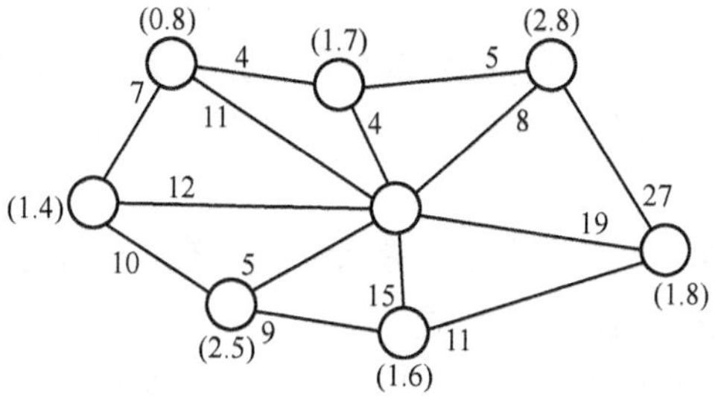

图9-5 配送网络

第三节　运输节点选址决策

一、运输节点选址的条件与原则

运输节点是企业运输系统以及运输网络的重要组成部分，节点选址则是指对物流运输网络中的运输节点（如仓库、场站、分销中心、配送中心等）的数量、位置、大小进行优化，以实现整个物流系统的效率最大化。

（一）节点选址应考虑的条件

节点选址应考虑的条件包括：

（1）客户条件。要有充足的客源或客户需求潜力，或者临近大型工业、商业企业。

（2）自然地理条件。水电畅通，基础条件好，采光照明良好。

（3）运输条件。方便运输，便于配送，运输基础设施较好，最好靠近各种运输方式的运输节点或多种运输方式的中转点，并应在交通主干道附近。

（4）用地条件。满足需求，留有余地，适当超前。最好能预留出第二期物流工程用地，地价应在能承受的投资能力内。

（5）环境条件。周围区域环保条件较好，没有或有较少的不利影响。

（6）法规制度。国家及本区域的经济发展方针、政策及相关法律有利于运输节点目前及今后的建设和发展。

小贴士

对于企业而言，运输节点的设置涉及物流系统及运输网络的构建、企业整体发展战略及规划、企业实际经济实力等诸多方面，所以节点的选址就显得尤为重要。

（二）节点选址应把握的原则

节点选址应把握的原则包括：

（1）经济性原则。节点的运输费用、运输距离影响到节点未来运营的成本及效益。节点建设也需要大量的投资，所以节点选址应坚持经济性原则，尽量做到运距短、运费少、投资节约。

（2）整体性原则。整体性原则包括两部分：一是把节点选择作为企业物流系统及运输网络的一部分进行综合性、整体性的考虑；二是站在供应链的角度考虑节点地址的选择，综合权衡费用及成本的大小。

（3）利益均衡性原则。节点的选择应考虑企业内部各个部分、合作企业等有关各方的利益，并对因节点选择而受到损害的有关方采取适当的补偿措施。

（4）协调性原则。如果所选择的节点与物流系统其他环节、供应链上下游企业间存在冲突或间隙，就会大大影响节点运营的效果及企业乃至供应链的整体竞争力，所以必须使节点与其他方面（物流、信息流、商流、资金流等）有效地协调起来。

（5）战略性原则。节点选择应符合企业整体发展战略，同时在节点建设上要有前瞻性，制定长远规划，为今后的发展留有余地。

（6）反复性原则。节点的选址及确定要经历一个定期的评价、重新选址和多次反复的过程。

二、多因素综合评价法

多因素综合评价法也称为加权评分法，是指通过分析相关条件，确定备选地点（选址方案）；再根据影响节点选址的相关因素，对待选地点进行综合分析评价并选择最优地点。

【例 9-8】 某市钢材物流节点选址的主要步骤如下：

（1）根据城市各区域产业布局的特点及城市规划，提出将 5 个地点作为该市钢材物流节点备选地址，标号为 1~5。

（2）根据各种约束条件，确定节点选址的主要影响因素为城市规划、交通条件、钢材供应商和客户分布、土地资源以及环境保护 5 个关键因素。

（3）采用专家打分法确定关键因素权重和评分标准，权重数值为 0.00~1.00，分值范围为 1~4（见表 9-11）。

表 9-11　关键影响因素权重与评分表

影响因素（评价指标）	权重 W	评价指标评分 F
城市规划	0.35	完全符合得 4 分；基本符合得 3 分；规划目标没有明确得 2 分；不符合得 1 分
交通条件	0.25	公路、铁路、机场均便捷得 4 分，占两项得 3 分，占一项得 2 分，均不具备得 1 分
钢材客户分布	0.20	客户较多且较为紧密得 4 分，客户较多但较为分散得 3 分，客户少但是较为紧密得 2 分，客户少且分散得 1 分
土地资源	0.10	土地价格较低且充足得 4 分，价格较低但空间有限得 3 分，价格高但土地充足得 2 分，价格高且空间有限得 1 分
环境保护	0.10	对环境不影响得 4 分，对环境有轻微影响得 3 分，对环境严重得 2 分，受到政府管制得 1 分
合计	1.00	—

（4）对每个备选地点进行评价打分，并计算综合评价值（见表 9-12）。

表 9-12　加权评分表

备选地址 / 影响因素 / 标号	城市规划（0.35）	交通条件（0.25）	钢材客户分布（0.20）	土地资源（0.10）	环境保护（0.10）	综合评价 M（1.00）
1	3	3	1	4	3	2.70
2	4	3	3	4	3	3.45
3	2	3	4	3	1	2.65
4	3	3	4	3	3	3.20
5	4	2	1	4	3	2.80

（5）选择最优地点。根据表 9-11，备选的 5 个地址的最佳排序顺序为：2>4>5>1>3。由此可见，标号为 2 的地点即为最佳选址方案。

三、重心法

（一）重心法的基本原理

重心法是一种定量决策方法或模型，主要是针对单一节点选址问题。单节点选址就是将一新节点布置到一个与现存运输节点有关的二维空间中去。重心法是一种模拟方法，其基本原理是：将现有的各个供应点（资源点）或需求点（用户点）看成是分布在某一平面内的物流运输系统的节点，它们的资源数量可以看成是这些节点的重量，然后利用求几何重心的方法来找到距现有节点的距离、供应量、运输费率之积总和为最小的节点，以此来确定物流系统的重心，即新的运输节点的最佳位置。

（二）重心法的应用

重心法一般有如下假设：

（1）需求量往往被聚集在一定数量的点上，每个点代表分散在一定区域内的众多客户的需求总量。

（2）忽略不同地点选址可能产生的固定资产构建、劳动力成本、库存成本等成本差异。

（3）运输费率的线性假设。

（4）直线运输假设。

（5）静态选址假设，即往往不考虑未来的收益与成本的变化。

如果用 P_i（x_i，y_i）表示现有节点（或各供应点）的位置（$i=1, 2, \cdots, n$），w_i 表示第 i 个节点的运量，c_i 表示各节点的运输费率；令 P_0（x_0，y_0）表示新节点的位置，如图 9-6 所示。

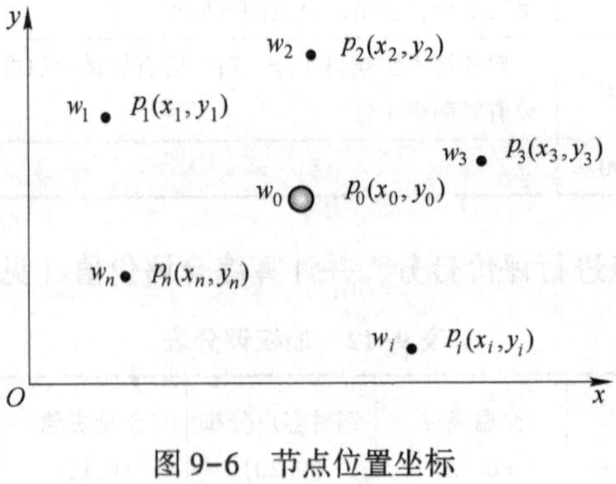

图 9-6　节点位置坐标

则根据重心法有：

$$\begin{cases} \sum_{i=1}^{n} x_i w_i c_i = x_0 \sum_{i=1}^{n} w_i c_i \\ \sum_{i=1}^{n} y_i w_i c_i = y_0 \sum_{i=1}^{n} w_i c_i \end{cases}$$

解，得：

$$\begin{cases} x_0 = \dfrac{\sum\limits_{i=1}^{n} x_i w_i c_i}{\sum\limits_{i=1}^{n} w_i c_i} \\ y_0 = \dfrac{\sum\limits_{i=1}^{n} x_i w_i c_i}{\sum\limits_{i=1}^{n} w_i c_i} \end{cases} \tag{9-6}$$

若各供应点的运输费率都相等，则有：

$$\begin{cases} x_0 = \dfrac{\sum\limits_{i=1}^{n} x_i w_i}{\sum\limits_{i=1}^{n} w_i} \\ y_0 = \dfrac{\sum\limits_{i=1}^{n} x_i w_i}{\sum\limits_{i=1}^{n} w_i} \end{cases} \tag{9-7}$$

式（9-6）和式（9-7）就是用重心法求得新运输节点位置的计算公式。

四、成本分析法

成本分析法是在已经具有一个运输节点位置选择集的前提下，以物流系统的总成本最小为目标，通过简单的财务计算，比较选择最佳位置。

该方法假设有 n 个供给点，分别具有运输量（w_1，w_2，…，w_n），已经用一定准则得到 m 个待选位置（P_1，P_2，…，P_m）。如果每吨每公里的运费都为 c，其余运输条件相同，则各待选点到供给点的距离用矩阵

$$D = (d_{ij}) = \begin{pmatrix} d_{11} & d_{12} & d_{1n} \\ d_{21} & d_{22} & d_{2n} \\ \vdots & \vdots & \vdots \\ d_{m1} & d_{m2} & d_{mn} \end{pmatrix}$$

表示。其中，d_{ij}表示第 i 个待选点到第 j 个供给点的距离，则每个待选点位置的总费用为：

$$C_i = \sum_{j=1}^{n} d_{ij} c w_j \quad (i = 1,\ 2,\ \cdots,\ m;\ j = 1,\ 2,\ \cdots,\ n) \tag{9-8}$$

计算出各个待选点的总费用，总运输成本最小的点即为新节点的最佳选址。

【提示】 重心法和成本分析法简单易行，在研究待选点位置的早期得到广泛的应用，但由于它们是用简化和抽象的数学模型模拟，所以与实际情况差距较大，还存在许多的局限性。

小思考

某物流园区每年需要从 P_1 地运来水果，从 P_2 地运来蔬菜，从 P_3 地运来乳制品，从 P_4 地运来日用百货，各地与某城市中心的距离和每年的货物运量见表 9-13。假设各地运输费率相等。若建一物流中心，请用一般重心法确定其最佳位置。

表 9-13 各地距城市中心距离和运量表

货物供应地及其坐标	P_1		P_2		P_3		P_4	
	x_1	y_1	x_2	y_2	x_3	y_3	x_4	y_4
距城市中心的坐标距离/km	30	80	70	70	30	30	60	30
年运输量/t	2200		1800		1500		2500	

案例分析

案例 1 家用电器产品运输方式选择决策实例分析

广东某大型家用电器（电冰箱）制造企业，其销售网络遍及全国。其绝大部分产品是销往位于其北部的各个省份，而通往北方市场的交通主要是公路和铁路，没有较好的直达内陆水路。因此，对于电冰箱这类形体比较大、单价不是很贵重的电器产品，从对各种运输方式综合特征评价分析中可以知道，不太适合航空运输，所以较多采用公路或铁路运输，并且这也是比较好的选择。假如有两批货物各有 160 台电冰箱（合一火车车皮装载量）将分别运往北京和南昌，有关数据见表 9-14 和表 9-15。需要决策这两批货应分别采用什么运输方式比较好。

表 9-14 产品从工厂发运到南昌的费用及时间情况表

运输方式	运价	装卸次数	装卸费/元 · 台$^{-1}$	时间/天
公路	29 元/台	2	1	1
铁路	7795 元/车皮	4	1	2

表 9-15 产品从工厂发运到北京的费用及时间情况表

运输方式	运价	装卸次数	装卸费/元 · 台$^{-1}$	时间/天
公路	57 元/台	2	1	2
铁路	11627 元/车皮	4	1	4

注：铁路运输按每车皮装载 160 台电冰箱计算，以上数据参考了该企业历史数据。

（资料来源：郑宁主编：《物流运输管理》，上海财经大学出版社 2019 版，第 194 页）

案例思考题：

试分析该家用电器企业的运输决策。

案例 2　广州宝洁公司对运输方式的选择

宝洁（P&G）中国有限公司在广州黄埔工厂生产的产品要分销到中国内地的全市场区域。宝洁公司为这个分销网络设计了一个配套的物流网络，其中运输是这个物流网络中的主要业务之一。

北京是宝洁公司在北方的一个区域配送中心所在地，商品从广州黄埔工厂到北京（宝洁）区域配送中心的运输可以采用公路、铁路、航空，也可以将以上几种方式进行组合，不同的商品品种可以采取不同的运输方式。

宝洁公司的物流目标是：保证北方市场的销售，尽量降低库存水平，降低物流的系统总成本。宝洁公司对市场销售需求和降低成本的目标要求进行了权衡和协调，最后确定了运输成本目标，在锁定的运输目标成本的前提下，宝洁公司要在铁路、公路和航空运输方式之间进行选择。

铁路运输能够为宝洁公司大批量的运送商品，同时由于铁路运价"递远递减"，从广州到北京采用铁路运输的运价是比较合算的，还有铁路能提供全天候的运输服务等，但是铁路部门致命的弱点就是手续复杂，影响办事效率，运作机制缺乏灵活性，采用铁路运输时，两端还需要公路运输配套，增加了装卸搬运环节和相关的费用，这样使铁路的待运期增加，另外，铁路部门提供的服务与宝洁公司的要求有不少差距。

如果采用公路运输，宝洁公司将需要大批的卡车为它服务，在绵延 1000 多千米的京广公路运输线上的宝洁货运车队遇到的风险明显比铁路运输要大得多，同时，卡车运输的准时性、商品的破损率等都不会比铁路运输有优势，再有，超过 1000 千米的距离采用公路运输，从运输成本上来说是不合算的。但是公路运输的最大优势是机动灵活，手续简便，如果气候条件好，卡车能够日夜兼程，在途时间还比铁路运输短。这样从总体上来说，采用公路运输还是比铁路运输合算。

如果采用航空运输，虽然在运输速度上比铁路运输和公路运输都快，可以为企业带来时间上的竞争优势，但是航空运输的成本要远远大于另外两种运输方式。鉴于以上几种运输方式各自存在利弊，其运输成本也各不相同，为此，企业在运输方式之间进行权衡和选择是非常重要的。

（资料来源：袁伯友主编：《物流运输组织与管理》，电子工业出版社 2018 版，274 页）

案例思考题：

请分析，该公司应如何选择运输方式？

第十章　物流运输成本管理

WULIU YUNSHU CHENGBEN GUANLI

【学习目标】

（1）理解物流运输成本的含义与构成；

（2）掌握运输费用计算规则；

（3）掌握各种运输方式成本的计算。

引导案例

沃尔玛物流运输成本控制

沃尔玛公司是世界上最大的商业零售企业，在物流运营过程中，尽可能地降低成本是其经营的哲学。沃尔玛有时采用空运，有时采用船运，还有一些货物采用卡车公路运输。在中国，沃尔玛百分之百采用公路运输，所以如何降低卡车运输成本，是沃尔玛物流管理面临的一个重要问题。为此他们主要采取了以下措施：

（1）沃尔玛使用一种尽可能大的卡车，大约有16米加长的货柜，比集装箱运输卡车更长或更高。沃尔玛把卡车装得非常满，产品从车厢的底部一直装到最高，这样非常有助于节约成本。

（2）沃尔玛的车辆都是自有的，司机也是其员工。沃尔玛的车队大约有5000名非司机员工，还有3700多名司机，车队每周每一次运输可以达7000~8000千米。沃尔玛知道，卡车运输是比较危险的，有可能会出交通事故。因此，对于运输车队来说，保证安全是节约成本最重要的环节。沃尔玛的口号是"安全第一，礼貌第一"，而不是"速度第一"。在运输过程中，每位卡车司机都严格遵守交通规则。沃尔玛定期在公路上对运输车队进行调查，卡车上面都带有公司的号码，如果看到司机违章驾驶，调查人员就可以根据车上的号码报告，以便于进行惩处。沃尔玛认为，卡车不出事故，就是节省公司的费用，就是最大限度地降低物流成本。由于狠抓了安全驾驶，运输车队已经创造了300万千米无事故的纪录。

（3）沃尔玛采用全球定位系统对车辆进行定位，因此在任何时候，调度中心都可以知道这些车辆在什么地方，离商店有多远，还需要多长时间才能运到商店，这种估算可以精确到小时。沃尔玛知道卡车在哪里，商品在哪里，就可以提高整个物流系统的效率，有助于降低成本。

（4）沃尔玛的连锁商场的物流部门24小时进行工作，无论白天或晚上，都能为卡车及时卸货。另外，沃尔玛的运输车队利用夜间进行从出发地到目的地的运输，从而做到了当日下午进行集货，夜间进行异地运输，翌日上午即可送货上门，保证在15~18个小时内完成整个运输过程。这是沃尔玛在速度上取得优势的重要措施。

（5）沃尔玛的卡车把产品运到商场后，商场可以把它整个地卸下来，而不用对每个产品逐个检查，这样就可以节省很多时间和精力，加快了沃尔玛物流的循环过程，从而降低了成本。这里有一个非常重要的先决条件，就是沃尔玛的物流系统能够确保商场所得到的产品是与发货单完全一致的产品。

（6）沃尔玛的运输成本比供货厂商自己运输产品要低，所以厂商也使用沃尔玛的卡车来运输货物，从而做到了把产品从工厂直接运送到商场，大大节省了产品流通过程中的仓储成本和转运成本。

沃尔玛的集中配送中心把上述措施有机地组合在一起，做出了一个最经济合理的安排，从而使沃尔玛的运输车队能以最低的成本高效率地运行。当然，这些措施的背后包含了许多艰辛和汗水，相信我国的本土企业也能从中得到启发，创造出沃尔玛式的奇迹来。

（资料来源：万联网，info. 10000link. com）

讨论：沃尔玛运输成本控制的主要途径和方法是什么？

第一节　运输成本概述

一、运输成本的构成

运输成本是指企业对原材料、在制品以及成品的所有运输活动所造成的各种消耗和费用，包括直接费用和间接费用。运输成本是运输企业确定运价、收取运输费用的基本依据。通常运输成本包括以下几种。

（一）可变成本与固定成本

可变成本是指随着行驶里程变动或运输量而变动的成本，它是可以预计的，并与某种层次的活动直接有关。可变成本只有在运输工具未投入营运时才有可能避免，所以这就要求除特殊情况外，运输费率至少能够弥补可变成本。可变成本包括与承运人运输每一票货物有关的直接费用、装卸成本、取货和送货成本、设备维修保养费用等。

固定成本是指在一定的运量范围之内与行驶里程和运量无关的相对固定的成本支出。对于运输公司来说，固定成本构成中一般包括获得运输权的成本、维护成本、承运人管理成本以及端点站、通道、信息系统和运输工具等费用。

（二）共同成本与联合成本

共同成本是承运人代表所有的托运人或某个分市场的托运人所支付的费用。共同成本（诸如端点站或管理部门之类的费用）具有企业一般管理费用的特征，通常是按照活动水平，如装运处理（如递送约定）的数目等分摊给托运人来承担。但是，用这种方式来分摊企业的一般管理费也有可能会发展为不正确的成本分配。

联合成本是指决定提供某种特定的运输服务而产生的不可避免的费用。例如，当承运人决定拖一卡车的货物从地点 A 运往地点 B 时，就意味着这项决定中已产生了从地点 B 至地点 A 的回程运输的“联合”成本。这种联合成本要么由最初从地点 A 到地点 B 的运输弥补，要么找一位有回程货的托运人以得到弥补。联合成本对于运输收费有很大的影响，因为承运人索要的运价中必须包括隐含的联合成本，其确定要考虑托运人有无适当的回程货，或者这种回程运输由原先的托运人来弥补。

二、不同运输方式的成本特征

（一）公路运输

按各类营运费用在汽车运输生产活动中的不同用途，营运费用可分为营运成本和期间费用两大类。

1. 营运成本

营运成本是指企业在运输生产过程中实际发生的，与运输、装卸和其他业务等营运生产直接相关的各项支出。其包括：

(1) 人工费。人工费包括企业直接从事汽车运输营运生产活动的人员工资、福利费、奖金、津贴和补贴等。

(2) 材料费。材料费包括企业在汽车运输营运生产活动中实际消耗的各种燃料、材料、备品备件、轮胎、专有工器具、动力照明、低值易耗品等支出。

(3) 其他费用。除人工费和材料费以外的应直接或间接计入营运成本的各项费用统归其他费用，其主要包括企业在汽车运输营运生产活动中发生的一系列费用。比如固定资产折旧费、修理费等。

2. 期间费用

期间费用是指企业为组织管理运输生产活动而发生在会计期间内的管理费用和财务费用。期间费用不计人营运成本，应当直接计入当期损益，以便于及时结算各期损益，净化营运成本的内容。

管理费用是指企业行政管理部门为管理和组织营运生产活动而发生的各项费用。比如业务招待费、广告费等。财务费用是企业为筹集资金而发生的各项费用，包括汽车运输企业在营运期间发生的各项费用，比如借款利息、汇兑损益、金融机构手续费、以筹集资金发生的其他财务费用等。

【提示】公路运输成本构成的特征是具有较高的可变成本和较低的固定成本。公路运输成本的大部分属于可变成本，其中燃油费、路程费、修理费三项就占到总成本的一半以上，所以其可变成本较高。公路运输使用的公路大多为公共投资，公路运输企业对车站的投资也比较少，所以其固定成本较低。

（二）铁路运输

铁路运输企业生产经营过程中的各种耗费按其经济用途和性质分为营运成本、管理费用、财务费用，它们共同构成营业支出，而营业支出和营业外支出又构成运输支出。

1. 营运成本

营运成本是指铁路运输企业经营生产过程中实际发生的与营运生产直接相关的支出，如：职工（从事营运生产活动的人员）工资、福利费；运输设备所消耗的材料、燃料及其他费用等。

2. 管理费用

管理费用是指企业行政管理部门为管理和组织运输生产所发生的各项费用以及属于管理费用性质的支出，如：管理部门人员的工资、奖金；机关办公差旅费、劳动保护费等。

3. 财务费用

财务费用是指企业为筹集资金而发生的各项费用，如：企业经营发生的利息支出、汇兑净损益；调剂外汇手续费、金融机构手续费以及筹资发生的其他财务费等。

4. 铁路运输成本费用核算

铁路运输企业为了提高成本管理水平和经济效益，实行铁路“客运、货运、路网分账核算”，要求铁路客运、货运、路网之间以及其他经营主体之间相互提供产品或劳务，实行付费制度，进行全成本核算。客运、货运、路网之间实行的付费项目主要有：客货运输使用线路支付的线路使用费，客货运送旅客支付的车站旅客服务费，客货运输使用机车等移动设备支付的使用或租用费，以及客货运输使用电力接触网支付的电力接触网使用费。

（三）水路运输

1. 水路运输成本的类别

水路运输成本按其特性划分，主要分为：

（1）固定成本。固定成本包括折旧、摊销和一般费用。

（2）变动成本。变动成本主要包括航线运营成本、运营租金和维修费等。

若按支出范围划分，水路运输成本又可分为：

（1）资本成本。资本成本是指企业为置备固定资产或所持有的船只支付的费用，其中还要包括船只相关利息及税费。

（2）船舶经营成本。船舶经营成本主要是指船舶在适航状态下，航运企业所必需的费用支出，主要包括船舶的折旧费用、船员薪酬、保险费用、维修费用、物料和装备费用、管理费。

（3）航次成本。航次成本是指为某个航次运输货物所产生的相关费用，主要包括燃料费、港口使费。

2. 水路运输成本的特点

水路运输成本的特点是高变动成本、低固定成本。一般来说，大自然提供了航道，水运企业则不必自己投资建设运营线路，而且航道的维护、改善和管理一般都由政府负责，水运企业只有在使用政府提供的基础设施时支付相应的使用费即可，如船闸费、港口费等，这些费用与运量直接相关，所以水路运输的变动成本较高。一般承运人的总成本中，80%以上是变动成本，20%以下是固定成本。

小贴士

水路运输成本除主要取决于货运量的大小外，大型船舶的始发和终到作业费占运输货运成本的比例也较高，所以运距的长短对水路运输成本影响较大。运距越长，则平均成本越能大幅下降。此外，货物种类、船舶类型、运营工作质量、通航期的长短、保证通航的深度、运输方向（顺流或逆流）、水流速度等都不同程度地影响水路运输成本。一般来说，由于海运平均运距较长，所以海运平均成本大大低于其他运输方式。

（四）航空运输

1. 航空运输成本的构成

一般来说，航空运输的固定成本包括保险费、飞机大修费、员工基本工资、高价周转件摊销等。变动成本包括燃油消耗费用、飞机维修费、飞机津贴补助费、飞机起降服务费、进近指挥费和航路费等。

在我国民航业会计准则中，狭义的航空公司成本主要是指运营成本，其可以分为直接运营成本和间接运营成本两大部分。其中，直接运营成本包括飞行运营成本（包括油料费、机组人员和乘务的薪资费用、国内外机场起降服务费、停机费用、航路导航费、飞机保险费等与飞机运营直接相关的各项支出）、高价周转件摊销和飞机维修成本、飞机发动机的折旧费用和其他费用（为旅客提供餐饮供应的成本、客舱服务费、飞行训练费、行李损坏丢失赔偿的损失等可直接划分到某种机型机号的成本费用）；间接运营成本包括薪资费用、折旧费、保险费、地面运输费、租赁费等不能直接计入机型、机号，需按照一定标准分摊的成本。广义的航空公司成本除运营成本外，还包括期间费用，如管理费用、销售费用和财务费用等。

2. 航空运输成本的特点

航空运输成本构成具有低变动成本和高固定成本的特征。一般来说，航空运输成本中40%是变动成本，60%是固定成本。固定成本之所以比较高，主要是因为航空公司使用的飞机价值非常昂贵，因此，规模经济对航空运输成本的影响非常大。航空运输成本主要取决于飞机类型、载重量及其利用率。机型先进、载重量大、利用率高，则航空公司运输成本就低；反之，成本就高。

（五）管道运输

管道运输与铁路运输的成本特征基本一致，具有固定成本高、可变成本较低的特点。运输管道、泵站和气泵设备等形成的固定成本再加上其他成本使得管道的固定成本与总成本的比例是所有运输方式中最高的。管道运输的运量必须非常大，才能摊薄固定成本。可变成本主要包括运送产品的动力和与泵站经营相关的成本。

小思考

（1）通常情况下，运输成本可根据成本的特性划分为哪几部分？

（2）试述不同运输方式的成本特征。

第二节　公路货物运输成本计算

一、公路货物运输计价标准

（一）计费重量

计费重量标准为：

（1）计量单位。整批货物运输以吨为单位；零担货物运输以千克为单位；集装箱运输以箱为单位。

（2）重量确定。一般货物按毛重计算；整批货物吨以下计至100千克，尾数不足100千克的，四舍五入；零担货物起码计费重量为1千克，重量在1千克以上，尾数不足1千克的，四舍五入；零担运输轻泡货物以货物包装最长、最宽、最高部位尺寸计算体积，按每立方米折合 333 千克计算重量。

(3) 包车运输按车辆的标记吨位计算。

(4) 散装货物按体积由各省、自治区、直辖市统一规定的重量换算标准计算重量。

(二) 计费里程

货物运输计费里程以千米为单位，尾数不足 1 千米的，进整为 1 千米。

(三) 计时包车货运计费时间

计时包车货运计费时间以小时为单位。起码计费时间为 4 小时；使用时间超过 4 小时，按实际包用时间计算。整日包车，每日按 8 小时计算；使用时间超过 8 小时，按实际使用时间计算。时间尾数不足半小时舍去，达到半小时进整为 1 小时。

(四) 运价单位

整批运输：元/(吨·千米)；零担运输：元/(千克·千米)；集装箱运输：元/(箱·千米)；包车运输：元/(吨位·小时)。

小贴士

运价是运输企业对特定货物所提供运输服务的价格，是运输服务价值的货币表现。运费则是承运人根据运输契约完成货物运输而向托运人收取的报酬，或者是托运人购买运输服务产品所支付的费用。运费（F）与运价（R）基本关系的数学表达式为：

$$F=RX$$

其中，X 可以为运距、运量或运距运量共同作用下的值。

二、货物运价价目

(一) 基本运价

整批货物基本运价是指整批普通货物在等级公路上运输的每吨千米运价；零担货物基本运价是指零担普通货物在等级公路上运输的每千克千米运价；集装箱基本运价是指各类标准集装箱重箱在等级公路上运输的每箱千米运价。

(二) 吨（箱）次费

1. 吨次费

对整批货物运输在计算运费的同时，按货物重量加收吨次费。

2. 箱次费

对汽车集装箱运输在计算运费的同时，加收箱次费。箱次费按不同箱型分别确定。

(三) 普通货物运价

普通货物实行等级计价，以一等货物为基础，二等货物加成 15%，三等货物加成 30%。

（四）特种货物运价

1. 长大笨重货物运价

一级长大笨重货物在整批货物基本运价的基础上加成40%~60%；二级长大笨重货物在整批货物基本运价的基础上加成60%~80%。

2. 危险货物运价

一级危险货物在整批（零担）货物基本运价的基础上加成60%~80%；二级危险货物在整批（零担）货物基本运价的基础上加成40%~60%。

3. 贵重、鲜活货物运价

贵重、鲜活货物在整批（零担）货物基本运价的基础上加成40%~60%。

（五）特种车辆运价

按车辆的不同用途，在基本运价的基础上加成计算；特种车辆运价和特种货物运价两个价目不准同时加成使用。

（六）非等级公路货运运价

非等级公路货物运价在整批（零担）货物基本运价的基础上加成10%~20%。

（七）快速货运运价

快速货运运价按计价类别在相应运价的基础上加成计算。

（八）集装箱运价

1. 标准集装箱运价

标准集装箱重箱运价按照不同规格的箱型的基本运价执行，标准集装箱空箱运价在标准集装箱重箱运价的基础上减成计算。

2. 非标准箱运价

非标准箱重箱运价按照不同规格的箱型，在标准集装箱基本运价的基础上加成计算，非标准集装箱空箱运价在非标准集装箱重箱运价的基础上减成计算。

3. 特种箱运价

特种箱运价在箱型基本运价的基础上按装载不同特种货物的加成幅度加成计算。

（九）出入境汽车货物运价

出入境汽车货物运价按双边或多边出入境汽车运输协定，由两国或多国政府主管机关协商确定。

三、货物运输其他收费

（一）调车费

应托运人要求，车辆调往外省、自治区、直辖市或调离驻地临时外出驻点参加营运，调车往返空驶者，可按全程往返空驶里程、车辆标记吨位和调出省基本运价的50%计收调车费。

（二）延滞费

发生下列情况，应按计时运价的40%核收延滞费：

（1）因托运人或收货人责任引起的超过装卸时间定额。

（2）应托运人要求运输特种或专项货物需要对车辆设备改装、拆卸和清理延误的时间。

（3）因托运人或收货人造成不能及时装箱、卸箱、掏箱、拆箱、冷藏箱预冷等。

由托运人或收、发货人责任造成的车辆在国外停留延滞时间延滞费，按计时包车运价的60%~80%核收。

因承运人责任引起货物运输期限延误，应根据合同规定，按延滞费标准，由承运人向托运人支付违约金。

（三）装货（箱）落空损失费

应托运人要求，车辆开至约定地点装货（箱）落空造成的往返空驶里程，按其运价的50%计收装货（箱）落空损失费。

（四）道路阻塞停运费

汽车货物运输过程中，如果发生自然灾害等不可抗力造成的道路阻滞，无法完成全程运输时，则需要就近卸存、接运时，卸存、接运费用由托运人负担。已完运程收取运费；未完运程不收运费；托运人要求回运，回程运费减半；应托运人要求绕道行驶或改变到达地点时，运费按实际行驶里程核收。

（五）车辆处置费

应托运人要求，运输特种货物、非标准箱等需要对车辆改装、拆卸和清理所发生的工料费用，均由托运人负担。

（六）车辆通行费

车辆通过收费公路、渡口、桥梁、隧道等发生的收费，均由托运人负担。

（七）运输变更手续费

托运人要求取消或变更货物托运手续，应核收变更手续费。因变更运输，承运人已发生的有关费用，应由托运人负担。

四、货物运费计算

（一）整批货物运费计算

整批货物运费的计算公式为：

$$整批货物运费 = 吨次费 \times 计费重量 + 整批货物运价 \times 计费重量 \times 计费里程 + 货物运输其他费用 \quad (10-1)$$

（二）零担货物运费计算

零担货物运费的计算公式为：

$$零担货物运费=计费重量\times计费里程\times零担货物运价+货物运输其他费用 \quad (10-2)$$

（三）集装箱运费计算

重(空)集装箱运费的计算公式为：

$$重(空)集装箱运费 = 重(空)箱运价 \times 计费箱数 \times 计费里程十箱次费 \times 计费箱数 + 货物运输其他费用 \quad (10-3)$$

（四）计时包车运费计算

包车运费的计算公式为：

$$包车运费=包车运价\times包用车辆吨位\times计费时间+货物运输其他费用$$

五、公路运输成本计算

【例 10-1】 某货主托运一批瓷砖，重 4538 千克，承运人公布的一级普货费率为 1.2 元/(吨·千米)，吨次费为 16 元/吨，该批货物运输距离为 36 千米，瓷砖为普货三级，计价加成 30%，途中通行收费 35 元。货主应支付运费多少？

【解】（1）瓷砖重 4538 千克，超过 3 吨按整车办理，计费重量为 4.5 吨。

（2）瓷砖为三级普货，计价加成 30%，则

$$运价=1.2\times(1+30\%) = 1.56 \ [元/(吨\cdot千米)]$$

综上所述　　运费 = 16×4.5+1.56×4.5×36+35 = 359.72-360（元）

【例 10-2】 某市大市场的货主托运一批日用百货，重 5123 千克，承运人公布的费率为 1.2 元/(吨·千米)，吨次费为 13 元/吨，该批货物运输距离为 330 千米，途中通行收费 165 元，货主应支付运费多少？（一般货物：无论整批、零担货物计费重量均按毛重计算。整批货物吨以下计至 100 千克。尾数不足 100 千克，四舍五入）

该公司的收费标准：

（1）当运输距离 $S>300$ 千米时：货重 $W<2$ 吨时，按 98%收费；$2\leqslant W<4$ 吨时，按 96%收费；$4\leqslant W<6$ 吨时，按 94%收费；$W\geqslant6$ 时，按 92%收费。

（2）当运输距离 $S<300$ 千米时：货重 $W<2$ 吨时，按 100%收费；$2\leqslant W<4$ 吨时，按 98%收费；$4\leqslant W<6$ 吨时，按 96%收费；$W\geqslant6$ 时，按 94%收费。

问题：列出计算公式，写出计算步骤及结果。

【解】（1）日用百货是普通货物中的二等货物（普通货物实行分等计价，以一等货物为基础，二等货物加成 15%，三等货物加成 30%）。货重 5123 千克，计为 5100 千克。

（2）该批货物运输距离为 330 千米，参照收费标准（1）的第三款，按 94%收费。则该批货物最终运价为

$$1.2 元/(吨\cdot千米) \times94\%$$

（3）整批货物运费计算公式为：

整批货物运费 = 吨次费 × 计费重量（台班费）+ 整批货物运价 × 计费重量 × 计费里程 + 货物运输其他费用
= 13 元/吨 × 5.1 吨 + 1.2 元/（吨·千米）× 94% × 5.1 吨 × 330 千米 + 165 元
= 66.3 元 + 2019.6 元 × 94% + 165 元
= 2129.72 元

小思考

长沙南湖建材批发市场张某托运一批瓷砖，重 4538 千克，承运人公布的一级普货费率为 1.2 元/吨千米，吨次费为 16 元/吨，该批货物运输距离为 360 千米，瓷砖为普货三级，计价加成 30%，途中通行收费 145 元，计算货主应支付运费多少元？（整批吨以下计至 100 千克，零担起码计费重量为 1 千克，零担轻泡货物按每立方米折合 333 千克）。

问题：写出基本计算公式、计算步骤及结果。

第三节　铁路货物运输成本计算

一、运费的计算

铁路货物运输费用是对铁路运输企业所提供的各项生产服务消耗的补偿，包括车站费用、运行费用、服务费用和额外占用铁路设备的费用等。在铁路货运运费核收工作中，铁路工作人员按以下步骤操作计算最终运费：

（1）按“货物运价里程表”计算出发站至到站的运价里程。

（2）根据货物运单上填写的货物名称查找“铁路货物运输品名分类与代码表”“铁路货物运输品名检查表”，确定适用的运价号。

（3）整车、零担货物按货物适用的运价号，集装箱货物根据箱型、冷藏车货物根据车种分别在“铁路货物运价率表”中查出适用的运价率（即基价 1 和基价 2，以下同，见表 10-1）。

表 10-1　铁路货物运价表

办理类别	运价号	基价 1		基价 2	
		单位	标准	单位	标准
整车	1	元/吨	5.60	元/（吨·千米）	0.0308
	2	元/吨	6.30	元/（吨·千米）	0.0349
	3	元/吨	7.40	元/（吨·千米）	0.0405
	4	元/吨	9.30	元/（吨·千米）	0.0454
	5	元/吨	10.10	元/（吨·千米）	0.0511
	6	元/吨	14.60	元/（吨·千米）	0.0724
	7	—	—	元/（轴·千米）	0.1165

续表 10-1

办理类别	运价号	基价 1		基价 2	
		单位	标准	单位	标准
整车	冰保	元/吨	9.20	元/(吨·千米)	0.0526
	机保	元/吨	11.20	元/(吨·千米)	0.0750
零担	21	元/10 千克	0.115	元/(10 千克·千米)	0.00052
	22	元/10 千克	0.165	元/(10 千克·千米)	0.00072
集装箱	1 吨箱	元/箱	10.0	元/(箱·千米)	0.0348
	10 吨箱	元/箱	118.5	元/(箱·千米)	0.4402
	20 英尺箱	元/箱	215.0	元/(箱·千米)	0.9674
	40 英尺箱	元/箱	423.0	元/(箱·千米)	1.5184

(4) 货物适用的基价 1 加上基价 2 与货物的运价里程相乘之积后，再与按本规则确定的计费重量（集装箱为箱数）相乘，计算出运费。

综上得出铁路货物运费计算公式为：

运费 =（基价 1 + 基价 2 × 运价里程）×（1 + 加减成率）× 计费重量 （10-4）

其中，

整车货物每吨运价=基价 1+基价 2×运价里程

零担货物每 10 千克运价=基价 1+基价 2×运价里程

集装箱货物每箱运价=基价 1+基价 2×运价里程

整车农用化肥基价 1 为 4.20 元/吨、基价 2 为 0.0257 元/(吨·千米)。

二、铁路运费计算的相关规定

（一）货车容许载重的规定

货车的容许载重量包括货车标记载重量、允许增载量以及《铁路货物运输规程》第 26 条规定条件的可以多装的 2%的重量。

（二）铁路运费尾数的规定

每项运费、杂费的尾数不足一角时按四舍五入处理。

（三）铁路运费单位的规定

各项杂费凡不满一个计算单位，均按一个计算单位计算。

（四）铁路起码费用的规定

零担货物的起码运费每批 2.00 元。

（五）铁路保价费用的规定

货物保价费尾数不足一角时，按四舍五入处理。货物保价费每批起码额零担、集装箱为 5 角，整车为 2 元。

（六）铁路建设基金的规定

铁路建设基金按国铁正式营业线和实行统一运价运营临管线的运价里程合并计算。

铁路建设基金的计算公式为：

建设基金=费率×计费重量（箱数或轴数）×运价里程　　(10-5)

铁路建设基金费率表见表 10-2。

表 10-2　铁路建设基金费率表

种　类			计费单位	费率
整车货物			元/(吨·千米)	0.033
零担货物			元/(10 千克·千米)	0.000883
集装箱	铁路集装箱	1 吨箱	元/(箱·千米)	0.0198
		5~6 吨箱（已取消）	元/(箱·千米)	0.165
		10 吨箱	元/(箱·千米)	0.2772
		20 英尺箱	元/(箱·千米)	0.528
		40 英尺箱	元/(箱·千米)	1.122
	空自备箱	1 吨箱	元/(箱·千米)	0.0099
		5~6 吨箱（已取消）	元/(箱·千米)	0.0825
		10 吨箱	元/(箱·千米)	0.1386
		20 英尺箱	元/(箱·千米)	0.264
		40 英尺箱	元/(箱·千米)	0.561

零担单位为元/(10 千克·千米)，涉及单位换算。整车化肥、黄磷、粮食、棉花免征铁路建设基金。粮食指稻谷、大米、小麦、小麦粉、玉米、大豆；棉花指籽棉、皮棉。

（七）铁路电气化附加费用的规定

铁路电气化附加费按该批货物经由国铁正式营业线和实行统一运价的运营临管线电气化区段的运价里程合并计算。电气化附加费的计算公式为：

电气化附加费=费率×计费重量（箱或轴数）×电气化里程　　(10-6)

铁路电气化附加费率表见表 10-3。

表 10-3　铁路电气化附加费率表

种　类			计费单位	费率
整车货物			元/(吨·千米)	0.012
零担货物			元/(10 千克·千米)	0.00012
集装箱	铁路集装箱	1 吨箱	元/(箱·千米)	0.0072
		5~6 吨箱（已取消）	元/(箱·千米)	0.06
		10 吨箱	元/(箱·千米)	0.1008
		20 英尺箱	元/(箱·千米)	0.192
		40 英尺箱	元/(箱·千米)	0.408

续表 10-3

种类			计费单位	费率
集装箱	空自备箱	1 吨箱	元/(箱·千米)	0.0036
		5~6 吨箱（已取消）	元/(箱·千米)	0.003
		10 吨箱	元/(箱·千米)	0.0504
		20 英尺箱	元/(箱·千米)	0.096
		40 英尺箱	元/(箱·千米)	0.204

（八）如何得到运行基价和发到基价

品名检查表中通过品名代码查到相应的运价号就可得到运行基价和发到基价。品名检查表格式见表 10-4。

表 10-4 铁路运价号表（1）

品 名	拼音码	代码	运价号	
			整车	零担
⋮	⋮	⋮	⋮	⋮
氖	N	1570117	5%+50%	22%+50%

表中标有+50%，表示此货品的加减成率为 50%。价规规定，只有二级品名代码是 1570 的才有加减成率，并且加减成均为 50%。

货品名称分为一级品名、二级品名、品名，并分别编有一级代码、二级代码及品名代码（见表 10-5）。

表 10-5 铁路运价号表（2）

代 码			货物品类	运价号		说明
				整车	零担	
01	—	—	煤	4	21	略
01	1	0	原煤	4	21	略
01	2	0	洗精煤	4	21	略
01	3	0	块煤	4	21	略
⋮	⋮	⋮	⋮	⋮	⋮	⋮

表 10-5 中 01 是煤这类货品的一级代码，煤是相应的一级品名。0110、0120、0130 是对煤进行更进一步划分而产生的二级代码，原煤、洗精煤、块煤便是相对应的二级品名。

依据品名表、运输品名分类代码表的相互关联可以通过一级品名检索出二级品名，再通过二级品名检索到品名，进而可以查到相应的运行基价和发到基价。

（九）铁路货运计费重量的规定

在整车费用计算中，除几种情况外，均按货车标记载重量计算。如果货物重量超过标重，则按货物重量计费。

货物运费的计费重量，整车货物以吨为单位，吨以下四舍五入；零担货物以 10 千克为单位，不足 10 千克进为 10 千克；集装箱货物以箱为单位。

（十）长大货车费用的规定

当选用长大货物车装载货物时要同时核收“长大货车使用费”和“空车回送费”，在单据上分别称为 D 型使用费、D 型回送费。D 型回送费按货车轴数核收。

（十一）取送车费的规定

用铁路机车往专用线、货物支线或专用铁路的站外交接地点调送车辆时，核收取送车费。

专用线是指由企业或其他单位管理的与国铁接轨的岔线，也包括铁路部门的段管线。专用铁路是指由企业或其他单位管理，专为本企业或本单位内部提供运输服务的铁路。

（十二）印花税的规定

以运费按 5‰纳税，印花税不足 1 角免税，超过 1 角的按实计缴，计算到分。运费不足 200 元免税。

三、铁路运输成本计算

【例 10-3】 某托运人在兰州西站发银川站机器一台，货重 24000 千克，使用一个 50 吨的货车皮装运。计算其运费。[查“运价里程表”可知两站间的运价里程为 479 千米，查“铁路货物运价号表”，机器的运价号为整车 8 号；再查“铁路货物运价率表”，发到基价为 10.7 元/吨，运行基价为 0.0490 元/(吨·千米)]

【解】 其运费为：

整车货物每吨运价 = 发到基价 + 运行基价 × 运价里程
= 10.7 元 / 吨 + 0.0490 元 /(吨·千米) × 479 千米
= 34.171 元 / 吨

整车运费 = 计费质量 × 整车货物每吨运价
= 50 吨 × 34.171 元 / 吨
= 1708.60 元

【例 10-4】 由西安西站发张掖站一批童鞋，货重 15000 千克，体积 55 立方米，计算运杂费。[查“运价里程表”，可知两站的最短径路为 1144 千米，电气化里程为 1144 千米。查“品名分类代码表”，得知童鞋运价号为 22 号。查“铁路货物运价率表”得知：基价 1 = 0.165 元/10 千克，基价 2 = 0.0007 元/(10 千克·千米)；建设基金费率为 0.00033 元/(10 千克·千米)；电气化附加费费率为 0.00012 元/10(千克·千米)]

【解】

体积折重 = 55×300 = 16500 千克>实重 15000 千克→计费质量 16500 千克

运费 = (0.165+0.0007×1144)×16500/10 = 1593.57(元)≈1594.00(元)

建设基金 = 0.00033×1144×16500/10−622.91(元)

电气化附加费 = 0.00012×1144×16500/10 = 226.51（元）

合计：2442.99 元。

相关链接

降低铁路货运成本的途径有：

（1）积极广开货源。由于货运量的多少直接影响运输成本的高低，所以应采取措施保证铁路运输拥有充足的货运量。

（2）加强运输组织。这主要是指提高运输组织水平，改善机车车辆的运用，在现有设备条件下增加运量，减少运输中的浪费和损失。应充分发挥铁路运输适合中、长距离运输的优势，尽量组织整车直达运输。

（3）改善经营管理。合理确定固定资产折旧率、各类材料和工时的消耗定额，节约各项物资消耗，不断提高劳动生产率，对成本进行全面的科学管理。

（4）增大设备效能。做好铁路设施设备的维护，使之保持良好的状态，及时更新和改造运输设备，根据需要和可能，不断采用新的科学技术和先进的技术设备。

小思考

兰州西站发天回镇汽油一车 50 吨，用铁路罐车装运，计算发站运杂费。[经查，总运价里程 1171 千米，电化里程 1171 千米；基价 1 为 14.60 元/(吨·千米)，基价 2 为 0.0724 元/(吨·千米)；建设基金为 0.033 元/(吨·千米)；电化附加费为 0.012 元/(吨·千米)]

第四节　水路和航空货物运输的成本计算

一、水路运输价格与成本

（一）运费结构

班轮运费包括基本运费和附加运费两部分。基本运费是对任何一种货物都计收的运费，主要是为在航线上基本港口间的运输而制定的运价，也称为基本运价或基本费率。附加运费是视不同情况而加收的运费，名目繁多，如超重附加费、超长附加费、洗舱附加费等。

小贴士

班轮运价按制定形式划分，可分为单项费率运价、等级运价和航线运价。按运价的制定者划分，可分为班轮公会运价、班轮公司运价、双边运价和货方运价。

影响运价的主要因素包括：

(1) 运输成本。
(2) 航运市场的结构与竞争。
(3) 承运的货物。
(4) 航线及港口条件。
(5) 运输合同条款。

(二) 计费标准

W 表示该种货物按其毛重计算运费；M 表示该种货物按其尺码或体积计算运费；W/M 表示该种货物按其毛重和体积计算运费，并选择其中运费较高者；Ad. Val 表示该种货物按其 FOB 价格的某一百分比计费，即从价运费；Ad. ValOr W/M 表示该种货物分别按其 FOB 价格的某一百分比和毛重、体积计费，并选其中运费最高者；W/M plus Ad. Val 表示该种货物除分别按其毛重和体积计费，并选其中运费较高者外，还要加收按货物 FOB 价的某一百分比计算的运费。

运费吨有重量吨和尺码吨。对于重量吨，英国和某些欧洲国家采用长吨计费。

(三) 运费计算方法

1. 杂货班轮运费计算

杂货班轮运费的计算公式为：

$$总运费=基本运价\times计费吨+附加费总和 \tag{10-7}$$

从价运费计算中的货物价格换算：

$$CFR=0.99CIF$$

$$FOB=CFR-从价运费$$

$$从价运费=(Ad.\ Val)\times FOB$$

$$FOB=0.99CIF/(1+Ad.\ Val)$$

2. 集装箱班轮运费计算

基本运费的计算方法包括：

(1) 采用与计算普通杂费班轮运输基本运费相同的方法，对具体的航线按货物的等级和不同的计费标准来计算基本运费。

(2) 对具体航线按货物等级及箱型、尺寸的包箱费率来计算基本运费。

(3) 仅按箱型、尺寸而不考虑货物种类和级别的包箱费率来计算基本运费。

实务中，常将基本运费和附加费合并在一起，以包干费的形式计收运费。此时的运价也称为包干费率，又称"全包价"(A. I. R)。

【例 10-5】 我方出口商品共 100 箱，每箱的体积为 30cm×60cm×50cm，毛重为 40 千克，查运费表得知该货为 9 级，计费标准为 W/M，基本运费为每运费吨 109 港元，另收燃油附加费 20%，港口拥挤费 20%，货币贬值附加费 10%。试计算：该批货物的运费是多少港元？

【解】 由已知，得：　　$30cm\times60cm\times50cm=0.09m$

因为 0.09>0.04，且基本运费的计收方法是 W/M，所以应选择 0.09m 来计算运费，代入公式，得：

$$运费 = 计费标准 \times 商品数量 \times 基本运费 \times (1 + 各种附加费率)$$
$$= 0.09 \times 100 \times 109 \times (1 + 20\% + 20\% + 10\%)$$
$$= 1471.5(港元)$$

答：该批货物的运费是 1471.5 港元。

【例 10-6】 某公司出口货物共 200 箱，对外报价为每箱 438 美元 CFR 马尼拉。菲律宾商人要求将价格改报为 FOB 价。试求每箱货物应付的运费及应改报的 FOB 价为多少？(已知该批货物每箱的体积为 45cm×35cm×25cm，毛重为 30 千克，商品计费标准为 W/M，每运费吨基本运费为 100 美元，到马尼拉港需加收燃油附加费 20%，货币附加费 10%，港口拥挤费 20%)

【解】 (1) 由已知，得：$45cm \times 35cm \times 25cm = 0.0394m^3$

因为 0.0394>0.03，且基本运费的计收方法是 W/M，所以应选择 0.0394m 来计算运费，代入公式，得：

$$单位运费 = 计费标准 \times 基本运费 \times (1 + 各种附加费率)$$
$$= 0.0394 \times 100 \times (1 + 20\% + 20\% + 10\%) = 5.91(美元)$$

应该报的 FOB 价是：

$$FOB = CFR - 运费 = 438 - 5.91 = 432.09(美元)$$

答：该批货物每箱的运费是 5.91 美元，应该报的 FOB 价是 432.09 美元。

二、航空运输价格与成本

(一) 航空运价概述

货物的航空运费是指将一票货物自始发地机场运输到目的地机场所应收取的航空运输费用，不包括其他费用。货物的航空运费主要由两个因素组成，即货物适用的运价和货物的计费重量。

运价，又称为费率，是指承运人对所运输的每一重量单位货物（千克或磅）所收取的自始发地机场至目的地机场的航空费用。货物的航空运价一般以运输始发地的本国货币公布。

在航空运输中计费重量是按实际重量和体积重量两者之中取较高者的一种计收。

【提示】 货物按其适用的航空运价与其计费重量计算所得的航空运费，应与货物最低运费相比，取高者。

(二) 普通货物运价 (GCR) 的计算步骤

1. 术语

术语包括体积（Volume）、体积重量（Volume Weight）、计费重量（Chargeable Weight）、适用运价（Applicable Rate）、航空运费（Weight Charge）。

2. 计算步骤

第一步，计算出航空货物的体积及体积重量。

体积重量的折算，换算标准为每6000立方厘米折合1千克。即：

$$体积重量（千克）=\frac{货物体积}{6000cm^3/kg}$$

第二步，计算货物的总重量。其计算公式为：

$$总重量=单个商品重量\times商品总数 \tag{10-8}$$

第三步，比较体积重量与总重量，取大者为计费重量。根据国际航协规定，国际货物的计费重量以0.5千克为最小单位，重量尾数不足0.5千克的，按0.5千克计算；0.5千克以上不足1千克的，按1千克计算。

第四步，根据公布运价，找出适合计费重量的适用运价。计费重量小于45千克时，适用运价为GCR的运价（GCR为普通货物运价，N运价表示重量在45千克以下的运价）。计费重量大于45千克时，适用运价为GCR Q 45、GCR Q 100、GCR Q 300等与不同重量等级分界点相对应的运价（航空货运对于45千克以上的不同重量分界点的普通货物运价均用Q表示）。

第五步，计算航空运费。其计算公式为：

$$航空运费=计费重量\times适用运价$$

第六步，若采用较高重量分界点的较低运价计算出的运费比第五步计算出的航空运费较低时，取低者。

第七步，比较第六步计算出的航空运费与最低运费M，取高者。

3. 航空货运单运费计算栏的填制

（1）No. of Pieces RCP：填写货物的数量。

（2）Gross Weight：货物的总重量。

（3）Kg Lb：以千克为单位用代号“K”，以磅为单位用代号“L”。

（4）Rate Class：若计费重量小于45千克，填写N；若计费重量大于45千克，填写Q；若航空运费为最低运费，则填写M。

（5）Commodity Item No.：普通货物此栏不填。

（6）Chargeable Weight：填写计费重量。

（7）Rate/Charge：填写适用运价。

（8）Total：填写航空运费。

（9）Nature and Quantity of Goods（Incl dimensions or Volume）：填写商品品名及商品的尺寸。

【提示】各运价与其代号表示如下：最低运费（M），普通货物运价（N或Q），等级货物运价（S），指定商品运价（C）。

（三）指定商品运价（SCR）的计算步骤

1. 使用指定商品运价的条件

使用指定商品运价的条件包括：

（1）运输始发地运动目的地之间有公布的指定商品运价。

（2）托运人所交运的货物，其品名与有关指定商品运价的货物品名相吻合。

（3）货物的计费重量满足指定商品运价使用时的最低重量要求。

2. 计算步骤

第一步，先查询运价表，如运输始发地至目的地之间有公布的指定商品运价，则考虑使用指定商品运价。

第二步，查找 TACT RATES BOOK 的品名表，找出与运输货物品名相应的指定商品代号。

第三步，计算计费重量。此步骤与普通货物的计算步骤相同。

第四步，找出适用运价，然后计算出航空运价。此时需要比较计费重量与指定商品运价的最低重量。

如果货物的计费重量超过指定商品运价的最低重量，则优先使用指定商品运价作为商品的适用运价，此时，航空运价=计费重量×适用运价。

如果货物的计费重量没有达到指定商品运价的最低重量，则需要比较计算：按普通货物计算，适用运价为 GCRN 或 GCRQ 的运价，航空运价=计费重量×适用运价；按指定商品运价计算，适用运价为 SCR 的运价，航空运价=计费重量×适用运价；比较上述两者计算出的航空运价，取代者。

第五步，比较第四步计算出的航空运费与最低运费 M，取高者。

3. 航空货运单运费计算栏的填制

Commodity Item No.：填写指定商品代号。其余与普通货物的航空货运单运费计算栏的填制相同。

（四）国际货物运输的其他费用

（1）货运单费。货运单费用两字代码 AW 表示。按国际航协规定，航空货运单若由航空公司销售或填制，表示为 AWC；由航空公司的代理人销售或填制，则表示为 AWA。

（2）垫付款和垫付费。垫付款仅适用于货物费用及其他费用到付，垫付款由最后一个承运人向提货收取。在任何情况下，垫付款数额不能超过货运单上全部航空运费总额，但当货运单运费总额低于 100 美元时，垫付款金额可以达到 100 美元标准。垫付费代码为“DB”。

（3）危险品处理费。危险品处理费代码为“PA”，自中国至 IATA 业务一区、二区、三区，每票货物的最低收费标准均为 400 元人民币。

（4）运费到付货物手续费。运费到付货物手续费代码为 CC Fee，在中国，CC Fee 最低收费标准为 CNY100。

【例 10-7】 Routing：BEIJING，CHINA（BJS）to TOKYO，JAPAN（TYO）

Commodity：Sample

Gross Weight：37.4kgs

Dimensions：90cm×60cm×42cm

计算该票货物的航空运费并填制航空货运单的运费计算栏。公布运价见表 10-6。

表 10-6　运费计算栏

BEIJING Y. RENMINBI		CN CNY		BJS KGS
TOKYO	JP		M N 45	230.00 37.51 28.13

【解】（1）按实际重量计算：

Volume＝90×60×42＝226800

Volume Weight＝（226800÷6000）kgs＝37.8kgs≈38.0kgs

Gross Weight＝37.4kgs

Chargeable Weight＝38.0kgs

Applicable Rate＝GCRN37.51CNY/KG

Weight Charge＝38.0×37.51＝CNY1425.38

（2）采用较高重量分界点的较低运价计算：

Chargeable Weight＝45.0kgs

Applicable Rate＝GCRQ28.13CNY/KG

Weight Charge＝45.0×28.13＝CNY1265.85

（1）与（2）比较，取运费较低者。

Weight Charge＝45.0×28.13＝CNY1265.85

航空货运单运费计算栏填制见表 10-7。

表 10-7　运费计算栏

No. of Pieces RCP	Gross Weight /t	Kg Lb	Rate Class		Chargeable Weight	Rate/ Charge	Total	Nature and Quantity of Goods (Incl. dimensions or Volume)
			Q	Q Commodity Item No.				
1	37.4	K			45.0	28.13	1265.85	SAMPLE DIMS：90cm×60cm×42cm

【例 10-8】 Routing：BEIJING，CHINA（BJS）
to NAGO VA，JAPAN（NGO）
Commodity：FRESH ORANGES
Gross Weight：EACH 65.4kgs，TOTAL 4 PIECES
Dimensions：128cm×42cm×36cm×4
计算航空运费并填制航空货运单的运费计算栏，公布运价见表 10-8。

表 10-8　运费计算栏

BEIJING Y. RENMINBI		CN CNY		BJS KGS
			M	230.00
			N	37.51
			45	28.13
NAGOVA	JP	0008	300	18.80
		0030	500	20.61
		1093	100	18.43
		2195	500	18.80

【解】（1）按普通运价使用规则计算。

$$Volume = (128 \times 42 \times 36 \times 4)\,cm^3 = 774144cm^3$$

$$Volume\ Weight = (774144 - 6000)\,kgs = 129.024kgs \approx 129.0kgs$$

$$Gross\ Weight = (65.4 \times 4)\,kgs = 261.6kgs$$

$$Chargeable\ Weight = 262.0kgs$$

分析：由于计费重量没有满足指定商品代码 0008 的最低重量要求 300 千克，因此只能先按普通货物来计算。

Applicable Rate = GCR/Q4528.13CNY/KG

Weight Charge = 262.0×28.13 = CNY7370.06

（2）按指定商品运价使用规则计算。

Chargeable Weight = 300.0kgs

Applicable Rate = SCR0008/Q30018.80CNY/kg

Weight Charge = 300.0×18.80 = CNY5640.00

综上所述，取运费较低者。

Weight Charge = CNY 5640.00

航空货运单运费计算栏填制见表 10-9。

表 10-9　运费计算栏

No. of Pieces RCP	Gross Weight /t	Kg Lb	Rate Class		Chargeable Weight	Rate/ Charge	Total	Nature and Quantity of Goods (Incl. dimensions or Volume)
				Q Commodity Item No.				
4	261.6	K	C	0008	300.0	18.80	5640.00	SAMPLE DIMS：128cm×42cm×36cm×4

小思考

请分别简述水路运输成本和航空运输成本的计算步骤。

案例分析

诺奇物流运输成本控制

很多企业的货物都是从厂家发到企业总部，再由总部向各分公司发货。诺奇不久前开始改变这种物流模式，进行分仓建设，改变了整个发货渠道，使得各个渠道的发货速度大大加快。合理的分仓设置、快捷的商品物流配送，不仅让物流成本节约了近三成，也确保“多款式、小批量、多批次”商品供应策略的有效实施。作为分仓建设的主要执行人之一，顾涛在充满成就感的同时，也对这一新的物流模式有了更多的建设规划。

一、去掉中转，物流大提速

建设分仓，在诺奇早有计划，只是之前的终端分布情况没达到条件，随着新一轮诺奇终端调整，很多城市增开了分店，且大大提高了集中度，诺奇启动了分仓建设。到目前为止，现有位于总部的福建总仓和江苏常熟、江西南昌两个分仓，并计划新设湖北武汉和安徽合肥两个分仓。

“分仓建设大大加快了配货的速度，”顾涛说，“以往都是厂家发货到诺奇福建总仓，再由总仓配送到各分公司，这一中转，一次发货通常都要一周左右，而分仓建成后，厂家都是根据总部的配送清单，一直发往各分仓，一般到货只要两三天，发货时间节约4天，这对时尚服装业是一个极大的改变。”

二、即时监控，灵活调配

分仓的建立，对于终端陈列也起了改进作用。“过去，一周发一次货，每次新款到货都会很多，不能呈现我们“多款式、小批量、多批次的优势，”顾涛说，“有了分仓以后，新货发到分仓之后，可以分批陈列到终端上，两三天出一批新货，可以展示更多主打产品，也可以不断给顾客新鲜感。”

而这样的改变，也让监控中心更灵活地监控和调配终端库存。“有些款式的服装，在这个终端卖得好，但在另一个终端不一定好，相互间就需要一个调配。以前都由监控中心根据销售情况在各终端之间调配，”顾涛说，“有了分仓以后，就由分仓在其辐射区域内调配，这样可以保证调配的短途与及时。原则上，分仓与分仓或分仓与总仓之间较少调配，商品的调配主要在加盟店与加盟店之间、直营店和直营店之间进行。这种模式避免了货品的重复多次运输，大大降低了物流配送操作的复杂程度，简化了操作流程和管理难度。”

三、分仓建设，人员第一

当然，建设分仓也有头痛事，那就是人员问题。诺奇原来只有一个总仓，仓管人员一直不多，可是一下子增加许多分仓，人员缺口就很大。当下环境，招聘仓管人员也不容易，所以人员的补充成了头痛事。

在这种情况下，顾涛却来了个“逆市招聘”。因为诺奇物流是总部下单，货发各分仓，这中间有个订单衔接的工作，对仓管人员素质要求比较高，顾涛就是凭这一点，招聘时也开出高要求，别人招仓管初中、高中学历就行，她则开出大专学历。然而，她招到人了。“高要求也意味着我将给他们高回报，”顾涛说，“诺奇的分仓刚开始建设，未来将有更多的分仓，这些仓管人员有很大的晋升空间，他们中很多人就是未来分仓主管、分仓经理。”

四、每天到货，断货率大减

虽然运营不到一年，但物流分仓的优势已显示出来。“过去，我们每3天发一次货，现在我们可以实现每天发货，”顾涛说，“这最直接的效果就是终端断货率大减。”

此外，由于去掉中转环节，且都是短途运费，整个物流成本大大降低。顾涛说："这几个月，我们的物流成本减了近三成。"

分仓建设还在继续，在顾涛看来，现在最主要的工作有两个：一个是做好人员储备；一个是让各分仓选择好长期合作的物流企业，保证物流配送的安全性和准确性。

（资料来源：东南网，http://qz.fjsen.com）

案例思考题：

为什么诺奇去掉中转环节，物流成本节约了三成？

参考文献

[1] 张理．物流运输组织［M］. 北京：北京交通大学出版社，2012.
[2] 曲衍国．汽车甩挂运输的货源条件及组织模式［J］. 物流技术，2012（10）.
[3] 曾勇．铁路货运组织改革的“势”与“道”．新华网广东频道，2013.
[4] 袁佩如．“黄金通道”见证世界级城市群崛起［N］. 南方日报，2017-05.
[5] 秦茂．高铁快运需求预测与组织模式组合优化研究［M］. 成都：西南交通大学出版社，2017.
[6] 王智．DD 航运公司成本内部控制问题研究［M］. 大连：辽宁大学出版社，2014.
[7] 邓红梅．中欧班列公铁多式联运集货枢纽选址研究［M］. 重庆：重庆工商大学，2018.
[8] 邹通．I 半导体公司运输商选择问题实证分析［M］. 大连：大连海事大学出版社，2017.
[9] 才祝新．H 物流公司客户关系管理研究［M］. 长春：吉林大学出版社，2017.
[10] 徐莉．航空公司成本控制研究［J］. 交通财会，2015（1）：58~61.
[11] 严智．S 铁路公司成本领先战略实践［J］. 现代商业，2018（15）.
[12] 刘丽艳、刘文歌．物流运输管理实务［M］. 北京：清华大学出版社，2012.
[13] 曹刚．运输管理实务［M］. 天津：天津大学出版社，2013.
[14] 郑宁．物流运输管理［M］. 2 版．上海：上海财经大学出版社，2019.
[15] 袁伯友．物流运输组织与管理［M］. 3 版．北京：电子工业出版社，2018.